L'ÉCONOMIE NE CONNAÎT PAS LA CRISE

Tout le monde connaît quelques aphorismes autour du thème de l'économie. Certains mettent clairement en évidence son importance comme le fait le célèbre *« It's the economy, stupid ! »* (C'est l'économie, imbécile !), formulé par James Carville, l'un des conseillers du candidat Bill Clinton lors des élections américaines de 1992 afin de souligner la place capitale de ces questions pour les citoyens. Jean Tirole, l'économiste français désormais le plus célèbre, l'a dit à sa manière quand il confiait après son discours de réception du prix de la Banque de Suède – dit « prix Nobel » – à l'université de Stockholm en décembre dernier : « L'économie est partout, on ne peut y échapper… ».

Loin de nous l'idée de mettre en cause ces déclarations, puisqu'elles traduisent, à leur manière, le projet ambitieux de vulgarisation auquel s'est attaché notre revue. Mais, outre l'importance de la matière, il faut souligner une autre spécificité : l'économie ne s'arrête jamais. Comme un jeu perpétuel, elle produit en flux continu des données et des chiffres nouveaux, et booms et crises se succèdent. Avec l'économie, rien ne paraît jamais vraiment gagné, jamais perdu ; la naissance et le déclin dans la hiérarchie des entreprises, comme dans ceux des nations ou des régions, sont la règle.

Cette place éminente et ces transformations incessantes contribuent certainement au succès de nos titres « Comprendre l'économie ». Après une livraison consacrée aux concepts et mécanismes fondamentaux (hors-série n° 7 du printemps 2015), ce second tome se penche sur l'économie contemporaine, les grands problèmes de notre temps et leurs solutions.

En cet automne 2015, les traces laissées par la « Grande Récession » de 2008 sont toujours profondes. Le dossier commence ainsi par faire le point sur l'état de l'économie mondiale : quels sont les pays sortis de la crise ? Lesquels la subissent encore ? Quels pays sont menacés par la déflation et comment évoluent les déséquilibres financiers dans le monde ? Quelles sont les conséquences de la baisse du prix des matières premières et de la dépréciation de l'euro ? Une deuxième partie porte sur des évolutions plus structurelles : quelles sont les tendances longues qui se dessinent, quels aspects institutionnels – en termes de protection sociale, d'emploi, de modèles de croissance, de compétitivité ou de systèmes fiscaux – marquent la période récente ? Enfin, une troisième partie examine les nouveaux défis de régulation des économies, autant dans le domaine des politiques publiques qu'au niveau de la gouvernance mondiale. C'est l'occasion de faire le point sur les politiques monétaires non conventionnelles, sur la refonte de la gouvernance bancaire et financière (mondiale et européenne), ainsi que sur d'autres sujets d'actualité comme – au moment du sommet Cop21 à Paris – la gouvernance environnementale. Cette dernière partie, qui met notamment en relief la très forte sollicitation des pouvoirs publics pour faire face à la crise, peut aussi se comprendre comme une ultime illustration de l'importance de l'économie et de l'utilité de bien comprendre ses rouages.

Markus Gabel

Direction de l'information légale et administrative
26, rue Desaix
75015 Paris

Rédaction de *Problèmes économiques*
Patrice Merlot (Rédacteur en chef)
Markus Gabel (Analyste-rédacteur, rédacteur en chef des hors-série)
Stéphanie Gaudron (Analyste-rédactrice)

Secrétariat de rédaction
Anne Biet-Coltelloni

Promotion
Anne-Sophie Château

Secrétariat
Paul Oury

29, quai Voltaire
75344 Paris cedex 07
Tél. : 01 40 15 70 00
pe@ladocumentationfrancaise.fr
http://www.ladocumentationfrancaise.fr/revues-collections/problemes-economiques/index.shtml
Abonnez-vous à la newsletter

Avertissement
Les opinions exprimées dans les articles reproduits n'engagent que les auteurs

Crédit photo :
Couverture : Corbis
Page 2 : Corbis ; Page 3 : iStock

Conception graphique
Célia Pétry
Nicolas Bessemoulin

En vente en kiosque et en librairie (Adresses accessibles en ligne)

Retrouvez-nous sur Facebook et sur Twitter @ProbEcoPE

COMPRENDRE L'ÉCONOMIE

2. QUESTIONS ÉCONOMIQUES CONTEMPORAINES

Conjoncture mondiale

Croissance, emploi et protection sociale dans les économies avancées

Politiques publiques et gouvernance

Les traces laissées par la « Grande Récession » sont profondes et sa digestion longue et délicate. L'analyse des trajectoires de sortie de cette crise dévoile des écarts importants entre les pays développés, en particulier entre la zone euro et les États-Unis. Cette différence tient notamment à l'articulation des politiques monétaires et budgétaires. Xavier Timbaud montre ici que de l'autre côté de l'Atlantique, tout comme au Japon et au Royaume-Uni, la place accordée à la réduction du chômage était plus importante et l'austérité plus modérée, tandis que la zone euro s'est lancée avec une certaine précipitation dans la réduction des déficits. Aujourd'hui, sur le plan des dettes publiques, le résultat est certes meilleur en Europe, mais moins bons en termes d'activité ou de chômage, sauf en Allemagne, seul pays de la zone euro à avoir réussi la sortie de la crise.

Problèmes **économiques**

Des sorties de crise échelonnées

XAVIER TIMBEAU

Directeur de l'Observatoire français des conjonctures économiques (OFCE)

La crise financière et économique qui a débuté en 2008 n'est pas encore finie. Le choc initial est probablement parti des États-Unis mais l'imbrication des systèmes financier et bancaire a propagé la crise quasi instantanément à tous les pays développés. Presque une décennie après son déclenchement, la plupart des économies sont encore lourdement marquées par ce qui s'est passé depuis 2008. La crise a induit une récession sans précédent et a demandé des réactions de politique économique majeures. Pour soutenir le système financier global, plus de 3 000 milliards de dollars ont été apportés en garantie et un effort de relance budgétaire, en 2009, sans précédent a été coordonné entre les pays développés.

Si la sortie de la crise est enclenchée presque partout, des particularités très fortes apparaissent entre les trajectoires et les perspectives des différents pays développés (première partie). Plusieurs facteurs expliquent ces divergences. Les politiques suivies, et en particulier l'articulation des politiques monétaires et budgétaires, ont été radicalement différentes entre la zone euro et les États-Unis (deuxième partie). Mais les conséquences n'ont pas fini de se manifester et les perspectives sont sombres pour les pays qui tardent à sortir de la crise de 2008 (troisième partie). Nous n'évoquons pas ici les pays émergents dont les évolutions dans la crise sont pourtant très marquées et qui subissent également les conséquences des politiques monétaires extrêmement accommodantes qui ont été conduites aux États-Unis ou en Europe. Le très récent ralentissement chinois peut également indiquer que les conséquences de la crise sur le modèle de développement par l'industrialisation ne sont pas négligeables et peuvent en retour avoir un impact sur les trajectoires des pays développés.

Une même crise, des destins différents

Le graphique 1 décrit l'évolution de l'activité économique (mesurée par le produit intérieur brut [PIB] par habitant pour annuler les effets de la démographie) pour les grands pays développés en prenant comme référence l'été 2008. Parmi cet échantillon de pays, le Japon, l'Allemagne et l'Italie ont été plus durement frappés du fait d'une grande exposition au commerce international.

Mais cette exposition ne contribue que partiellement à l'impact de la crise sur les économies développées. Tous les pays sont insérés dans l'échange international et la crise se propage du secteur bancaire (très imbriqué) au reste de l'économie par le biais de l'arrêt du financement. L'investissement et les achats de biens durables (notamment l'automobile) ont été frappés directement et ont provoqué en 2008 la pire récession depuis la Seconde Guerre mondiale. Le déclenchement de la crise a été synchrone dans les principaux pays développés du fait de l'interconnexion financière. Le rebond de 2009, une fois que les secteurs bancaires et financiers ont été stabilisés, a compensé partiellement l'impact initial de la crise. L'Allemagne a connu ainsi une vive reprise, portée par le rebond du commerce international, ce qui lui a permis de connaître à la fin de l'année 2009 une situation proche de celle de la France ou des États-Unis et plus favorable que celle du Royaume-Uni. La trajectoire du Japon a été marquée par la catastrophe de Fukushima au milieu de l'année 2010.

La crise des dettes souveraines en zone euro a introduit un premier décalage entre les pays de cette zone et les autres. La hausse des taux souverains pour les pays menacés (dans cet échantillon l'Espagne et l'Italie, et au-delà, le Portugal, l'Irlande et bien sûr la Grèce à partir de la tourmente lors de la révélation de la situation désastreuse des comptes publics en novembre 2009) a eu à la fois un impact direct sur les taux pratiqués envers les agents économiques, mais a surtout durement pesé sur les politiques budgétaires. Face à des déficits publics importants et une architecture européenne se révélant insuffisamment adaptée, les pays de la zone euro se sont engagés dans une austérité massive. L'effort budgétaire a été différent suivant les pays, en fonction de leur déficit public initial et de leur exposition aux sanctions des marchés financiers. Les conséquences de cet effort budgétaire sur l'activité, que l'on quantifie par les multiplicateurs budgétaires, ont été également variables d'un pays à l'autre, en fonction de la composition de l'effort (dépense publique ou impôt, dépenses de transfert ou consommation publique), mais aussi en fonction de la situation économique du pays. On (re)découvre aujourd'hui que les multiplicateurs budgétaires peuvent être plus ou moins grands selon le niveau du chômage, de l'état du système bancaire ou encore de la faiblesse de l'inflation. L'éclatement de la bulle immobilière en Espagne a accentué la dépression dans ce pays, aggravant la situation des ménages, des banques et amputant l'économie espagnole d'un pilier certes artificiel mais qui avait porté la croissance les années précédentes : la construction.

Une même crise, des politiques économiques différentes

Le renforcement du pacte budgétaire, qui formalise les engagements des États de la zone euro à réduire le plus rapidement possible leur déficit, n'a pas produit les effets escomptés. En ayant négligé les effets des multiplicateurs et par une surenchère dans les restrictions budgétaires pour être plus crédibles, la zone euro a connu un second plongeon alors que les autres pays développés continuaient de sortir lentement de la récession de 2008. L'impact des restrictions budgétaires a été plus fort qu'anticipé et a reporté le retour de la croissance, voire provoqué à nouveau une récession en Italie, en Espagne ou en Grèce. Certes, les déficits

1. PIB par tête, principaux pays développés

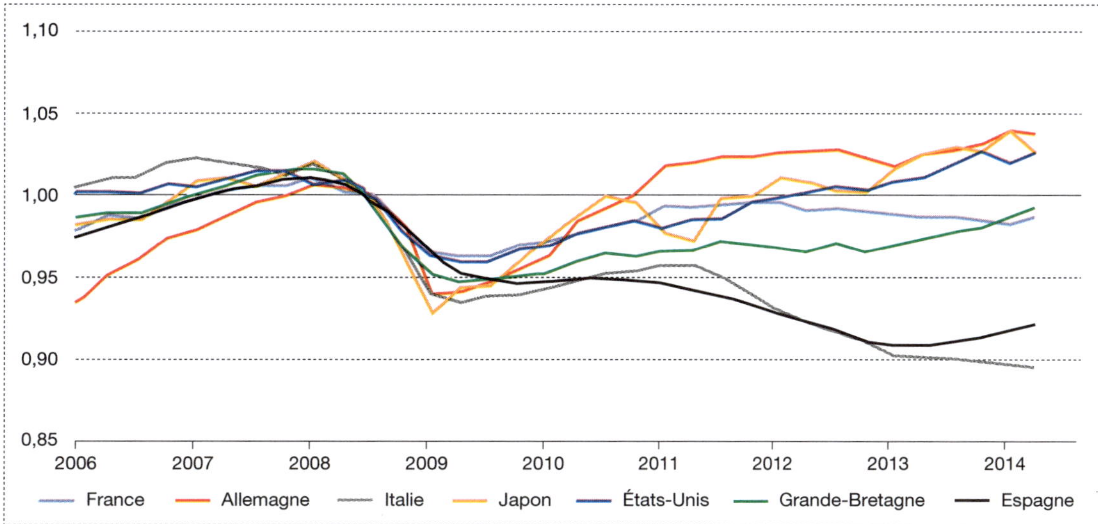

Source : comptabilités nationales, prévisions avril 2015 OFCE.

publics ont été réduits, mais les résultats ont été moindres qu'attendu. La confiance dans les économies européennes et surtout le soutien politique se sont émoussés. Il a fallu l'intervention de la Banque centrale européenne (BCE) en juillet 2012 – son action était conditionnée au renforcement et au respect du pacte de stabilité – pour que les taux souverains regagnent une zone plus acceptable pour les pays en crise et leur permettent d'espérer un retour de la croissance. Cette intervention a pris la forme d'un programme de rachat de titres publics pour les pays en crise (annoncé en septembre 2012), conditionnellement à l'adoption d'un programme de stabilisation des finances publiques (en fait un programme de restriction budgétaire). Cet outil n'a pas été utilisé, mais la possibilité qu'il le soit a suffi à convaincre les marchés financiers que la zone euro prenait en charge sa monnaie. Ce programme a été ensuite complété, lorsque les risques de déflation sont devenus plus forts, à la fin de l'année 2014, par un programme massif de rachat de titres divers par la BCE.

L'élection du gouvernement Syriza au début de l'année 2015 a relancé les craintes d'une sortie de la Grèce de la zone euro. Elle a également réouvert la possibilité d'un défaut sur les titres publics en zone euro, ainsi que le débat sur l'opportunité des politiques conduites depuis 2010. La comparaison avec les États-Unis ou le Royaume-Uni, tant sur le plan de l'activité que du chômage, n'est pas à l'avantage de la zone euro dans son ensemble. La dette publique a moins augmenté dans la zone euro qu'aux États-Unis ou au Royaume-Uni (d'une dizaine de points de PIB), mais le prix payé est important au regard des autres résultats économiques. Ainsi, le chômage agrégé de la zone euro dépasse encore de plus de trois points le taux de 2007 et le PIB par tête est inférieur au niveau de cette même année. En revanche, aux États-Unis comme au Royaume-Uni ou au Japon, la situation du marché du travail est presque normalisée. Seul le taux d'emploi aux États-Unis est plus dégradé qu'en zone euro, traduisant un impact encore fort de la crise sur la participation au marché du travail (et touchant plus particulièrement les Noirs et les femmes).

Les situations des pays de la zone euro sont très diverses. L'Allemagne (ainsi que l'Autriche) est aujourd'hui sortie de la crise. Le PIB par tête a augmenté, le chômage a

Principaux indicateurs macroéconomiques (évolutions de 2007 à 2015)

	PIB par tête	Taux de chômage	Taux d'emploi	Dette publique
Évolutions de 2007 à 2015	Volume, % évolution	BIT, % population active	% population 15-74	Nette, % du PIB
Zone euro	– 1,6	3,6	– 1,2	31
États-Unis	3,4	0,9	– 3,6	42
Royaume-Uni	– 0,8	0,0	0,6	48
Japon	2,3	– 0,4	1,7	51
Allemagne	8,6	– 3,9	5,8	2
France	– 0,9	2,5	– 1,0	48
Italie	– 11,7	6,6	– 2,6	43
Espagne	– 4,2	14,1	– 8,5	65
Pays-Bas	– 1,6	2,7	– 1,2	21
Belgique	– 1,7	1,0	– 0,7	28
Autriche	1,7	0,9	0,7	20
Grèce	– 27,3	17,3	– 10,6	66
Irlande	– 3,2	5,3	– 7,6	81
Portugal	– 7,8	5,3	– 5,8	53

Source : OCDE, *Economic Outlook*, n° 97.

diminué et le taux d'emploi y est supérieur à celui de 2007. La dette publique nette (concept légèrement différent de celui entendu au sens de Maastricht, mais plus adapté aux comparaisons internationales avec les pays non couverts par le traité de Maastricht) est presque la même qu'en 2007. Un second groupe de pays, avec la France, la Belgique et les Pays-Bas sont revenus pratiquement au niveau de PIB par tête d'avant la crise. La dette publique nette a augmenté significativement (surtout en France) et le chômage est plus élevé qu'en 2007. Un troisième groupe de pays, pour lesquels la crise des dettes souveraines a été massive, reste englué dans la crise. Ce groupe comporte la Grèce, mais aussi le Portugal, l'Irlande, l'Espagne ou l'Italie. Le retour de taux de croissance positifs ces derniers trimestres en Espagne ou en Irlande n'a pas encore suffi à effacer les effets de la récession violente passée. De plus, y compris en Irlande, la situation du marché du travail est fortement dégradée et pèse lourdement sur les évolutions salariales. L'Italie se distingue de l'Espagne ou de l'Irlande en ce que la crise ne semble pas pouvoir s'interrompre et la dégradation du PIB par tête est la pire après celle de la Grèce.

On qualifie souvent cet épisode d'échec de l'austérité. Il faut bien comprendre que l'austérité a eu des effets mal anticipés et peu contrôlés, mais qu'une politique radicalement inverse n'aurait pas pour autant réduit les déficits publics ou apporté une solution à la crise des dettes souveraines. La bonne voie, telle que l'ont suivie les États-Unis, aurait été une austérité raisonnée, permettant une réduction progressive des déficits mais aussi du chômage. L'intervention de la BCE aurait pu permettre l'étalement de l'austérité en empêchant la sanction des marchés financiers de conduire à une hausse des taux souverains. En maintenant les taux souverains bas, l'effet boule de neige de la dette publique (mais aussi de la dette privée) aurait été contenu et on aurait évité la trajectoire dramatique de beaucoup de pays européens. Les pays qui n'ont pas été concernés directement par la crise des dettes souveraines, c'est-à-dire ceux dont les taux d'intérêt souverains ont baissé quand ceux de l'Italie ou de l'Espagne montaient, ont pâti indirectement de cette crise par la baisse de la demande de leurs principaux partenaires. La réduction des déficits était donc une nécessité et les pays frappés par la crise des dettes souveraines ont été ceux qui sont entrés dans la crise avec des situations déséquilibrées. Plus que les déficits publics, ce sont les déséquilibres macroéconomiques négligés par le Pacte de stabilité et de croissance qui ont été centraux. La dette des ménages, la fragilité des banques (en Espagne et en Irlande), et dans une moindre mesure la baisse de compétitivité face à l'Allemagne (en France, en Italie, en Espagne principalement) ont à la fois réduit les marges de manœuvre et accentué l'impact de la crise. La moindre performance de l'économie de la zone euro par rapport aux États-Unis découle d'une divergence macroéconomique qui, dans la crise et en l'absence d'une intervention forte de la BCE, a condamné les États membres à des politiques budgétaires très récessives au moment même de la récession. Les multiplicateurs élevés ont aidé à réaliser les réductions de déficit, mais ces dernières ont pesé sur l'économie. La stratégie alternative demandait de pouvoir rétablir les conditions de l'activité économique et de réduire le chômage, en acceptant de conserver des déficits plus élevés et donc d'accumuler de la dette publique, puis à enclencher la réduction des déficits. Pour être appliquée, cette stratégie aurait nécessité l'existence d'une politique économique de la zone euro, impossible du fait de l'incomplétude institutionnelle de la monnaie unique. Le renforcement du pacte de stabilité et l'émergence de la BCE comme acteur majeur ne sont qu'une réponse partielle. C'est la raison pour laquelle la zone euro n'a pas pu appliquer le même *policy mix* que les États-Unis ou le Royaume-Uni. Dans ces pays, la dette publique a plus augmenté (voir tableau p. 8), mais le bilan est bien meilleur en termes d'activité ou de chômage et, comme on le verra à la section suivante, cela a des conséquences à moyen terme sur l'inflation et le potentiel futur de croissance.

Des perspectives éclatées

Les pays développés – tous ou presque tous – sortent de la crise avec une dette publique accrue. La bonne stratégie de réduction des déficits publics a conditionné le rétablissement des économies, tant du point de vue du chômage que du PIB par tête. La soutenabilité de la dette publique dépend quant à elle à la fois de la capacité à réduire les déficits (ce qui détermine le numérateur du ratio dette sur PIB), mais aussi de la capacité à générer de la croissance nominale (le dénominateur). La croissance nominale peut être obtenue soit par de l'inflation, soit par de la croissance réelle. Les situations très différenciées sur les marchés du travail sont en train de provoquer des évolutions divergentes des salaires et des prix. Plus le chômage est élevé, moins les salaires croissent et plus l'inflation sera basse. Les dettes publiques comme privées sont alors plus difficilement soutenables et peuvent induire une spirale de déflation par la dette, conformément à l'analyse d'Irving Fisher (les revenus baissent du fait de la déflation, mais la dette ne se déprécie pas plus que le taux d'intérêt contracté ne se réduit, et donc le ratio dette sur revenu s'envole, entretenant le processus récessif). Le graphique 2 quantifie le lien robuste entre évolution des salaires (réels, donc en prenant en compte l'effet positif de la baisse des prix sur le pouvoir d'achat) et chômage. Les pays de la zone euro qui ont subi le plus fort de la crise des dettes souveraines, et qui ont été contraints aux politiques les plus restrictives au plus mauvais moment (lorsque les multiplicateurs budgétaires étaient les plus élevés) connaissent aujourd'hui le chômage le plus haut et des évolutions salariales récessives. Les déséquilibres initiaux spécifiques à ces pays, ignorés et amplifiés pendant les

2. Salaires et chômage

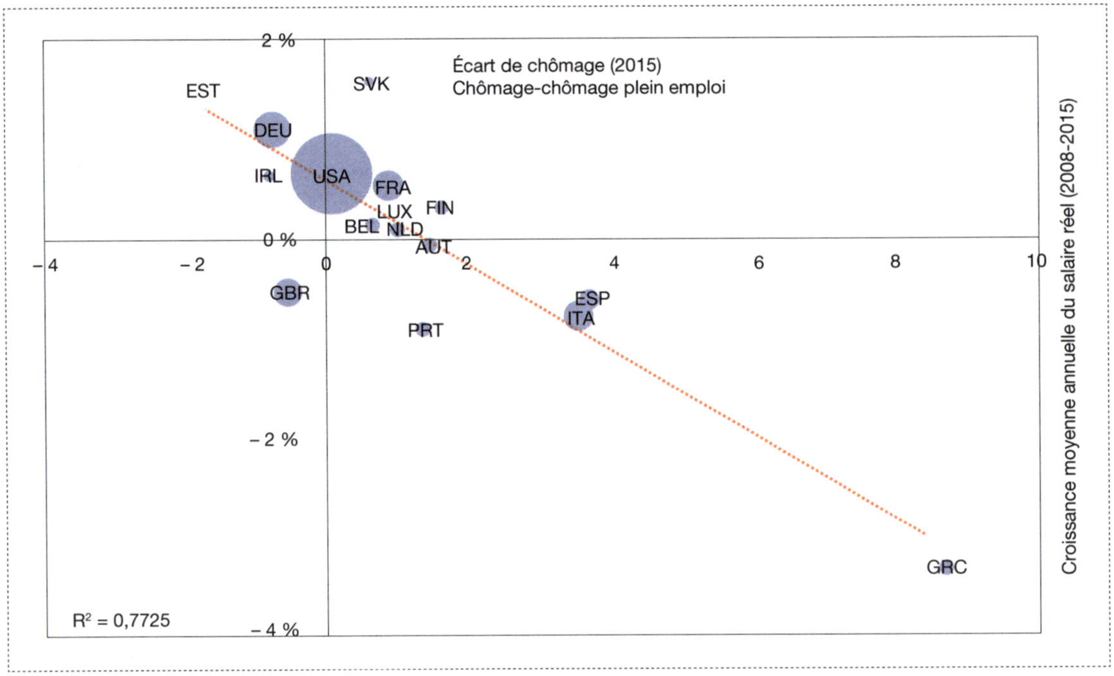

Note : la taille des bulles est proportionnelle à la taille des économies (PIB en volume, en parité de pouvoir d'achat).
Source : OCDE, *Economic Outlook*, n° 97.

premières années de la monnaie unique, combinés à l'incomplétude institutionnelle de la zone euro, alimentent maintenant le risque de déflation.

En moyenne depuis 2008, le pouvoir d'achat des salaires a évolué négativement en Italie, en Espagne, au Portugal ou en Grèce. Cela s'ajoute à la faiblesse de la demande extérieure, se traduit par une inflation de plus en plus basse et introduit un véritable risque de déflation. La spirale déflationniste est lente à s'installer, mais la réduction du chômage est elle-même très lente. L'exemple de l'Espagne, qui connaît pourtant une réduction nette de son chômage est édifiant. Au rythme actuel de réduction du chômage en Espagne de deux points par an, il faudra plus de sept années pour revenir au taux de chômage d'avant 2008. Pendant ces sept années, la pression à la baisse sur les salaires persistera et accentuera les difficultés espagnoles.

La réduction des salaires réels provoque néanmoins un effet positif. La réduction des coûts de production permet, lorsque les taux de change sont fixes, de gagner en compétitivité et donc de conquérir des parts de marché. Mais lorsque les changes sont variables, l'appréciation de la monnaie annule le gain strictement nominal. Ainsi, ce canal positif ne peut jouer qu'à l'intérieur d'une même zone monétaire et son effet est d'autant plus important qu'aucun autre pays ne réduit également ses prix. Ainsi, ce processus au sein de la zone euro alimente une déflation et ne permet que de réduire les déséquilibres de compétitivité internes à la zone.

Ce processus de déflation va conditionner pour longtemps (disons une décennie) la question de la soutenabilité des dettes publique et privées et dominera les débats économiques. Le graphique 3 complète le tableau de l'impact de la crise par un élément qui est souvent ignoré. On a ici calculé quel

3. Révisions avant/après la crise des perspectives d'activité 2015-2020 et chômage

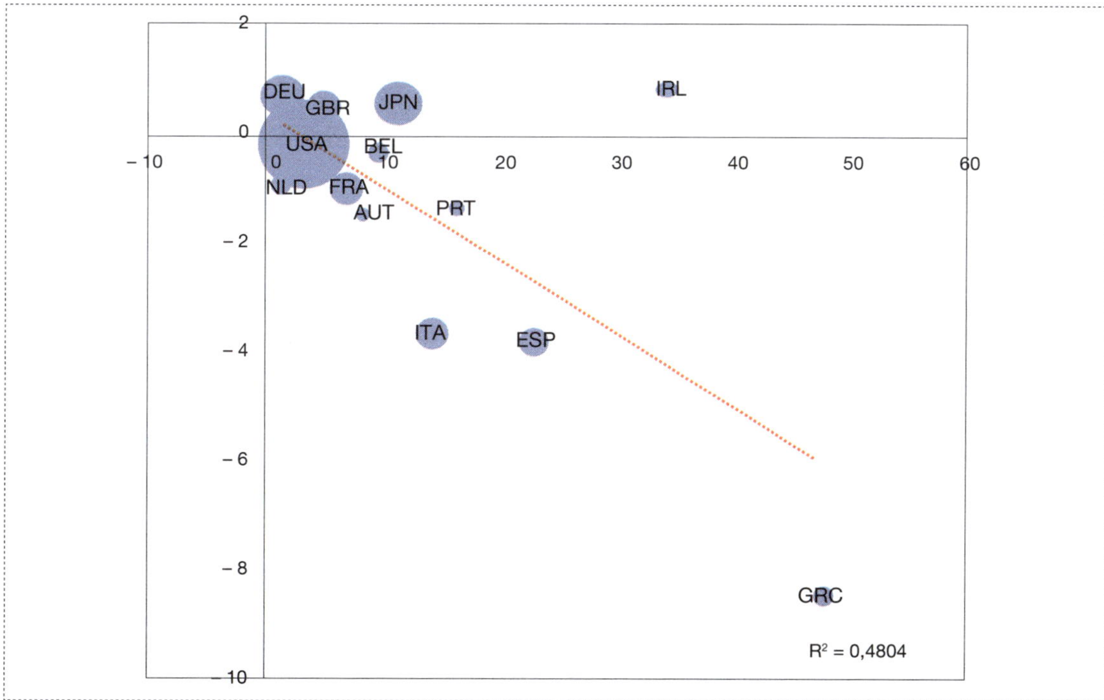

Source : OCDE, *Economic Outlook*, n° 97.

est son impact sur les perspectives d'activité futures telles que les experts de l'Organisation de coopération et de développement économiques (OCDE) les apprécient. Pour ce faire, on a comparé ce que ces experts anticipaient pour le moyen terme juste avant la crise (à partir des évaluations de croissance potentielle) à ce qu'ils estiment aujourd'hui. Le résultat de ce calcul indique quel est l'impact de long terme de la crise, une fois les aléas de la politique économique absorbés. Pour l'Allemagne, les États-Unis ou les Pays-Bas, l'effet est modéré et ne dépasse pas quelques pourcentages. Pour la France, la Grande-Bretagne, la Belgique ou l'Autriche, il est plus significatif, entre 5 % et 10 %. Dans ces cas, la réduction estimée par les experts de l'OCDE de l'activité dans les prochaines années implique un ajustement notoire des systèmes de protection sociale. Les droits ouverts ne pourront pas être garantis sans une hausse notable des prélèvements ou une réduction de ces droits. Enfin, pour d'autres pays, l'impact de long terme de la crise est considérable et dépasse 10 %. En Espagne, en Irlande, Italie et surtout en Grèce, la révision des perspectives ne pourra pas se faire sans une refonte complète des systèmes sociaux (qui est d'ailleurs partiellement à l'œuvre).

Les travaux historiques du Fonds monétaire international (FMI)[1] ont montré que les crises bancaires et financières avaient des conséquences sur le long terme de l'ordre d'une dizaine de points d'activité. La crise de 2008 présente tous les aspects d'une crise financière et bancaire. Elle diffère des crises passées en ce qu'elle a touché tous les pays développés et que des solutions massives, du soutien des systèmes financiers aux politiques monétaires non conventionnelles, ont été mises en œuvre puissamment en utilisant l'expérience des crises passées. L'analyse historique donne en fait beaucoup de poids à des crises localisées dans des pays

[1] **Zdzienicka A. et Furceri D. (2011), « How Costly Are Debt Crises? », *IMF Working paper*, 11/280, 1–30.**

ou des groupes de pays qui ne disposent pas des moyens de politique économique d'une grande zone comme la zone euro ou les États-Unis. Les conséquences que l'on peut craindre sur le moyen terme ne sont peut-être pas celles que l'histoire nous enseigne.

L'analyse des trajectoires de sortie de crise menée ici suggère que les politiques économiques ont joué un rôle et sont déterminantes pour l'impact long de la crise. Il est long et délicat de digérer une crise financière et bancaire ; il est possible d'en sortir presque indemne.

POUR EN SAVOIR PLUS

- **BIT** (2015), *Perspectives pour l'emploi et le social dans le monde : tendances 2015*, rapport (www.ilo.org).
- **FMI** (2015), « Uneven Growth: Short- and Long-Term Factors », *World Economic Outlook*, avril.
- **HEYER E. et TIMBEAU X.** (sous la dir. de) (2015), « La reprise qui s'annonce. Perspectives 2015-2016 », *Revue de l'OFCE*, n° 138, juin.
- **iAGS** (2014), « A Diverging Europe on the Edge », dans : *Independant Annuel Growth Survey 2015*, rapport pour le Parlement européen (www.iags-project).
- **TIMBEAU X.** (sous la dir. de) (2014), « Le piège de la déflation. Perspectives 2014-2015 », *Revue de l'OFCE*, n° 136, octobre.

Le spectre de la déflation s'est matérialisé dans la zone euro en décembre 2014. L'expérience des années 1930, mais également celle, plus récente, du Japon, rappellent combien la baisse du niveau général des prix peut enfermer durablement une économie dans un cercle vicieux de faible croissance voire de récession. Avant d'analyser les similitudes entre ces différentes périodes historiques de déflation, Dominique Plihon replace la situation actuelle de la zone euro dans une tendance plus longue de *« lowflation »* amorcée dans les années 1990 par l'ensemble des économies avancées. Cette évolution a rendu les économies plus vulnérables à la déflation en cas de choc conjoncturel tel que de celui de 2008. Pour éloigner durablement le risque de déflation, l'auteur recommande des politiques budgétaires et salariales plus expansionnistes, ainsi qu'un allègement des dettes publiques les plus lourdes afin d'éviter le phénomène de « déflation par la dette ».

Problèmes **économiques**

La déflation : quels risques ?

DOMINIQUE PLIHON

Professeur d'économie financière, université Paris-XIII

L'inflation a fortement baissé dans l'économie mondiale depuis la fin des années 1970. Dans les pays du G7, alors qu'elle culminait à 13 % en 1979 à la suite des chocs pétroliers, elle a connu une diminution spectaculaire et durable pour se maintenir aux environs de 2 % dans les années 1990 et 2000, qualifiées de « Grande Modération ». Ce ralentissement de l'inflation a été amplifié depuis 2008 par la « Grande Récession », conduisant certains pays au bord de la déflation. C'est le cas de la zone euro, où l'inflation est passée en territoire négatif en 2014 : mesurée par le glissement annuel de l'indice des prix à la consommation harmonisé (IPCH) publié par Eurostat, l'inflation moyenne de la zone euro a atteint – 0,2 % en décembre 2014 et – 0,3 % en février 2015. Les prix ont fortement diminué en Grèce (– 2,5 %) et en Espagne (– 1,1 %), tandis qu'ils ont continué d'augmenter faiblement dans plusieurs pays (Autriche : + 0,8 % ; Finlande : + 0,6 %). Disparu depuis la crise de 1929, le spectre de la déflation est ainsi réapparu récemment dans la zone euro. S'agit-il d'un simple processus de désinflation conduisant à une situation de faible inflation *(« lowflation »)* qui pourrait être considérée comme bénéfique, ou, au contraire, la zone euro ne risque-t-elle pas de plonger dans le cercle vicieux de la déflation tel qu'il a été expérimenté dans les années 1930, et plus récemment par le Japon à partir du milieu des années 1990 ?

Désinflation et déflation

L'inflation est la hausse durable du niveau général des prix. Deux types de facteurs peuvent l'alimenter : l'augmentation de la demande de biens et de services, d'une part, et la hausse des coûts de production, d'autre part. La déflation est souvent considérée comme le contraire de l'inflation, c'est-à-dire un processus général et continu de baisse des prix. Il n'y a pas de déflation si la baisse des prix est temporaire, ou si seulement certains prix diminuent, par exemple le prix des ordinateurs et du matériel informatique. La désinflation est le ralentissement du rythme de l'inflation : c'est un mouvement de décélération de la hausse des prix. Il ne doit donc pas être confondu avec la déflation, qui implique une baisse du niveau général des prix (Banque de France, 2009).

La désinflation est généralement un processus bénéfique pour la société, dans la mesure où la modération de l'inflation se traduit par une amélioration du pouvoir d'achat des ménages. En revanche, la déflation est particulièrement dangereuse pour une économie, car elle peut déclencher un processus cumulatif susceptible d'aggraver une récession dont il est difficile de sortir. Ainsi, la déflation ne peut se définir uniquement comme un mouvement de baisse des prix. Ce n'est donc pas l'inverse de l'inflation. Il s'agit en réalité d'un processus autoentretenu qui s'explique par le jeu de trois séries de mécanismes.

En premier lieu, la baisse des prix anticipée par les ménages les amène à différer leurs achats. Ce recul de la consommation conduit à leur tour les entreprises à freiner leurs investissements, leurs embauches et leur production, contribuant ainsi à aggraver la récession et le chômage, et à engendrer une pression à la baisse des salaires et des prix.

Un second enchaînement a été analysé au lendemain de la grande crise de 1929 par l'économiste américain Irving Fisher et a donné lieu à la théorie de la « déflation par la dette ». Selon cette approche, la déflation aggrave le coût réel de la dette car elle entraîne une hausse du taux d'intérêt réel, égal au taux d'intérêt nominal diminué de l'inflation. Cette augmentation de la charge de la dette, jointe à la baisse des revenus, met en difficulté les emprunteurs, notamment les entreprises, qui peuvent être amenées à réduire leurs investissements et leur niveau d'emploi, voire à faire faillite. De leur côté, les ménages endettés sont incités à augmenter leur épargne, et donc à contracter leurs dépenses, pour faire face à des échéances devenues plus coûteuses. Le processus de désendettement des entreprises et des ménages déprime la demande de biens et services, ce qui fait chuter les prix et alourdit l'endettement en termes réels. Ce cercle vicieux entre dette et déflation constitue « l'effet Fisher » (Gomez Betancourt et Vila, 2015).

Le caractère durable et cumulatif de la spirale déflationniste provient, en troisième lieu, de ce que la déflation peut rendre moins efficace la politique monétaire. Les banques centrales sont amenées à baisser leurs taux d'intérêt directeurs, qui constituent leur arme principale pour tenter de soutenir l'investissement et de soulager les emprunteurs. Mais les banques centrales ne peuvent baisser les taux d'intérêt au-dessous de zéro. Et même si les taux d'intérêt nominaux sont ramenés à zéro, la charge d'intérêt réel (intérêt nominal moins inflation) supportée par l'économie reste positive si les prix continuent de baisser[1]. Face à cet obstacle, lié au plancher zéro des taux d'intérêt (*zero lower bound*), les banques centrales ont dû mettre en place des politiques monétaires « non conventionnelles », consistant à injecter massivement des liquidités dans les banques et sur les marchés. Si ces politiques ont contribué à éviter l'effondrement du système financier, elles ne sont pas suffisantes pour conjurer le risque de déflation (voir *infra*).

[1] Si le taux d'intérêt nominal est égal à zéro et la baisse des prix à 3 %, le taux d'intérêt réel s'élève à 3 %.

Les raisons du recul de l'inflation depuis les années 1970

Au-delà des facteurs conjoncturels de court terme, le recul spectaculaire de l'inflation a des causes plus profondes et durables, de nature structurelle. Deux séries de facteurs structurels ont été mises en avant.

En premier lieu, le changement de cap brutal des politiques économiques. D'un côté, on a assisté à un durcissement des politiques monétaires, à commencer par la politique initiée en 1979 par Paul Volcker, président de la Réserve fédérale, avec l'objectif de casser l'inflation à deux chiffres. Par ailleurs, les politiques néolibérales appliquées à partir des années 1980 se sont traduites en particulier par une dérégulation du marché du travail. Ainsi, le gouvernement français a-t-il mis en œuvre à partir de 1982 une politique de « désindexation salariale » destinée à rompre la boucle productivité-prix-salaires et à installer un régime de basse inflation.

L'accélération de la mondialisation a aussi été un puissant facteur de désinflation via plusieurs canaux. L'arrivée sur le marché mondial de pays émergents disposant d'une abondante main-d'œuvre bon marché a exercé une pression à la baisse sur les salaires dans les pays avancés. Le canal du prix des importations a également joué avec les entrées de produits à bas prix dans les pays développés.

D'une manière générale, le régime de basse inflation qui s'est installé dans la plupart des pays – avancés et émergents – provient d'une modification des mécanismes de détermination des prix. On est passé d'un régime de prix gouverné par les vendeurs à un régime de prix régi par les acheteurs[2]. Dans le passé, et particulièrement dans la phase de haute inflation des années 1970, le pouvoir de marché ou de négociation appartenait aux vendeurs, tant sur le marché du travail que sur celui des biens et services. En raison d'une insuffisance de l'offre, les travailleurs étaient en position de force pour négocier leurs salaires, tandis que les entreprises étaient en mesure de répercuter les hausses de coûts sur leurs prix de vente. La dérégulation et la mondialisation, avec l'arrivée de la Chine et de l'Inde dans le commerce mondial, ont modifié les rapports de négociation, sur le marché du travail et des biens et services. Il en a résulté un basculement vers un régime de prix dominé par les acheteurs. L'offre de travail est devenue excédentaire, réduisant le pouvoir de négociation des salariés au profit des entreprises, ce qui a pesé sur les salaires et modifié le partage de la valeur ajoutée au profit du capital. De leur côté, les entreprises connaissent une situation d'offre excédentaire sur le marché des biens et services qui les oblige à s'adapter aux conditions de la demande. Au total, l'économie mondiale a basculé d'un régime structurel de demande excédentaire, qui poussait les prix et les salaires à la hausse, vers un régime d'offre excédentaire, qui exerce au contraire des pressions à la baisse et peut déboucher à tout moment sur une spirale déflationniste, notamment sous l'effet d'un choc exogène.

[2] **Aglietta M., Berrebi L. et Cohen A. (2009), « Banques centrales et globalisation », *Expertises*, n° 7, Groupama.**

La zone euro en situation de « *lowflation* »

C'est dans la zone euro que le processus de désinflation a été le plus marqué depuis le début de la crise : le rythme d'inflation est en effet passé de 4 % en juillet 2008 à – 0,3 % en février 2015. L'inflation devrait revenir en territoire positif sous l'effet de la reprise économique, mais demeurer à un niveau très faible, proche de zéro. Ce ralentissement de l'inflation a plusieurs causes, conjoncturelles et structurelles. Depuis 2012 (– 3 points), il est dû en grande partie à la baisse des cours des matières premières, en particulier de l'énergie. Mais on constate également une tendance régulière à la baisse de l'inflation tendancielle ou « sous-jacente », hors énergie et alimentation, et qui représente 70 % de l'évolution de l'indice IPCH. Ainsi, le fort ralentissement de l'inflation dans la zone euro provient principalement de facteurs structurels. Ce qui pourrait signifier que la zone euro est entrée dans un régime durable de basse inflation, qualifiée de « *lowflation* ».

Ce régime de « *lowflation* » comporte des risques importants. Tout d'abord, celui de basculer dans la déflation, à la suite de chocs négatifs (par exemple, une nouvelle baisse des prix de l'énergie), va en augmentant. Ensuite, l'existence de surcapacités et d'un niveau de chômage historiquement élevé (11,9 % en 2014) va continuer à alimenter les pressions déflationnistes. Enfin, les ratios de dette ne peuvent guère reculer dans un environnement d'inflation et de croissance économique faibles. L'effet « Fisher » de déflation par la dette, mentionné plus haut, risque de fonctionner. Compte tenu de l'importance de la dette publique (96 % du produit intérieur brut

[PIB] en 2014) et privée (131 %), la zone euro apparaît particulièrement vulnérable face à cet environnement d'inflation basse.

Le spectre des années 1930 dans la zone euro

Analyser le processus actuel de désinflation et les risques d'une spirale déflationniste à l'aide des expériences historiques est très éclairant. Les épisodes déflationnistes des années 1930, et du Japon depuis les années 1990, sont instructifs.

Il y a deux raisons pour établir un rapprochement entre la situation actuelle de la zone euro et celle de la Grande Dépression. D'une part, c'est la première fois depuis 1932 que les principaux pays avancés enregistrent un niveau d'inflation aussi bas, compris entre 0 % et 2 %. D'autre part, la zone euro est la région du monde où l'inflation a été la plus faible sur la période récente ; or, il existe de troublantes ressemblances entre le fonctionnement actuel de la zone euro et le régime monétaire de l'étalon-or, dont les historiens ont montré qu'il a contribué à la crise déflationniste des années 1930 (Hautcoeur, 2012). L'étalon-or et l'Union économique et monétaire (UEM) sont deux systèmes reposant sur des changes fixes[3] et une stricte orthodoxie monétaire et budgétaire. Sous l'étalon-or, la contrainte monétaire passait par la convertibilité des devises en une certaine quantité de métal ; dans l'UEM, elle est imposée par une banque centrale indépendante ciblant la stabilité des prix. Sous les deux régimes, les déficits budgétaires menacent l'objectif monétaire, donc les États doivent faire preuve d'orthodoxie budgétaire. La contrainte imposée par la fixité des changes a été forte dans l'entre-deux-guerres : si les banques centrales des pays créditeurs comme les États-Unis et la France stérilisaient les entrées d'or, les pays débiteurs subissaient en revanche de puissantes forces déflationnistes. L'UEM a reproduit la logique de l'étalon-or en l'aggravant : les pays de la zone euro ne peuvent procéder à aucun ajustement de change, à la différence de la période de l'étalon-or, ce qui exige de réduire plus fortement la dette pour la rendre soutenable. Tout comme les économies débitrices sous l'étalon-or dans l'entre-deux-guerres, les pays de la périphérie européenne ont dû faire face à de fortes pressions déflationnistes, prenant notamment la forme d'une contraction des salaires. Enfin, la zone euro fonctionne comme l'étalon-or pour ce qui concerne l'ajustement des balances de paiements. Les pays excédentaires de la zone euro comme l'Allemagne ne dépensent pas leurs excédents alors que les pays déficitaires sont obligés d'épargner parce qu'on ne veut pas leur prêter. Cet excédent d'épargne engendre des pressions déflationnistes, comme celles qu'ont connues dans les années 1930 les pays du « bloc or » (France, Belgique, Pays-Bas, Italie, Grèce et Suisse).

Le précédent japonais

L'expérience de déflation la plus récente, celle du Japon, apporte également un éclairage utile sur la situation actuelle de la zone euro (Dourille-Feer, 2014). L'éclatement de la bulle boursière en 1990, puis de celle de l'immobilier en 1991-1992 en sont à l'origine. Le Japon a connu une phase de désinflation au début des années 1990 jusqu'en 1994, avec une inflation proche de zéro en 1995. Puis la déflation s'est enracinée de 1999 à 2012, période où l'indice des prix à la consommation hors énergie n'a enregistré aucune année en territoire positif. La situation du Japon à partir de la seconde moitié des années 1990 présente des similitudes avec celle de la zone euro après le choc de la crise des *subprimes* : secteur privé en voie de désendettement, pression à la baisse sur les salaires, monnaie forte (déflation importée), politique monétaire trop peu expansive. La politique monétaire ultra-expansive jointe à de la relance budgétaire impulsée par le gouvernement de Shinzō Abe à partir de fin 2013 a eu des effets positifs sur la croissance et l'inflation. Mais la sortie de la déflation est loin d'être pérenne en 2015. Car l'inflation reste très basse, et les dépenses des ménages stagnent. L'exemple du Japon

[3] L'intérieur de la zone euro peut être apparenté à un système de changes fixes.

montre que une fois la déflation installée, il est difficile d'en sortir.

Quelles politiques pour éloigner le risque de déflation ?

En 2015, l'inflation des pays avancés de l'Organisation de coopération et de développement économiques (OCDE) demeure inférieure à la cible de 2 %, considérée comme le seuil de la stabilité des prix. En zone euro, le risque de déflation n'est pas conjuré, en raison des spécificités de l'Union monétaire. Les ajustements macroéconomiques imposés depuis 2010, particulièrement l'ajustement des salaires et la consolidation budgétaire, risquent de se poursuivre dans les prochaines années, prolongeant ainsi les pressions désinflationnistes. Une accélération significative de l'inflation liée à la reprise dans la zone euro apparaît peu probable car la croissance restera a priori modeste (de l'ordre de + 1,5 % en 2015). Un scénario d'inflation durablement basse accompagnée de mécanismes à l'œuvre dans une spirale déflationniste n'est donc pas à exclure.

L'éloignement du territoire de la basse inflation et de la déflation dépendra beaucoup des politiques économiques. Dans la situation actuelle, la politique monétaire – conventionnelle et non conventionnelle – a atteint ses limites, pour les raisons mentionnées plus haut. Son rôle principal doit être d'agir sur les anticipations d'inflation dans le but de les ancrer à une cible supérieure à 2 % à moyen et long termes. Toutefois, l'expérience japonaise montre que des anticipations positives d'inflation ne suffisent pas à éliminer le processus de déflation. Les politiques de « reflation » budgétaires et salariales apparaissent ainsi comme les moyens les plus efficaces pour y mettre fin. Compte tenu des contraintes spécifiques de l'UEM mentionnées plus haut, il apparaît nécessaire que les pays ayant un surplus extérieur commencent par augmenter leurs dépenses publiques et soutenir les salaires, ce qui contribuerait à alléger les pressions déflationnistes dans l'ensemble de la zone euro. L'autre volet des politiques concerne l'allègement des dettes privées et publiques afin d'éviter l'effet « Fisher ». Au début de la crise, les États ont « socialisé » (pris en charge) une partie des dettes privées, notamment celle du système financier, ce qui a provoqué une forte hausse des dettes publiques. Deux séries de mesures permettraient d'alléger la charge de ces dernières, devenue excessive : procéder à leur restructuration, ce qui inclut l'annulation d'une partie des engagements des pays les plus endettés. Une deuxième proposition, faite par le Fonds monétaire international (FMI) et certains économistes, consiste à lever une taxe globale de 10 % sur le patrimoine net (en prenant en compte les dettes) de l'ensemble des ménages[4]. Les ressources ainsi collectées permettraient de ramener les dettes publiques au niveau antérieur à la crise. Ces deux mesures exceptionnelles seraient de nature à éloigner le spectre de la déflation par la dette.

[4] FMI (2013), *Fiscal Monitor*, 9 octobre. Piketty T. (2013), *Le Capital au xxie siècle*, Paris, Seuil.

POUR EN SAVOIR PLUS

- **AGLIETTA M.** (2014), « La déflation : un spectre qui rôde en zone euro », *blog du CEPII*, 1er avril.
- **BANQUE DE FRANCE** (2009), « Déflation ou désinflation », *Focus*, n° 3, janvier.
- **DOURILLE-FEER É.** (2014), « L'Économie du Japon », Paris, *La Découverte*, coll. « Repères ».
- **GOMEZ BETANCOURT R. et VILA A.** (2015), « Fisher et la déflation par la dette », *L'Économie politique*, n° 66, avril.
- **HAUTCOEUR P.-C.** (2012), « Crise de l'euro : regard d'un historien », *lafinancepourtous.com*, mars.

Si les pays émergents ont été un temps épargnés par la crise mondiale, leur croissance est devenue plus fragile après 2012. La crise a rappelé leur vulnérabilité à l'environnement extérieur, et en particulier aux mouvements des capitaux étrangers. Les politiques monétaires accommodantes des banques centrales américaine et européenne ont en effet soutenu un temps la croissance des économies émergentes grâce à un approvisionnement massif des marchés financiers mondiaux en liquidités. Mais ces conditions exceptionnelles ont nourri des bulles d'endettement qui font désormais planer sur celles-ci un certain nombre de menaces. Christine Rifflart rappelle les fragilités des grandes économies émergentes, qui résident notamment dans leur exposition au commerce extérieur et aux flux financiers. Les risques encourus sont toutefois moins importants qu'ils ne l'étaient lorsque s'est déclenchée la crise asiatique en 1997.

Problèmes **économiques**

Les pays émergents dans la tourmente

CHRISTINE RIFFLART

Économiste à l'Observatoire français des conjonctures économiques (OFCE)

Depuis 2008, les économies émergentes sont chahutées par les chocs extérieurs qu'elles subissent. La crise économique et financière déclenchée aux États-Unis et en Europe, combinée plus récemment au ralentissement de l'économie chinoise, a mis un terme à la période d'expansion qui s'était ouverte en 2003. Certes, la croissance des économies émergentes reste globalement plus soutenue que celles des économies avancées (respectivement 5,2 % par an contre 0,9 % – dont – 0,2 % dans la zone euro – entre 2008 et 2014) mais les performances divergent selon les pays et les degrés d'exposition aux risques. En 2014, la croissance a ralenti à 4,6 % et les perspectives pour 2015 sont mauvaises.

La panique financière de 2008-2009 qui a poussé les économies avancées dans la récession s'est propagée aux économies émergentes. La chute de l'activité s'est révélée forte, notamment en Amérique latine, en Russie, ainsi que dans plusieurs pays asiatiques. Seuls quelques pays (Chine, Inde et Indonésie) ont bien résisté. En 2010 et 2011, le processus de reprise s'est généralisé à l'ensemble de l'économie mondiale. En réorientant sa dynamique de développement vers son marché intérieur, la Chine a vu sa croissance ralentir significativement. La Chine tient de moins en moins son rôle de pilier de la croissance mondiale et son ralentissement économique pèse sur les performances de ses partenaires.

Malgré cet environnement dégradé, la croissance des pays émergents a été soutenue par les politiques monétaires très accomodantes des économies avancées, qui ont provoqué un afflux de liquidités sur les marchés financiers mondiaux. Les capitaux disponibles se sont dirigés massivement vers les économies émergentes, plus rentables que les États-Unis et l'Europe, ce qui explique que leur croissance est restée forte jusqu'en 2012. L'illusion d'une croissance solide s'efface toutefois à la mi-2013, quand la Réserve fédérale annonce la fin prochaine du *quantitative easing*.

Ces enchaînements soulignent la vulnérabilité persistante des économies émergentes à leur environnement extérieur. Portées pendant les années 2000 par le cycle du commerce international, la hausse du prix des matières premières et un accès plutôt aisé au marché des capitaux étrangers, elles avaient pu profiter de cette embellie d'autant plus aisément que leurs déséquilibres avaient été corrigés au moment de la crise asiatique de 1997. L'instabilité économique et financière qui s'est ouverte en 2008 révèle toute la fragilité de ces économies émergentes aux systèmes financiers encore immatures. Alors que l'origine de la crise se situe dans les grandes économies occidentales, elles demeurent largement exposées à la volatilité des mouvements de capitaux, de change et du prix des actifs.

Un lien étroit entre commerce et croissance

Années 2000 : hausse des prix des matières premières et « reprimarisation » de certaines économies émergentes

Au cours des années 2000, le commerce international a été très dynamique. Les économies avancées ont crû rapidement et la Chine a connu une période de croissance exceptionnelle : 11,7 % en moyenne annuelle entre 2003 et 2007 (avec un record à 14,2 % cette année-là), avant d'amorcer un ralentissement, mais jusqu'en 2011, la croissance est restée supérieure à 9 % par an. Portées par des marchés en pleine expansion, les exportations des pays émergents se sont accélérées, avec notamment une réorientation de leurs ventes vers la Chine, devenue incontournable.

À cet accroissement des volumes exportés, s'est ajouté un fort effet prix. La hausse des besoins en matières premières, en phase avec la croissance mondiale, et notamment celle de la Chine, a déstabilisé les marchés et provoqué de fortes tensions sur les prix. De la fin 2002 au début de l'année 2011, lorsque les tensions sur les marchés de matières premières, notamment industrielles, ont atteint leur degré maximal, les prix ont augmenté de 540 % pour le minerai de fer, 520 % pour le cuivre, 650 % pour l'étain, 490 % pour le plomb, 210 % pour le zinc et 300 % pour le nickel ! Les produits alimentaires n'ont pas été en reste : 200 % pour le café, 160 % pour le soja…

Pour la région d'Amérique latine, exportatrice nette de matières premières mais structurellement déficitaire, et aussi pour quelques pays d'Asie et d'Europe, cette envolée des prix et des volumes a permis de dégager d'importants excédents courants. Dans certains pays, les entreprises locales ont alors été incitées à redéployer leur activité vers ces secteurs exportateurs au détriment des autres, moins rentables. Ce mouvement de « reprimarisation » des économies a été d'autant plus encouragé qu'il s'est avéré lucratif et s'est articulé étroitement avec une perte de compétitivité de l'industrie manufacturière. En effet, l'entrée massive de devises, favorisée par les exportations de produits primaires, a poussé à la surévaluation des monnaies locales vis-à-vis du dollar, qui a pesé sur la compétitivité des autres secteurs productifs et freiné leur développement. Victime de ce syndrome dit de la « malédiction des matières premières » *(Dutch disease)*, l'Amérique latine s'est clairement engagée dans cette voie. Alors que ses besoins sont largement orientés vers les produits industriels (l'essor de la classe moyenne au Brésil en est l'illustration), elle a développé encore davantage son secteur primaire, et délaissé son industrie.

Le choc de 2008-2009

Avec l'entrée en récession des États-Unis et de l'Europe en 2008 et 2009, on a assisté à une chute brutale des importations des biens et des services qui s'est propagée via le canal du commerce extérieur. Les exportations des pays émergents ont décru brutalement en 2008 et surtout 2009 (– 10 % en Amérique latine, – 8 % en Asie émergente, – 8,6 % dans l'Europe émergente cette année-là). Avec la reprise de 2010 et 2011, les échanges ont repris, à un rythme de 14,5 % puis 16,5 % sur chacune des années (dont 23 % et 10 % respectivement pour l'Asie émergente et la Chine). Mais depuis 2012, les volumes exportés progressent mollement, en phase avec l'état de santé de l'économie mondiale. Le ralentissement de la demande chinoise détend la pression sur les marchés des matières premières, faisant baisser les prix.

Dans l'ensemble des économies émergentes, les balances courantes se dégradent : les excédents asiatiques s'annulent progressivement, les déficits latino-américains se creusent, tandis que la dynamique de croissance tirée par le commerce international est épuisée, laissant derrière elle des économies plus ouvertes commercialement et donc plus sensibles au choc d'un retournement. Mais si le retournement du commerce international pèse sur la croissance de l'ensemble des économies émergentes, les facilités offertes sur les marchés des capitaux ont ouvert d'autres opportunités. Elles ont permis, au moins pendant un temps, de stimuler la demande domestique, au risque là aussi d'engendrer fragilités et déséquilibres.

Le piège de la finance

Un afflux de liquidités qui booste la croissance…

L'autre soutien à la croissance est d'origine financière. La libéralisation financière, qui s'est accrue au cours des vingt dernières années dans les pays émergents, s'est accélérée depuis 2003. Les entrées de capitaux ont été multipliées par 5 entre 2003 et 2007 (dont 30 % captés par la Chine). L'abondance de liquidités internationales permise par les politiques de *quantitative easing* menées aux États-Unis et en Europe a renforcé cette dépendance aux capitaux étrangers et, par conséquent, accru le degré d'exposition aux risques d'un retrait. Car depuis 2008, si la liquidité internationale a été abondante, les mouvements sont restés erratiques et ont pesé sur la stabilité financière des économies récipiendaires.

En 2008 et 2009, la panique financière a entraîné des rapatriements brutaux de capitaux vers les entreprises des pays occidentaux ou vers l'achat d'actifs sans risque (obligations et bons du Trésor américains surtout), provoquant aussitôt une chute des monnaies émergentes au profit du dollar. Dès 2010, désertant les économies en crise au profit de places financières d'économies mieux rémunérées, les capitaux sont revenus vers les pays émergents. La très faible croissance et les bas taux d'intérêt dans les économies avancées ont poussé les choix des investisseurs vers des lieux plus rentables, où les perspectives de plus-values étaient meilleures. Cette réorientation des flux vers les pays émergents témoigne également d'une réappréciation du « risque émergent ». En quête de placements lucratifs, les investisseurs révisent à la baisse leur aversion au « risque émergent », quitte à la revoir à la hausse et à revenir vers des lieux plus sûrs lorsque les perspectives s'amélioreront. C'est bien ce qui s'est produit mi-2013, quand le gouverneur de la Réserve fédérale a annoncé la fin prochaine du programme de rachats massifs de titres longs aux États-Unis. Cette annonce a marqué l'entrée dans une période de normalisation des outils de la politique monétaire, voire des conditions de financement. Et même si, aujourd'hui, la liquidité internationale reste abondante, les conditions d'accès au crédit se sont durcies.

Cet afflux de liquidités a été un soutien opportun à la croissance pour les émergents. En desserrant la contrainte financière et en favorisant une baisse des taux d'intérêt domestiques, il a permis de stimuler la consommation et l'investissement. Selon la Banque des règlements internationaux (BRI), la politique non conventionnelle menée aux États-Unis aurait ainsi permis de réduire de 1,5 point le taux d'intérêt domestique dans les pays émergents et d'accroître les dépenses en capital de près d'un tiers sur les dernières années.

... mais engendre de l'instabilité

Mais cette arrivée massive de financement externe constitue une source d'instabilité d'autant plus forte que les capitaux investis ne sont pas toujours voués à rester longtemps dans les pays et peuvent être davantage guidés par des opportunités de rendement. Dès lors, le risque d'un retrait des capitaux étrangers est élevé. Une sortie massive de capitaux se traduit alors par une forte volatilité des taux de change et des prix d'actifs, et rend délicat l'ancrage des anticipations de comportements d'achat et d'investissement.

Pour un meilleur contrôle des flux de capitaux et pour lutter contre une appréciation trop forte de la monnaie, plusieurs pays ont mis en place des mesures restrictives. Le Pérou, l'Indonésie, la Corée du Sud et la Thaïlande ont réintroduit des mesures de contrôle des capitaux. Pour éviter les achats spéculatifs, le Brésil a appliqué une taxe sur les investissements de portefeuille.

Bulles d'endettement...

Cette abondance de liquidités internationales s'est traduite par une poussée de l'endettement dans les pays émergents qui aujourd'hui pose problème. Cet endettement prend plusieurs formes (bancaires ou obligataires) et se situe soit directement face à un prêteur étranger, soit sur les marchés domestiques. Rapportée au PIB, la dette bancaire totale (externe et interne) des agents non financiers atteint des niveaux très élevés dans de nombreux pays.

C'est en Asie que cette dette bancaire a augmenté le plus et y est toujours la plus élevée : 150 % du produit intérieur brut (PIB) (170 % pour la Chine). Si la dette extérieure reste marginale, sa part dans la dette totale augmente néanmoins significativement, surtout en Chine, du fait de la vigueur des nouveaux crédits transfrontaliers (hausse de 20 % en moyenne par an depuis 2007). Les crédits domestiques progressent plus modérément. La situation est différente en Amérique latine. La dette bancaire est moins élevée et reste stable depuis 2013 autour de 80 % du PIB (mais 120 % au Brésil !). Surtout, depuis 2011, la nouvelle dette bancaire transfrontalière a ralenti avant de baisser en 2013 et 2014 pendant que les nouveaux crédits domestiques continuent d'augmenter à des rythmes compris entre 15 % et 20 % par an. Dans les pays émergents d'Europe, les nouveaux crédits bancaires transfrontaliers et domestiques baissent depuis 2012. La dette totale est revenue de 100 % du PIB en 2012 à 80 % fin 2014.

Si cette dette bancaire a fortement progressé au cours des dernières années et reste prépondérante dans les sources de financement des agents privés, on a assisté entre 2010 et mi-2013 à une très forte hausse de l'endettement obligataire. De 44 % de la dette bancaire en 2010, elle en représente mi-2014 l'équivalent de 77 %. Cette forte progression est le fait des grandes entreprises dont l'endettement obligataire atteint 100 % du PIB des pays émergents. Compte tenu d'un coût de financement moindre que sur les marchés domestiques, les entreprises s'endettent en devises pour acheter des actifs locaux. Ce phénomène est très marqué en Amérique latine. Cet attrait des investisseurs étrangers pour ce type d'investissements émergents se retrouve également dans l'achat par des non-résidents d'obligations souveraines émises de plus en plus en monnaie locale, et plus dans une devise forte. Ce phénomène est important puisque le risque de change n'est plus supporté par l'émetteur mais par l'investisseur étranger. Or, c'est précisément cette prise de risque de change qui avait fait basculer le Brésil dans une crise très forte lors de l'élection de Lula, le candidat du Parti des travailleurs, à la Présidence de la République en 2002. Face aux attaques des marchés financiers, le real s'était déprécié, ce qui avait eu pour conséquence directe de renchérir la charge de la dette publique extérieure et de conforter le sentiment de défiance qui s'était installé. Ce risque semble écarté en Amérique latine, les émissions de titres publics se faisant désormais davantage en monnaie locale qu'en dollars ou autre monnaie forte. Dit autrement, les dettes publiques sont en Amérique latine de moins en moins exposées au risque de change.

D'autres risques subsistent malgré tout. Car la montée de l'endettement interne ou externe nourrit des déséquilibres d'autant plus importants que l'appréciation du risque de crédit tend à s'effacer dans un environnement favorable. Or, le développement de crédits assis sur des opérations peu ou non rentables, ou des montages d'ordre spéculatif alimentent la formation de bulles sur les marchés boursiers et immobiliers, qui devront tôt ou tard être corrigées. De même, cette situation peut être à l'origine de surcapacités dans certains secteurs productifs de l'économie. Ainsi, en Chine, les entreprises du secteur de la construction sont très endettées alors que le secteur de l'immobilier est en excès d'offre et connaît des baisses de prix depuis plus de six mois.

… et risques associés

Tant que les conditions de financement restent stimulantes, la formation de bulles ou l'accumulation de surcapacités peuvent continuer. Mais ces déséquilibres éclatent dès lors que les conditions de financement se modifient. Or, le changement de cap de la politique monétaire américaine annoncé à l'été 2013, et effectif en 2014 et 2015 (probable hausse des taux directeurs vers la fin de l'année 2015) annonce la fin de cette période exceptionnelle de bas taux d'intérêt, et avec elle le début des ajustements sur les taux de change.

Le premier risque est celui d'une désaffection des investisseurs étrangers pour les pays émergents et d'un retour des capitaux vers des placements plus sûrs et mieux rémunérés, au moins que par le passé. Cela réduirait les possibilités de refinancement de la dette obligataire des entreprises et des États, provoquant alors une forte remontée de taux d'intérêt domestiques. L'importance de l'endettement en devises étrangères expose également entreprises et États au risque d'une inadéquation des monnaies *(currency mismatch)* entre actif et passif. Cela se rencontre en cas de couverture insuffisante du service de la dette extérieure par des activités productives génératrices de recettes d'exportation ou bien des avoirs à l'étranger à l'origine de revenus en devises. Ce peut être le cas si l'endettement en devises a servi à financer des activités orientées sur la demande interne. En cas de dépréciation de la monnaie nationale, les engagements extérieurs exprimés en monnaie nationale se renchérissent, ce qui rend plus difficile leur respect. Selon la Banque des règlements internationaux (BRI), les pays fortement endettés tels que le Brésil, le Mexique, la Russie ou l'Afrique du Sud seraient davantage protégés de ce risque que la Chine ou l'Inde, notamment. L'endettement extérieur des promoteurs immobiliers chinois ou des entreprises indiennes très engagées dans le secteur de l'énergie ou des services publics souligne cette asymétrie entre des revenus d'exploitation en monnaie locale et des engagements contractés dans une devise forte.

Cette vulnérabilité des entreprises à tout changement dans les conditions de financements fragilise l'ensemble du secteur financier. À l'actif, les institutions financières sont exposées au risque de crédit de leurs clients.

En Chine, notamment, du fait de l'importance de la dette bancaire, les banques s'inquiètent de la montée des prêts non performants. Au passif, les institutions financières sont dépendantes des dépôts de ces grandes entreprises pour exercer leur activité de prêts. De fait, les banques sont très liées à la situation des entreprises qui ont une dette à risque. C'est notamment le cas de l'Argentine, du Brésil, de la Chine ou de l'Inde.

Le Brésil comme cas d'école

Après une moyenne de 4,8 % par an entre 2003 et 2008, la croissance brésilienne a ralenti à 2,6 % par an entre 2008 et 2014, avec une croissance nulle en 2014. En 2015, une récession est attendue de l'ordre de – 1,5 %. La production industrielle baisse depuis mi-2013 : – 6,8 % sur un an en mars 2015. Malgré la récession, les tensions inflationnistes persistent et l'inflation s'accélère depuis le début de l'année 2015 jusqu'à 8,1 %, soit bien au-delà de la bande autorisée par la banque centrale dans le cadre de sa politique d'inflation ciblée (4,5 %, ± 2 points). Cette situation illustre les défis auxquels se heurte l'économie brésilienne.

Avec le boom du prix des matières premières, l'appareil productif brésilien s'est réorienté vers les secteurs de base, délaissant son industrie. De forts excédents courants ont été enregistrés, le taux de change s'est fortement apprécié et d'importantes réserves de change ont été accumulées. Après la crise financière de 2008, le Brésil a été l'un des principaux pays récipiendaires de capitaux étrangers (après la Chine). Ces entrées de capitaux ont financé la croissance, et notamment une consommation des ménages en plein essor, par un cycle du crédit très important. Cette forte demande a été contrainte par une adaptation insuffisante de l'offre productive, ce qui a favorisé le développement de tensions inflationnistes et a mis la banque centrale face à un dilemme : augmenter les taux d'intérêt pour freiner la demande et réduire les tensions inflationnistes, au risque d'attirer davantage les capitaux étrangers et voir le taux de change s'apprécier, ou bien ne pas intervenir et laisser les tensions inflationnistes se développer. Dans ce contexte, le manque de compétitivité de l'industrie brésilienne, lié en grande partie à la surévaluation du taux de change, apparaît comme un défi majeur à relever pour résoudre sa contrainte d'offre. Or, en période d'inflation élevée, toute correction baissière du taux de change ne fait qu'attiser la hausse des prix.

Tourmente, mais pas de cataclysme en vue

Les défis auxquels se heurtent en 2015 les économies émergentes sont complexes. Comme on l'a dit, le basculement des capitaux vers les pays occidentaux réduit les possibilités de refinancement des dettes tandis que la faiblesse du commerce international induit une dégradation des balances courantes dans l'ensemble des régions. Cette combinaison pourrait s'avérer dramatique si les mouvements étaient violents : retrait brutal de capitaux des pays émergents, hausse des taux d'intérêt domestique, chute des taux de change et revalorisation des dettes extérieures exprimées en monnaie locale, multiplication des défauts de paiement, crise économique et crise financière. Mais si les pays émergents sont dans la tourmente, l'horizon n'est malgré tout pas aussi sombre que ce qui vient d'être décrit et qui ressemble beaucoup à la situation de 1997-1998, quand la crise commencée en Thaïlande s'était propagée à l'ensemble de l'Asie, à la Russie puis à l'Amérique latine tel un jeu de dominos. S'il existe des ressemblances entre les deux périodes (resserrement de la politique monétaire américaine, surcapacités productives en Asie, balances courantes déficitaires, taux de change surévalués), les différences restent nombreuses et non des moindres. Aujourd'hui, l'ensemble des régimes de change (à l'exception de celui de la Chine) sont flottants et non plus ancrés à une monnaie ; le risque de crédit, bien qu'élevé, n'est probablement pas aussi important qu'à l'époque ; et les banques sont probablement moins exposées du fait de l'application de règles prudentielles plus strictes. Les finances publiques sont plus saines, et surtout, la structure des dettes publiques moins exposée au risque de change. Le risque d'un ralentissement plus marqué de la croissance chinoise demeure toutefois, ce qui aurait un impact important sur la croissance des pays émergents, et notamment asiatiques.

Dans un contexte de moindres liquidités, de baisse du prix des matières premières et de croissance mondiale peu dynamique, la croissance des émergents dans les prochaines années restera modérée. La morosité de cet environnement international rendra l'ajustement des déséquilibres passés plus douloureux et pèsera lourdement sur ces économies émergentes. Là est le paradoxe au moment où les économies avancées, elles, commencent à voir le bout du tunnel.

POUR EN SAVOIR PLUS

- **ALHENC-GELAS V.** (2014), « Déséquilibres macroéconomiques dans les pays émergents », *Note de conjoncture*, INSEE, juin.
- **BELLOCQ F.-X. et ZLOTOWSKI Y.** (2013), « Les pays émergents dans la globalisation financière », *MacroDév* n° 11, AFD, octobre.
- **BIS (Bank of International Settlements)**, *Quaterly Review*, différents numéros (existe en version française).
- **CEPII** (2015), *L'Économie mondiale 2015.*
- **CHAUVIN S.** (2014), « Où en est l'économie brésilienne ? », *MacroDév* n° 2, AFD, avril.
- **FMI**, *World Economic Outlook* (existe en version française), (diverses années).
- **FMI**, *Global Financial Stability Report* (diverses années).
- **FMI** (2015), *Brazil, Staff Report for the 2014 article IV Consultation*, 4 mars.
- **OFCE**, *Perspectives de croissance pour l'économie mondiale* (diverses années).
- **ROUCHER D.** (2014), « La Chine ralentit : quels risques pour l'économie mondiale ? », *Note de conjoncture*, INSEE, juin.

Le système monétaire international (SMI) a passé la crise financière globale de 2007-2008 sans grandes perturbations, malgré les déséquilibres internationaux, et a révélé une certaine forme de partage international des risques, comme le démontre Christophe Boucher. Cette relative stabilité ne doit cependant pas faire oublier les imperfections du SMI. Organisé autour d'un centre et d'une périphérie, le SMI procure un double privilège au pays pivot, les États-Unis : émettre la principale monnaie de réserve internationale et attirer l'investissement international. En contrepartie, il transfère d'importants montants de richesse vers le reste du monde en cas de crise. Le pays est ainsi à la fois assureur et banquier du monde. Néanmoins, la politique monétaire américaine s'impose souvent aux pays de la périphérie, notamment dans les pays émergents, et révèle ainsi un défaut de coordination au sein du SMI.

Problèmes **économiques**

Monnaies, taux de change et déséquilibres financiers

CHRISTOPHE BOUCHER

Professeur à l'université Paris-Ouest - Nanterre-La Défense et CNRS

Il y a des choses que la crise n'a pas changées : l'absence de coordination au sein du système monétaire international (SMI) et le privilège exorbitant dont jouissent les États-Unis dans ce système.

À la veille de la crise financière globale de 2007-2008, et de la Grande Récession qui s'en est suivie, l'économie mondiale se caractérisait par d'impressionnants déséquilibres des balances courantes. Ces « déséquilibres globaux » comprenaient essentiellement les déficits de la balance des paiements courants des États-Unis et de certains pays de la zone euro (à l'exception de l'Allemagne, excédentaire) ainsi que les excédents de nombreux pays émergents asiatiques (dont la Chine) et des pays exportateurs de pétrole.

Les déséquilibres globaux faisaient craindre un dénouement violent qui serait passé par une crise du SMI et aurait pris la forme d'un arrêt brusque des flux de capitaux, d'un effondrement du dollar et d'une récession mondiale.

La crise a plutôt révélé une certaine forme de partage international des risques. Compte tenu de leur position particulière au sein du SMI et du système financier international, les États-Unis jouent le rôle d'assureur global. Ils encaissent une sorte de prime d'assurance en période faste mais enregistrent de fortes pertes en période de crise. Ce pays-centre du SMI consomme davantage que les autres pays et finance son déficit cou-

ZOOM

LES DÉSÉQUILIBRES DE FLUX ET LES DÉSÉQUILIBRES DE STOCK

Dans la balance des paiements d'un pays, **le solde du compte courant** est constitué par la différence entre ce que ses résidents gagnent et ce qu'ils dépensent. S'ils dépensent plus qu'ils ne gagnent, leur solde courant est déficitaire. Si, en revanche, les résidents d'un pays dépensent moins qu'ils ne gagnent, le solde courant du pays est excédentaire. La partie du revenu qui n'a pas été dépensée représente alors une épargne prêtée au reste du monde. La balance courante permet donc de faire état des déséquilibres dits « de flux ». Elle reflète un besoin ou une capacité de financement des résidents vis-à-vis du reste du monde.

La **position extérieure nette** (PEN) représente la richesse ou la dette nette des résidents vis-à-vis de l'étranger à un moment dans le temps. Elle reflète plus précisément les avoirs et engagements nets des résidents vis-à-vis du reste du monde. Lorsque la PEN est négative, cela signifie que les résidents empruntent davantage au reste du monde qu'ils ne lui prêtent. Elle reflète ainsi les déséquilibres dits « de stock ». La PEN est le pendant de la balance courante en ce sens que les déséquilibres de flux viennent alimenter les déséquilibres de stock.

rant par les revenus supérieurs qu'il tire en compensation des risques qu'il prend. Lors des crises globales, en revanche, les pertes en capital sur sa richesse nette extérieure conduisent à des transferts de richesse vers le reste du monde.

Ainsi, la crise n'a entraîné ni l'effondrement du dollar, ni l'atterrissage en catastrophe de l'économie mondiale. Cependant, elle a laissé les zones développées, États-Unis, Japon et Europe, exsangues, au bord de la déflation, avec de forts taux de chômage et de lourdes dettes. Au contraire, les grands pays émergents, Inde, Chine et Brésil, ont connu une croissance supérieure aux pays avancés. Les pays avancés les plus durement touchés par la crise financière furent ainsi assez vite acculés aux politiques monétaires de taux zéro.

Ce faisant, ces politiques monétaires ultra-accommodantes ont eu d'importants effets collatéraux sur les pays émergents. Ils ont connu une forte croissance des flux de capitaux entrants avec une hausse des prix des actifs et une appréciation des monnaies, détériorant alors leur compétitivité. Mais ces effets collatéraux ne participent pas d'une « guerre des changes » entre les pays. Ils témoignent plutôt d'un défaut de coordination internationale lorsque chaque pays cherche à réduire ses déséquilibres internes sans aucune concertation.

« Le dollar, c'est notre monnaie, c'est votre problème », affirmait le secrétaire au Trésor du président Nixon, John Connaly, en 1971, au lendemain de la décision unilatérale de Washington de mettre fin à la convertibilité du dollar en or. Pas plus aujourd'hui qu'hier, les États-Unis ne se préoccupent des conséquences de leur politique monétaire sur le reste du SMI.

Les déséquilibres globaux après la crise

Les déséquilibres courants ont atteint leur pic en 2006-2007, puis se sont fortement contractés. Mais alors que ces déséquilibres mondiaux du compte courant – les « déséquilibres de flux » se réduisaient, les positions créditrices et débitrices nettes – les

« déséquilibres de stock » – ont continué de se creuser.

Pendant près de vingt ans, et jusqu'au début des années 2000, les soldes des balances courantes oscillaient entre 2 % et un peu plus de 3 % du produit intérieur brut (PIB) mondial. À partir de 2003, ces déséquilibres mondiaux se sont creusés pour atteindre leur apogée en 2006 et 2007. Les déséquilibres mondiaux ont ainsi doublé en quatre ans, passant de 3,3 % du PIB mondial en 2002 à 6,6 % en 2006.

La périphérie de la zone euro, les États-Unis, le Royaume-Uni et l'Europe centrale et orientale connaissaient une aggravation de leurs déficits courants, tandis que l'Asie émergente (en particulier la Chine), les exportateurs de pétrole et plusieurs pays avancés en zone euro et en Europe du Nord engrangeaient des excédents courants.

Pour certains économistes, tels que Martin Feldstein (2008), ces déséquilibres mondiaux n'étaient pas soutenables car ils reflétaient des déséquilibres macroéconomiques, dont l'asymétrie des taux de change entre grands pays, la faiblesse des taux d'épargne et le creusement du déficit budgétaire des pays à compte de transactions courantes déficitaire. Ils craignaient que l'économie mondiale ne soit contrainte d'effectuer un atterrissage en catastrophe si ces déséquilibres macroéconomiques n'étaient pas corrigés. Il devait en résulter une chute brutale du taux de change du dollar, sous l'effet d'un alourdissement supplémentaire de la dette extérieure nette des États-Unis.

Ces déficits courants, ou de flux (voir Zoom p. 26), se sont par la suite réduits avec la crise et les différentiels de croissance liés à la reprise plus rapide dans les pays émergents. Cet ajustement est toutefois passé par une crise financière qui ne s'est pas manifestée par une crise du dollar telle que certains l'anticipaient.

Mais si les déséquilibres de flux se sont contractés, ils ne se sont pour autant pas inversés, si bien que les positions créditrices et débitrices (c'est-à-dire les déséquilibres en termes de stocks) ont continué à s'aggraver ces dernières années. Les plus importants pays débiteurs, que sont les États-Unis, l'Espagne, l'Italie et la France, ont vu leur dette extérieure augmenter entre 2006 et 2013. Les plus importants pays créditeurs, que sont le Japon, la Chine et l'Allemagne, ont de leur côté accru leur richesse extérieure nette sur la même période.

Une architecture financière internationale qui rend les déséquilibres soutenables

Avant la crise financière globale de 2007-2008, tous les économistes ne s'inquiétaient pas de l'ampleur des déséquilibres. La situation des États-Unis était moins mauvaise qu'il n'y paraissait, car le pays joue un rôle central.

Une architecture du système financier international asymétrique

La position centrale des États-Unis au sein du système leur a conféré un « privilège exorbitant », pour reprendre la formule choisie par Valéry Giscard d'Estaing dans les années 1960 au sujet de l'avantage que le dollar, comme monnaie de réserve internationale, procurait aux États-Unis.

Aujourd'hui ce privilège exorbitant passe non seulement par l'avantage que leur donne le dollar au sein du SMI, mais également par leur position centrale dans le système financier international.

La quasi-totalité des engagements extérieurs américains sont en dollars, tandis qu'environ 70 % des avoirs américains sont libellés dans d'autres monnaies. Une dépréciation de 10 % du dollar augmente donc la valeur des avoirs à l'étranger et représente un transfert d'environ 5,9 % du PIB du reste du monde vers

Le triangle d'incompatibilité de Mundell

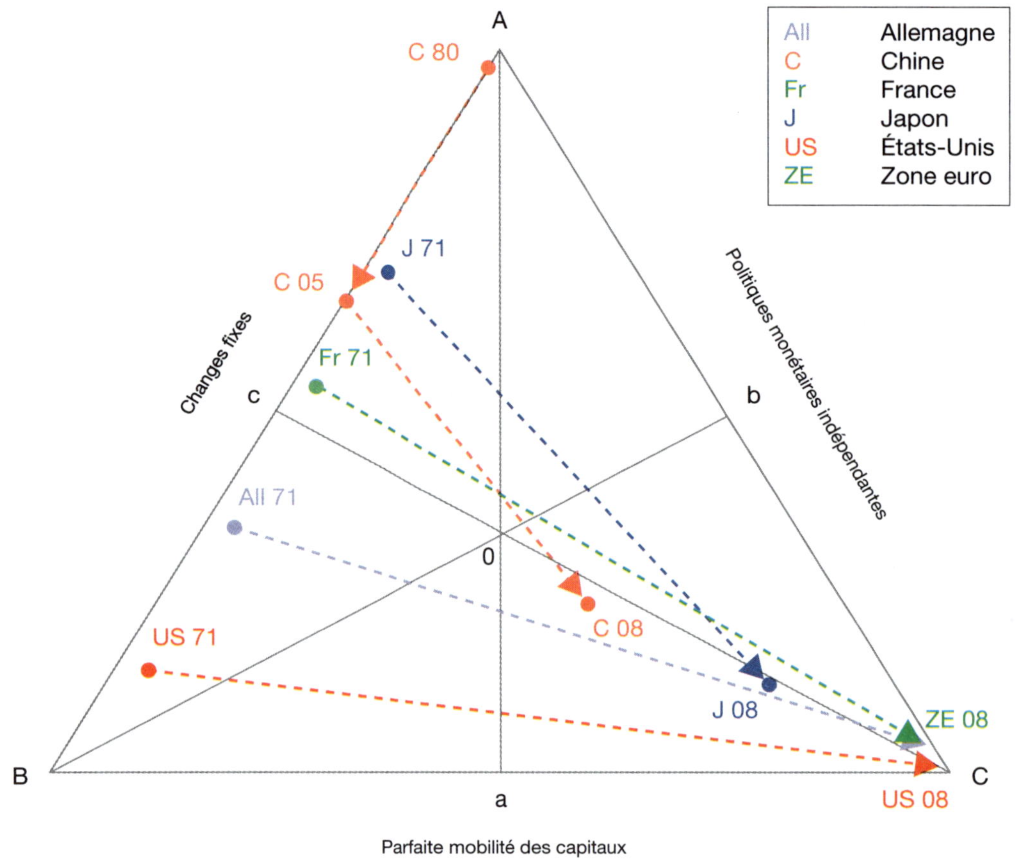

Lecture :
Losange BaOc = prépondérance de règles de change strictes et d'une forte mobilité des capitaux
Losange CaOb = prépondérance de changes flexibles et d'une forte mobilité des capitaux
Losange AbOc = prépondérance des contrôles de capitaux et de régimes de change à la discrétion des autorités nationales

Source : Aglietta M., Berrebi L., Cohen A. (2009), « Banques centrales et globalisation », *Expertises*, n° 7, Groupama Asset Management.

les États-Unis. La baisse du dollar a ainsi un effet doublement positif sur les comptes extérieurs des États-Unis, dopant les exportations nettes et augmentant la valeur en dollars des avoirs américains.

Le développement et la profondeur des marchés financiers aux États-Unis constituent la seconde dimension de leur privilège. Chaque année, le reste du monde accepte de prêter aux États-Unis qui, en retour, investissent massivement en dehors de leurs frontières.

Les États-Unis : du banquier mondial à l'assureur global

Après la Seconde Guerre mondiale, les États-Unis sont devenus le banquier du monde, à la suite de la Grande-Bretagne, émettant la principale monnaie internationale et fournissant des liquidités internationales. Ils pouvaient donc notamment emprunter à court terme (les étrangers cherchant à acheter des avoirs en dollars liquides) et prêter à long

ZOOM

LE TRIANGLE DE MUNDELL OU L'IMPOSSIBLE TRINITÉ

En 1962, deux économistes, le Britannique Marcus Fleming et le Canadien Robert Mundell[1], ont donné leur nom à un modèle de taux de change et jugé qu'il était impossible de concilier autonomie nationale, régime de change fixe et mobilité des capitaux : deux de ces objectifs seulement pouvaient être atteints. Popularisée par les économistes Maurice Obstfeld et Alan Taylor dans les années 1990, cette théorie du trilemme est devenue l'un des fondements d'une économie ouverte.

(1) En 1999, Robert Mundell a reçu le prix de la Banque de Suède en sciences économiques en mémoire d'Alfred Nobel (surnommé « prix Nobel d'économie »).

terme (offrant des prêts de longue durée et des fonds d'investissement aux entreprises étrangères).

À l'instar d'une banque, ils bénéficiaient d'une marge d'intermédiation du fait de l'écart entre le rendement de leurs avoirs extérieurs et le coût de leurs engagements.

Dans les années 1990, les avoirs américains ont consisté de moins en moins en prêts bancaires de longue durée et ont pris davantage la forme d'investissements directs étrangers (IDE), mais aussi de prises de participation. Dans le même temps, les engagements sont restés essentiellement des emprunts bancaires, des crédits commerciaux et de la dette, c'est-à-dire des actifs sûrs à faible rendement (Gourinchas et Rey, 2005).

Le bilan des États-Unis s'est mis à ressembler à celui d'une société de capital-risque, où l'actif est fait d'investissements risqués à haut rendement. En revanche, pendant la crise, les États-Unis ont inversé les rôles et ont acheminé des ressources vers le reste du monde à grande échelle, par le biais de leur portefeuille extérieur.

Rien qu'en 2008, ces ressources équivalaient à 13-14 % du PIB américain. Les États-Unis offrent une sorte d'assurance à l'économie mondiale et au reste du monde, encaissant une prime d'assurance en période faste et perdant de l'argent en période de récession.

Cependant, il est important de réaliser que leur « privilège exorbitant » représente essentiellement la contrepartie du « devoir exorbitant » des États-Unis. L'émetteur de la monnaie de réserve fournit de la liquidité au reste du monde, en particulier en temps de crise, et enregistre d'importantes pertes sur ses avoirs et engagements extérieurs.

L'Allemagne et le Japon, dans une moindre mesure, jouent également ce rôle d'assureur aux niveaux régionaux.

La « guerre des changes » révèle un défaut de coordination au sein du SMI

L'organisation du SMI combine traditionnellement trois critères : la règle de change (entre changes flexibles et changes fixes), le degré de la mobilité des capitaux, l'autonomie de la politique monétaire par rapport au change.

La trinité impossible

Les systèmes monétaires possibles sont illustrés par le triangle de Mundell (voir Zoom ci-dessus). Le graphique représente le triangle et les trajectoires des grandes monnaies depuis la fin du système de Bretton Woods. La plupart des pays sont allés vers les changes flexibles et vers la liberté toujours plus poussée des mouvements de capitaux. Ils évoluent donc en direction de l'angle C.

Selon ce triangle, dans un monde où les capitaux circulent librement, l'objectif d'indépendance de la politique monétaire exige nécessairement le flottement de la monnaie.

De la peur du flottement...

Mais Hélène Rey (2013) récuse cette analyse. Comme la plupart des décisions essentielles sont prises au centre du SMI (aux États-Unis) puis exportées vers le reste du monde du fait de la globalisation financière, aucun pays ne peut plus se servir de son taux de change pour s'isoler. En fait de trinité impossible, le monde fait juste face à un dilemme : l'indépendance des politiques monétaires n'est possible qu'en restreignant, directement ou indirectement, les mouvements de capitaux.

La plupart des analyses empiriques sur les problématiques monétaires et de change utilisent la classification du Fonds monétaire international (FMI) sur la base du régime annoncé par les gouvernements (régimes *de jure*), malgré les incohérences entre les politiques déclarées et celles suivies réellement (régimes de facto) dans de nombreux cas.

Suivant cette classification, de nombreux pays émergents ont évolué au cours des années 2000 vers des régimes flottants, laissant la détermination du taux de change aux forces du marché qui doivent apprécier les « fondamentaux » des pays.

Mais il est évident que la plupart des banques centrales de pays émergents ne laissent pas vraiment le marché déterminer le cours de leurs devises. La forte accumulation des réserves internationales visant à éviter une trop forte appréciation du change en témoigne. On observe la persistance d'une « peur du flottement » (Calvo et Reinhart, 2002) dans beaucoup d'économies émergentes.

Ce phénomène tient à ce que l'appréciation comme la dépréciation des monnaies est considérée comme préjudiciable. D'une part, l'appréciation du taux de change dégrade la compétitivité des producteurs nationaux. Or, les pays émergents ont pour la plupart une économie tirée par les exportations. D'autre part, la dépréciation est également redoutée, car, malgré son impact positif sur le commerce extérieur, les effets financiers sont désastreux pour les pays émergents dont la dette est essentiellement libellée en dollars. La dépréciation renchérit la valeur des dettes à rembourser.

... à la pseudo « guerre des changes »

La crise financière globale de 2006-2007 et la Grande Récession qui s'en est suivie dans les pays avancés ont poussé les banques centrales à mener des politiques monétaires ultra-accommodantes. Du fait du risque de déflation, avec la dégradation des anticipations d'inflation et la dégradation de l'activité, les banques centrales ont été obligées de mener des politiques visant à faire baisser l'ensemble de la courbe des taux. Les taux courts (au jour le jour) qu'elles déterminent habituellement ont en effet assez rapidement touché leur plancher (ou limite basse) : des taux d'intérêts nuls.

Les flux de capitaux en recherche de rendement se sont alors massivement investis dans les pays émergents et ont exercé de fortes pressions haussières sur leurs monnaies.

C'est alors que s'est amorcé le débat sur la « guerre des monnaies » ou « la guerre des changes » avec l'intervention du gouverneur de la banque centrale de Chine au printemps 2009 puis la déclaration du ministre brésilien des Finances en octobre 2010. Mais l'objectif de la Fed et des autres banques centrales des pays avancés était plutôt de relancer leur économie et de réduire le risque de déflation sans considérer l'impact de leurs décisions sur les pays émergents à la périphérie du SMI.

Les pays émergents ont ainsi eu à subir les effets collatéraux des politiques monétaires des pays du centre, en particulier des États-Unis, qui cherchaient alors à résoudre leurs déséquilibres internes (faiblesse de l'activité et de l'inflation).

Parfois, il n'est pas nécessaire que les taux d'intérêt américains varient pour que se produisent ces effets collatéraux. Les simples anticipations de remontée des taux d'intérêt américains se traduisent aussitôt par des retraits de capitaux massifs des pays émergents et des violentes dépréciations de leurs monnaies. En mai 2013, il a suffi que Ben Bernanke, alors gouverneur de la Fed, déclare se préparer à ralentir le programme d'achats d'actifs qui visait à faire baisser les taux d'intérêt longs des États-Unis pour observer des retraits massifs de capitaux des pays émergents. Toute annonce d'inflexion dans la politique monétaire américaine est donc susceptible de déstabiliser les marchés des changes, sans que les pays affectés aient la possibilité de s'en prémunir.

* * *

L'architecture financière internationale reste aujourd'hui organisée sous la forme d'un centre et d'une périphérie où les États-Unis profitent d'un double privilège. D'un côté, ils émettent la principale monnaie de réserve internationale. De l'autre, ils offrent des marchés financiers profonds et liquides. Cette position unique leur permet d'attirer les capitaux du reste du monde et de s'endetter facilement. En contrepartie de ce privilège exorbitant, les États-Unis transfèrent d'importants montants de richesse vers le reste du monde lors des crises, via leurs avoirs et engagements extérieurs.

Sans restriction des mouvements de capitaux, dans ce système la politique monétaire américaine s'impose aux politiques monétaires nationales des pays périphériques, quels que soient les régimes de change choisis. À défaut de coordination internationale, les pays émergents subissent la versatilité des flux de capitaux et en conséquence une instabilité de leur taux de change.

Dans ces conditions, une gestion et une surveillance plus strictes des flux de capitaux internationaux, qui ont eu des effets déstabilisants et contribué à déclencher des crises, paraissent incontournables. Ce meilleur encadrement des flux de capitaux et de l'instabilité financière passe également par l'adoption de politiques macroprudentielles (Boucher *et al.*, 2015). Ces politiques macroprudentielles, déjà renforcées après la crise financière mondiale, visent à contenir ou à minimiser les risques inhérents au système financier en prenant des mesures de précaution et en améliorant la réglementation et la surveillance de tout le système.

POUR EN SAVOIR PLUS

- **BOUCHER C., BOUTILLIER M., BOUVATIER V., KOUONTCHOU P. et SZCERBOWICZ U.** (2015), « Introduction : risque systémique et politiques micro-macroprudentielles », *Revue économique*, vol. 66, p. 481 à 500.
- **CALVO G. et REINHART C.** (2002), « Fear of Floating », *Quarterly Journal of Economics*, vol. 117 (2), p. 179 à 407.
- **FELDSTEIN M.** (2008), « Resolving The Global Imbalance: The Dollar and the US Saving Rate », *Journal of Economic Perspectives*, vol. 22 (3), p. 113 à 125.
- **GOURINCHAS P.-O. et REY H.** (2005), « From World Banker to World Venture Capitalist: U.S. External Adjustment and Exorbitant Privilege », *NBER Working Paper* n° 11563 (Cambridge, Massachusetts : National Bureau of Economic Research).
- **REY H.** (2013), « Dilemma Not Trilemma: The Global Financial Cycle and Monetary Policy Independence », (Kansas City, Missouri: Federal Reserve Bank).

Depuis juin 2014, le prix des matières premières s'est mis à diminuer. La baisse est particulièrement marquée pour le pétrole, qui a perdu plus de 50 % de sa valeur au second semestre 2014. Yannick Le Pen fait le point sur les causes de ce phénomène et sur l'impact que l'on peut en attendre sur la croissance économique. Le retournement de tendance observé pour l'ensemble des matières premières s'explique en partie par le ralentissement de la croissance mondiale, et notamment celle des économies émergentes, mais la chute du prix du pétrole est due également à une augmentation de l'offre. Si l'on peut en attendre des effets positifs pour la croissance des pays importateurs, ils seront néanmoins d'une ampleur limitée. En revanche, cette baisse affecte fortement la croissance et l'équilibre budgétaire des pays exportateurs.

Problèmes économiques

Prix du pétrole : bonne ou mauvaise nouvelle pour la croissance ?

◎ YANNICK LE PEN
Maître de conférences, université Paris-Dauphine

Depuis le début des années 2000, les prix des matières premières, du pétrole notamment, connaissent des variations amples et parfois rapides. Le prix du pétrole a augmenté régulièrement depuis le début des années 2000 pour atteindre un pic vers juillet 2008, suivi d'une chute au début de l'année 2009. Après une phase de stabilité autour de 100 dollars le baril de 2011 à la mi-2014, il a connu une baisse de plus de 50 % entre juin et décembre 2014. Ces fluctuations résultent des variations de l'offre et de la demande. Ainsi, la baisse observée à partir de juin 2014 s'explique par un ralentissement de la demande et une offre plus abondante que prévue. Dans le passé, de semblables baisses se sont déjà produites. L'expérience historique a montré qu'elles n'étaient pas forcément suivies par une forte accélération de la croissance pour les pays importateurs de pétrole.

Nous commençons par décrire les variations de prix des matières premières sur la période récente, en les comparant à celles des trente dernières années. En raison de ses implications économiques et géopolitiques, nous mettons principalement l'accent sur le prix du pétrole. Nous analysons ensuite les contributions respectives de la demande et de l'offre dans la baisse du prix des matières premières depuis juin 2014. Nous envisa-

1. Indices des prix des matières premières (janvier 2014 = 100)

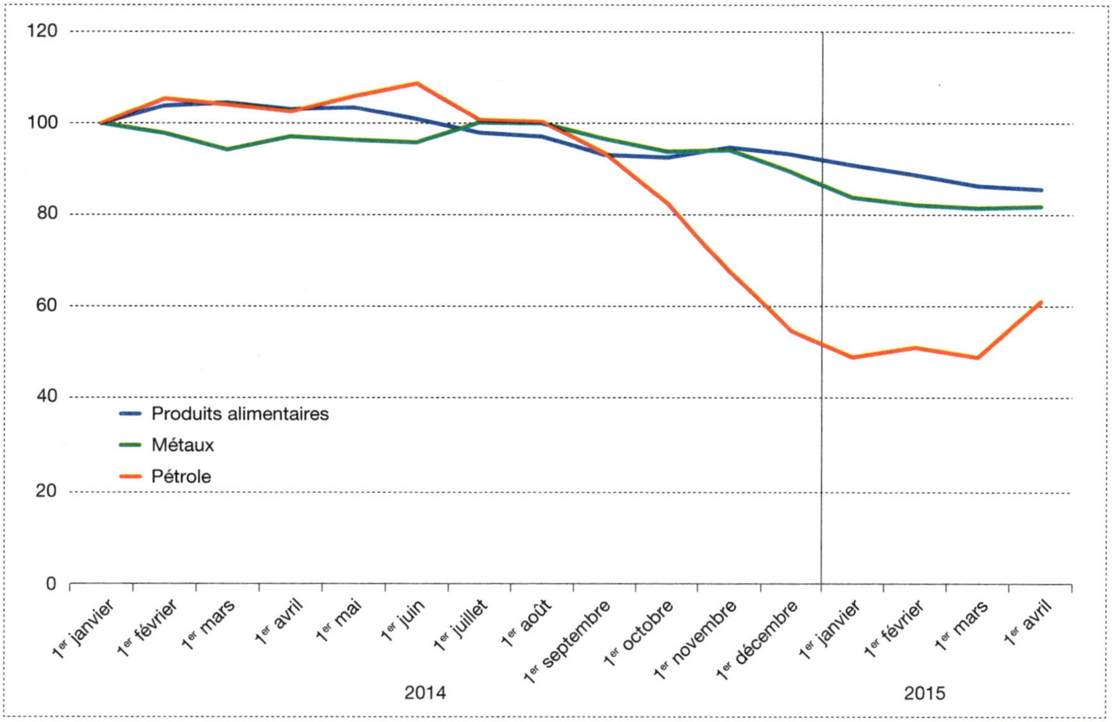

Note : l'indice des métaux comprend : aluminium, cuivre, or, plomb, nickel, zinc, étain. L'indice des produits alimentaires comprend : graisses et huiles, grains et autres produits alimentaires. L'indice du pétrole mesure le prix du pétrole WTI (West Texas Intermediate).

Sources : World Bank Cross Country Data et US Department of Energy.

geons enfin quels effets la baisse du prix du pétrole pourrait avoir sur la croissance mondiale : les pays importateurs de pétrole bénéficient de cette baisse alors que les pays exportateurs doivent faire face à des pertes de revenus et à des déséquilibres budgétaires.

Les faits

Les prix des matières premières sont caractérisés par des alternances de hausse et de baisse. Depuis le milieu de l'année 2014, ils ont connu une diminution forte et rapide (voir graphique 1). Ainsi, le pétrole a perdu plus de 50 % de sa valeur entre juin 2014 (pic de 107 dollars le baril) et janvier 2015 (44,08 dollars le baril). Durant la même période, l'indice des prix des métaux et l'indice des prix des produits alimentaires reculaient de 20 % environ.

Depuis le second choc pétrolier, le prix du pétrole a diminué de plus de 30 % à cinq reprises : en 1985-1986, en raison de l'augmentation de l'offre et d'un changement de politique de l'Organisation des pays exportateurs de pétrole (OPEP) ; en 1990-1991 et en 2001, après une récession aux États-Unis ; en 1997-1998, au moment de la crise asiatique ; et en 2007-2009, pendant la crise financière. L'épisode de 1985-1986 présente des similitudes avec la situation actuelle. La baisse de 61 % du prix du baril de janvier à juillet 1986 a été attribuée à la réduction de la consommation d'hydrocarbures des pays développés, à l'exploitation de nouveaux gisements offshore en mer du Nord et en Alaska et à la décision de l'Arabie saoudite d'augmenter sa part de marché.

2. Prix du pétrole WTI depuis 1986 (en dollars par baril)

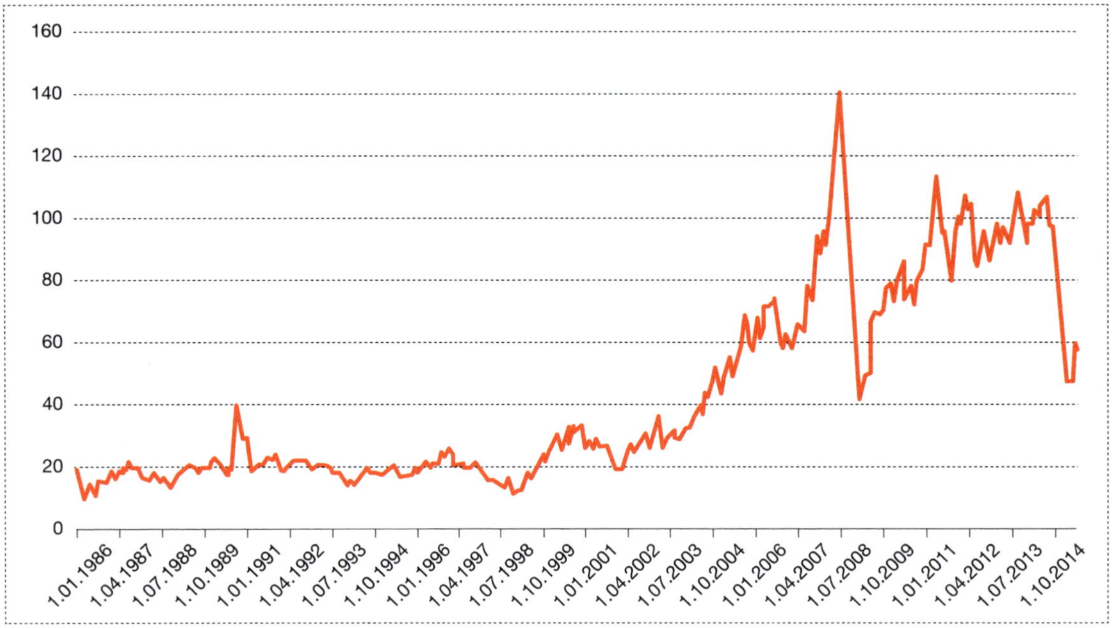

Source : US Department of Energy.

Les explications

Le cycle économique

Les variations des prix du pétrole, et des matières premières en général, résultent des mouvements de l'offre et de la demande. En période d'expansion, la demande de matières premières augmente et les prix ont eux aussi tendance à progresser. En période de récession, la demande diminue, ce qui tire les prix vers le bas. Si l'on souhaite avoir une analyse plus fine de l'équilibre du marché du pétrole, on peut noter qu'une partie de la demande de pétrole dépend du niveau des stocks courants et des anticipations sur l'équilibre futur du marché. La perspective d'une offre de pétrole abondante dans le futur aura tendance à réduire la demande courante, via la baisse de la demande de stocks.

La forte hausse des prix observée pendant la période 2003-2008 s'explique principalement par la croissance des économies émergentes asiatiques[1]. La « financiarisation » des marchés à terme des matières premières, c'est-à-dire l'arrivée massive d'acteurs financiers sur ces marchés, qui s'est produite sur cette période, a également été évoquée. Cependant, les différents travaux empiriques menés sur la question ne montrent pas que les acteurs financiers aient pu durablement agir sur les prix[2].

Si l'on revient à la baisse du prix du pétrole et des matières premières observée depuis juin 2014, celle-ci peut d'abord être attribuée au ralentissement de la croissance mondiale. Ainsi, entre juillet et décembre 2014, l'Agence internationale de l'énergie (AIE) (IEA 2014a, 2014b) a constamment révisé à la baisse ses anticipations sur la demande mondiale. Ces révisions ont conduit à réduire de l'ordre de 0,8 million de barils par jour (Mb/j) la demande de pétrole prévue pour l'année 2015. Dans son analyse de l'année 2014, la société Enerdata montre que le G20 a vu sa consommation énergétique – 80 % de celle du monde – pratiquement stagner en 2014, malgré une croissance annuelle de 3,5 %. En

[1] Voir par exemple Kilian L. (2009), « Not All Oil Price Shocks Are Alike: Disentangling Demand and Supply Shocks in the Crude Oil Market. » *American Economic Review* 99 : 1053-1069.

[2] Voir par exemple Fattouh B., Kilian L. et Mahadeva L. (2013) « The Role of Speculation in Oil Markets: What Have We Learned So Far? » *The Energy Journal*, vol. 34, n° 3 : 7-33.

particulier, celle de la Chine s'est stabilisée pour la première fois depuis dix-sept ans.

L'évolution comparée des prix de différentes catégories de matières premières (voir graphique 1) montre que la baisse du prix du pétrole ne s'explique pas uniquement par le ralentissement de la demande. La baisse des prix est en effet nettement plus marquée pour le pétrole que pour les métaux et les produits alimentaires. Le cas des métaux est particulièrement intéressant car ils réagissent fortement aux variations du cycle économique. Ces différences montrent que la diminution du prix du pétrole résulte aussi d'un excès d'offre. Rabah Arezki et Olivier Blanchard (2015) estiment que le recul de la demande explique entre 20 % et 35 % de la baisse des prix entre décembre et juin 2014 ; le reste est dû à une offre plus abondante qu'on ne l'attendait.

Les variations de l'offre de pétrole

L'augmentation de l'offre de pétrole, qui explique la forte baisse de son prix, tient à plusieurs causes.

La première est l'exploitation de gisements de pétrole non conventionnel, rendue profitable par un prix du baril autour de 100 dollars. Aux États-Unis, en particulier, la production de pétrole de schiste a été constamment plus importante que prévu depuis 2011. En 2014, l'accroissement de la production de pétrole de schiste non prévue était de l'ordre de 0,9 million de barils par jour.

L'annonce faite par l'Arabie saoudite le 27 novembre 2014 qu'elle ne réduirait pas sa production a également fait baisser les cours. Par cette décision, l'Arabie saoudite montrait qu'elle renonçait, temporairement du moins, à son rôle de « *swing producer*[3] ». Le niveau de production maximum de l'OPEP restait de ce fait égal à 30 Mb/j. Arezki et Blanchard (2015) considèrent que cette annonce a déclenché une révision des anticipations sur l'évolution future de la production mondiale de pétrole qui aurait conduit à renforcer la baisse des cours amorcée dès juin 2014. Dans

[3] Le « *swing producer* », que l'on pourrait traduire par « producteur de bouclage » est le producteur qui va ajuster sa production à la baisse ou à la hausse de façon à assurer la stabilité du prix.

[4] Baumester C. et Kilian L. (2015), « Understanding the Decline in the Price of Oil Since June 2014 », *Working Paper*, University of Michigan.

3. Hypothèses 2014 versus 2015 de progression à moyen terme du prix du pétrole de l'Agence internationale de l'énergie (en dollars par baril)

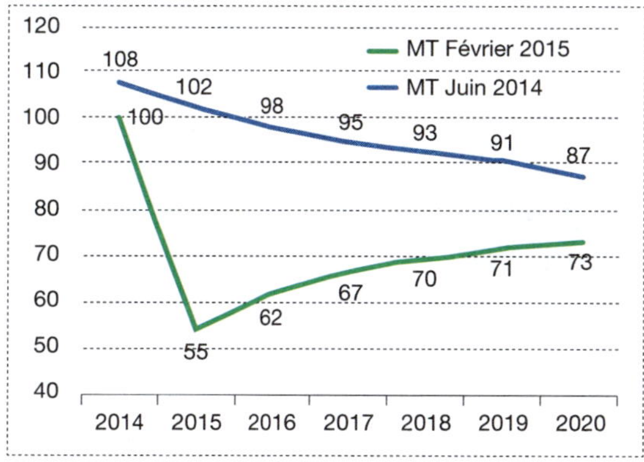

Sources : Agence internationale de l'énergie (2005), *Oil Medium ; Term Market Report.*

son analyse quantitative de l'évolution du prix du pétrole depuis juin 2014, Lutz Kilian (2015) n'obtient toutefois pas de preuve statistique d'un lien entre les deux phénomènes en décembre et au début de l'année 2015[4].

De plus, au cours du second semestre de 2014, les craintes relatives à une rupture de l'offre de pétrole au Proche et Moyen-Orient en raison du contexte géopolitique se sont révélées fausses. En dépit d'une situation extrêmement difficile, la production en Libye et en Irak s'est maintenue.

Enfin, dernier élément d'explication, l'appréciation du dollar a rendu les importations d'hydrocarbures plus coûteuses, ce qui a contribué à réduire la demande des pays importateurs.

Les perspectives

L'équilibre du marché pétrolier

Le prix du pétrole sur les marchés à terme montre que l'on peut en anticiper une hausse modérée. Début juin 2015, au Chicago Mercantile Exchange, le prix du WTI se négocie à 60,18 dollars le baril pour livraison en juillet 2015, 62,23 dollars pour juin 2016 et 63,68 dollars pour juillet 2017. L'AIE (2015) a

4. Courbe de l'offre de pétrole et des prix d'équilibre de la production (en dollars par baril)

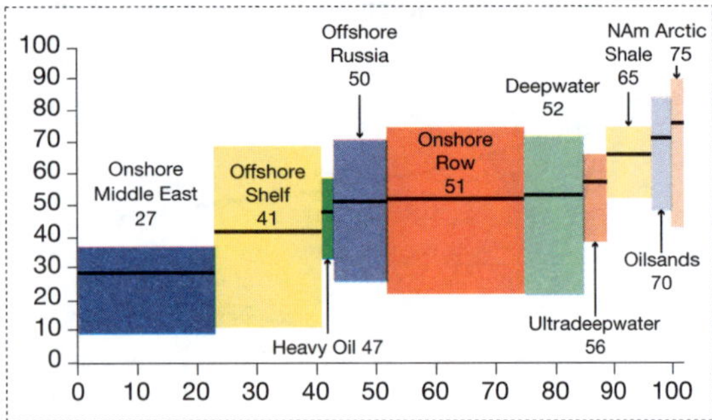

Notes : sur l'axe horizontal figure le volume de la production, sur l'axe vertical figure le prix moyen du pétrole en dollars par baril garantissant la rentabilité *(breakeven price)* de chacune des sources de production.

Onshore Middle East : gisements terrestres au Proche-Orient ; *Offshore Shelf* : pétrole de haute mer ; *Heavy oil* : pétrole lourd ; Offshore Russia : pétrole de haute mer de la Russie ; *Onshore Row* : gisements terrestres du reste du monde ; *Deepwater* : production en eaux profondes ; *Ultradeepwater* : production en eaux extrêmement profondes ; *NAm Shale* : production nord-américaine ; *Oilsands* : exploitation des sables bitumineux ; *Artic* : production en Arctique.

Source : Rystad Energy, Morgan Stanley Commodity Rearch Estimates.

révisé ses prévisions par rapport à celles de 2014. Elle prévoit maintenant une remontée progressive autour de 73 dollars en 2020.

Les variations prévues de l'offre et de la demande nous donnent une idée des mécanismes de rééquilibrage du marché. Les projections de l'AIE (2014 a, 2014 b) n'indiquent pas d'augmentation significative de la demande durant l'année 2015. L'écart entre la croissance économique et la consommation d'énergie observé en 2014 indique que les économies, y compris celles des pays émergents, deviennent plus économes.

L'évolution de l'offre va dépendre de plusieurs paramètres. Lors de sa réunion semestrielle de juin 2015, l'OPEP a annoncé qu'elle maintient son plafond de production à 30 Mb/j, ce qui contribue à conforter la baisse des cours. L'évolution de la situation géopolitique au Moyen-Orient, notamment en Arabie saoudite, est aussi attentivement suivie par les acteurs du marché du pétrole.

La conséquence prévisible de la baisse des cours du pétrole sera la réduction de l'offre. Les coûts d'extraction des pays du Golfe sont parmi les plus faibles et leur permettent de faire face durablement à un prix du pétrole relativement « bas ». En revanche, à un prix autour de 50 dollars le baril, la rentabilité d'autres sources d'extraction plus coûteuses est menacée, comme le montre le graphique 4 (notamment pour la production nord-américaine, y compris les gisements non conventionnels).

Cet avantage en coût de l'Arabie saoudite est d'ailleurs avancé par les analystes pour expliquer l'abandon de son comportement de « *swing producer* ». En suscitant, par sa décision, une baisse rapide et importante des prix, l'Arabie saoudite peut espérer éliminer du marché les producteurs ayant des coûts d'extraction plus élevés. Rystad Energy estime que la production de pétrole devrait baisser de l'ordre de 4 % si le prix reste autour de 55 dollars le baril. Il semble que s'amorce une tendance à la fermeture de nombre de puits aux États-Unis[5]. Cela expliquerait en partie la remontée du cours du pétrole observée au second trimestre de l'année 2015. À plus long terme, la baisse du prix du pétrole entraîne aussi une réduction de l'investissement dans les capacités d'extraction, qui devrait se traduire par une réduction de l'offre.

[5] **Voir les déclarations de Bob Yawger (Mizuho Securities) sur la hausse de 2,62 à 60,30 dollars du prix du WTI pour livraison en juillet.**

Les effets sur la croissance

Les effets de la baisse du prix du pétrole dépendent de son ampleur et de sa pérennité. Elle a un impact sur le revenu réel, favorable pour les pays importateurs, défavorable pour les pays exportateurs. Elle influence aussi les coûts de production et l'inflation. Enfin, l'ajustement des politiques monétaires et budgétaires peut renforcer l'impact de la baisse du prix sur la croissance. Son impact global dépendra aussi de caractéristiques structurelles de l'économie, comme par exemple l'intensité énergétique.

Les effets sur l'économie globale

Les estimations à partir de l'historique enseignent qu'une baisse du prix du pétrole de l'ordre de 30 %, résultant d'un choc d'offre, peut augmenter la croissance mondiale de l'ordre de 0,5 point à moyen/long terme (Banque mondiale, 2015). Les simulations de l'impact d'une baisse du prix du pétrole de Arezki et Blanchard (2015) indiquent une augmentation de la croissance de l'ordre de 0,7 point en 2015, en cas de hausse durable de l'offre de pétrole et à 0,3 point en 2015, si l'excès d'offre de pétrole est temporaire.

Cependant, la Banque mondiale (2015) appelle à nuancer l'impact attendu. Elle souligne que les précédents épisodes similaires ont été suivis par des reprises plutôt lentes, comme en 1990-1991, 1997-1998 et 2008-2009. Les effets de la baisse du prix du pétrole sur la croissance vont en effet aussi dépendre du niveau de la demande agrégée. Comme nous l'avons indiqué précédemment, Arezki et Blanchard (2015) estiment que 25 % à 30 % du recul des prix sont dus à un ralentissement de l'économie mondiale. La politique monétaire aura également une influence. Enfin, les efforts des économies développées pour réduire leur dépendance aux hydrocarbures vont limiter l'effet favorable de la baisse du prix du pétrole sur la croissance économique.

Les effets sur les pays importateurs

Un premier effet de la baisse du prix du pétrole est d'augmenter le revenu réel. Cette hausse du revenu réel devrait stimuler la demande de biens et favoriser la croissance. L'ampleur de cet effet n'est cependant pas le même pour tous les pays. Les pays moins intensifs en énergie, comme les économies de l'UE, bénéficieront moins de cette baisse que les économies plus « consommatrices », comme la Chine par exemple. Les États-Unis, produisant environ la moitié de leur consommation de pétrole, bénéficieront aussi moins de cet effet. La baisse du prix du pétrole en dollars est aussi moindre pour les pays dont la monnaie s'est dépréciée par rapport au dollar. De juin à décembre 2014, l'euro s'est déprécié d'environ 8 % par rapport au billet vert, ce qui implique que le prix du pétrole en euros a baissé de 40 %, alors que cette baisse, exprimée en dollars, est de 50 %. On observe le même phénomène pour le Japon[6].

On peut ajouter que les effets de la variation du prix du pétrole sur le niveau de l'activité économique sont asymétriques. Le ralentissement de l'activité consécutif à une forte hausse du prix est nettement plus fort que le gain de croissance consécutif à une baisse. Cette asymétrie a été observée notamment lors du « contre-choc » pétrolier en 1986[7].

La baisse du prix du pétrole va aussi réduire l'inflation, et éventuellement l'inflation sous-jacente[8], en fonction de sa transmission aux autres prix et aux salaires. Une politique monétaire de baisse des taux d'intérêt pourrait alors être appliquée pour tenir compte de la baisse de l'inflation et aussi stimuler le niveau de la demande agrégée. Cependant, dans le contexte actuel, les taux d'intérêt des principales banques centrales sont déjà égaux ou proches de zéro, limitant de ce fait les possibilités de la politique monétaire.

En supposant une baisse de l'inflation sous-jacente de l'ordre de 0,2 point aux États-Unis, dans la zone euro et au Japon, Arezki et Blanchard (2015) calculent que la baisse du prix du pétrole pourrait augmenter la croissance de l'ordre de 0,4-0,7 point en 2015 en Chine, 0,1-0,5 point dans la zone euro et 0,2-0,5 point aux États-Unis. La valeur haute correspond à un scénario où l'augmentation de l'offre de pétrole reste durable, la valeur basse à un cas où cette hausse finit par se résorber en 2019.

Les effets sur les pays exportateurs

La baisse du prix du pétrole entraîne une perte de revenus et de recettes fiscales pour les pays exportateurs. Les répercussions de cette baisse seront plus ou moins fortes en fonction de la dépendance de ces économies aux exportations de pétrole et de la part des revenus d'exportation prélevée par les États. On peut remarquer cependant que la dépendance des pays exportateurs de pétrole aux variations du cours du brut est plus forte que celle des pays importateurs. La Banque mondiale (2015) estime que la croissance de certains pays exportateurs de pétrole, dont la Russie, et de certains pays du Moyen-Orient

[6] Pendant la période allant de juin à décembre 2014, le yen s'est déprécié de 14 % par rapport au dollar, entraînant une baisse du prix du pétrole en yens de 36 %.

[7] Voir Kilian L. et Vigfusson R.-J. (2011), « Non-Linearities in the Oil-Output Relationship », *Macroeconomic Dynamics*, Cambridge University Press, vol. 15, 3, 337-363, pour une revue de la littérature.

[8] L'INSEE donne la définition suivante : « L'indice d'inflation sous-jacente est un indice désaisonnalisé qui permet de dégager une tendance de fond de l'évolution des prix. Il traduit l'évolution profonde des coûts de production et la confrontation de l'offre et de la demande. Il exclut les prix soumis à l'intervention de l'État (électricité, gaz, tabac...) et les produits à prix volatils (produits pétroliers, produits frais, produits laitiers, viandes, fleurs et plantes...) qui subissent des mouvements très variables dus à des facteurs climatiques ou à des tensions sur les marchés mondiaux. »

5. Prix du pétrole assurant l'équilibre budgétaire dans les pays du Moyen-Orient (en dollars par baril)

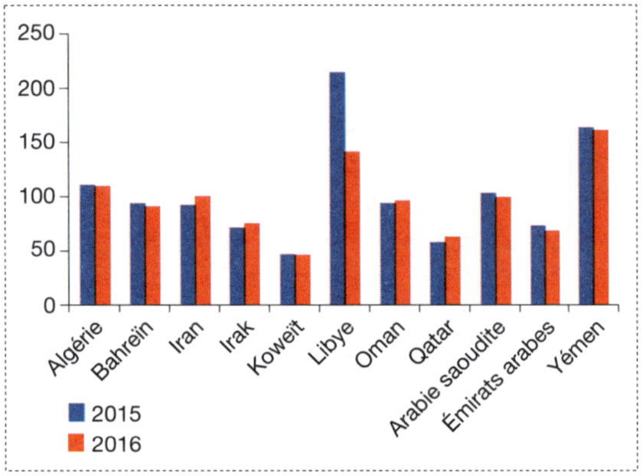

Source : *Regional Economic Outlook*, IMF, mai 2015.

et d'Afrique du Nord, pourrait se réduire de 0,8-2,5 points suite à une baisse du prix du pétrole de 10 % sur une année.

Quelques chiffres permettent d'illustrer l'importance des revenus pétroliers pour ces économies. Les hydrocarbures représentent 25 % du produit intérieur brut (PIB) de la Russie, 70 % de ses exportations et près de 30 % des recettes de l'État fédéral. Ils représentent 30 % du PIB des Émirats arabes unis. En Arabie saoudite, les exportations de pétrole s'élèvent à 35 % du PIB en 2014, 83 % des recettes d'exportation et près de 90 % des revenus du budget de l'État. Au Gabon, le pétrole représente près de 40 % du PIB, plus de 80 % des exportations et près de 50 % des recettes budgétaires[9].

La conséquence mécanique de la baisse des revenus d'exportation est de fragiliser l'équilibre budgétaire de ces pays. L'Arabie saoudite connaît en 2014 un déficit de ses comptes publics pour la première fois depuis 2009. Le déficit budgétaire 2014 atteint en effet 14,4 milliards de dollars, soit environ 2 % du PIB, alors que les prévisions tablaient sur un excédent supérieur à 2 % du PIB. Ce déficit s'explique en partie par une baisse des recettes de l'ordre de 10 % en valeur nominale. Le budget de la Russie est équilibré en 2014, en partie parce que la dépréciation du rouble a compensé la baisse du prix du pétrole ; mais il reste très sensible aux variations du prix des hydrocarbures.

Le maintien d'un prix du baril autour de 70 dollars pose un problème sérieux pour l'équilibre budgétaire des pays exportateurs, comme le montre l'estimation par le Fonds monétaire international (FMI) des prix du baril nécessaires à l'équilibre budgétaire pour les pays du Moyen-Orient.

Les pays africains exportateurs de pétrole sont confrontés aux mêmes difficultés (FMI, 2015). La Russie aurait besoin d'un prix autour de 100 dollars le baril pour assurer son équilibre budgétaire.

Pour beaucoup de ces pays, la baisse du prix du pétrole va se traduire par des mesures fiscales destinées à lutter contre le déficit des finances publiques, un ralentissement de l'activité économique, et une dépréciation de la monnaie. L'existence éventuelle de fonds souverains permettra d'atténuer la dureté de l'ajustement.

* * *

La forte baisse du prix du pétrole observée entre juin et décembre 2014 semble être due pour 25 % à 30 % au ralentissement de la demande et le reste à une offre plus importante que prévue. L'augmentation de la croissance qui pourrait en résulter pour les pays importateurs est cependant relativement modérée. La moindre dépendance des économies développées aux hydrocarbures, les modifications de parité des monnaies et le peu de marge de manœuvre de la politique monétaire expliquent en partie ce résultat. Les pays exportateurs de pétrole voient leur équilibre macroéconomique fragilisé par la perte de revenus et les déficits budgétaires induits par la baisse du prix du pétrole. Les prix actuels sur les marchés à terme et les prévisions de l'IAE (2015) indiquent que le prix du pétrole devrait vraisemblablement remonter autour de 60 à 70 dollars le baril en 2015-2016 en raison d'une contraction de l'offre. Malgré cette légère remontée, les gains potentiels de croissance des pays importateurs devraient être préservés, mais l'équilibre budgétaire de beaucoup de pays exportateurs restera précaire.

[9] **La baisse du prix du gaz s'ajoute à celle du prix du pétrole et aggrave la perte de revenus et de recettes fiscales.**

POUR EN SAVOIR PLUS

❖ **AREZKI R. et BLANCHARD O.** (2015), « The 2014 Oil Price Slump: Seven Key Questions », VoxEU.org, 13 janvier.

❖ **BANQUE MONDIALE** (2015), *Global Economic Prospect,* chapitres 1 et 4.

❖ **IEA** (2014a), *Oil Market Report,* Paris, 13 juin.

❖ **IEA** (2014b), *Oil Market Report,* Paris, 12 décembre.

❖ **IEA** (2015), *Oil: Medium-Term Market Report,* Paris, 10 février.

❖ **KILIAN L.** (2015), « Why Did the Price of Oil Fall After June 2014? », VoxEU.org, février.

La situation conjoncturelle dans les économies les plus avancées s'est améliorée depuis la crise financière de 2008, mais demeure très variée. Si les pays anglo-saxons se sont mieux tirés d'affaire que la zone euro, la crise a eu partout un impact durable sur la croissance potentielle. Quel régime de croissance émergera de ce contexte ? Dans les quinze dernières années, les déséquilibres financiers ont entretenu la croissance des pays riches et camouflé une forme de stagnation provoquée par la faiblesse de l'investissement productif, comme le note Mickaël Clévenot. Pour y faire face, les pays riches se sont tournés vers trois modèles de croissance : les régimes d'endettement, les régimes extravertis et les régimes stagnationnistes. La France, actuellement en stagnation, semble évoluer vers le choix d'un régime extraverti à l'allemande.

Problèmes économiques

Les régimes de croissance dans les pays du G7

MICKAËL CLÉVENOT

Maître de conférences à l'université de Bourgogne

Sept années se sont écoulées depuis le début de la conflagration financière de 2008. La situation conjoncturelle des économies riches s'est globalement améliorée. Mais l'état des économies prises individuellement est plus contrasté. Des inquiétudes persistent au Japon, et plus particulièrement dans la zone euro, où l'Italie reste très en dessous de son niveau de croissance d'avant crise. Les facteurs à l'origine de la reprise – la baisse des prix du pétrole, des taux d'intérêt, des taux de change et un rebond important des marchés financiers – pourraient ne pas se maintenir dans la durée. Ainsi, malgré une embellie conjoncturelle apparue au printemps 2015, il n'est pas certain que les pays riches soient tous complètement sortis d'affaire. De plus, les économies riches sont caractérisées par d'importantes faiblesses structurelles : problèmes démographiques, écologiques, techniques et sociopolitiques. Les bulles financières et immobilières de ces quinze dernières années n'auraient fait que masquer et repousser ces problèmes.

Des sorties de crise hétérogènes et fragiles

La sortie du creux de 2009 est plus ou moins avancée selon les pays. En juin 2015, la crise de l'Union monétaire européenne (UME) n'est pas entièrement résorbée alors que les États-Unis ont renoué avec la croissance à peine six

1. Divergence dans la sortie de crise (PIB en volume, base 100 T1 2008)

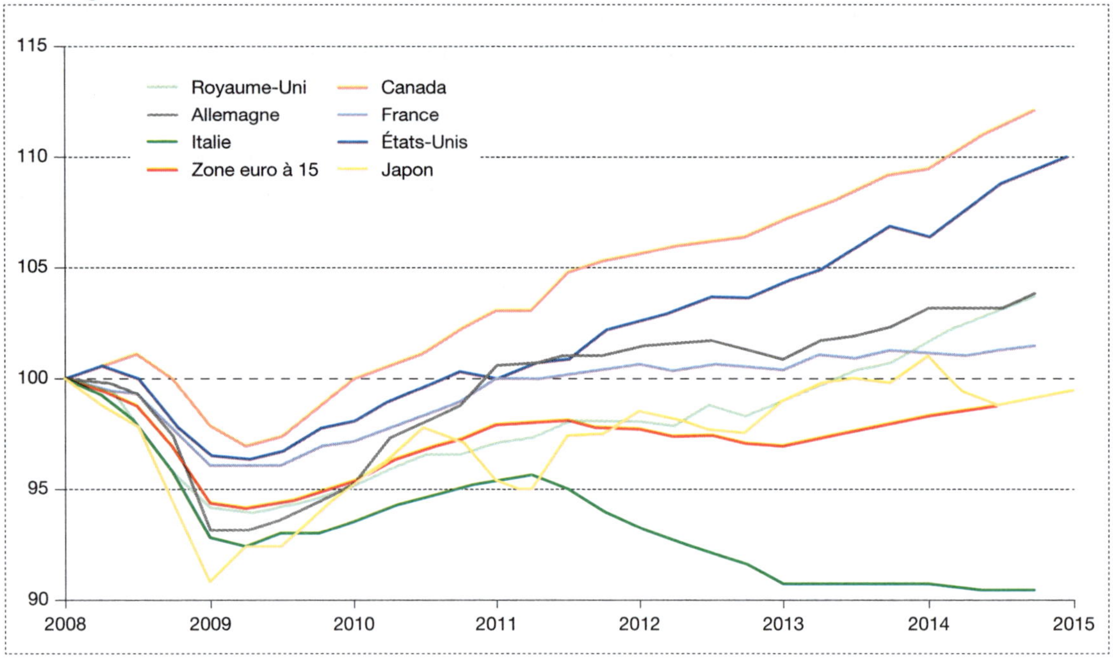

Sources : Federal Reserve Economic Data et Eurostat.

trimestres après la faillite de Lehman Brothers. Après la première onde de choc provoquée par la crise immobilière aux États-Unis, l'Europe – à partir du printemps 2010 – est directement concernée par d'importants déséquilibres externes intrazone. Les déséquilibres de balance courante trahissent un endettement excessif des pays périphériques financé par les pays du « Nord » de la zone[1]. Le régime de change fixe impliqué par l'euro et la libre circulation des capitaux ont contribué à renforcer ces déséquilibres. La situation budgétaire des pays périphériques s'est dégradée car ils ont dû éponger une partie des dettes privées pour renflouer leurs banques et ils ont été pénalisés par la chute de l'activité. La crainte suscitée par cette montée de l'endettement a favorisé la recherche d'une stabilisation rapide des déficits publics.

Aux États-Unis la situation a été très différente. Face à la menace d'une crise déflationniste les autorités ont réagi rapidement en laissant leur déficit se creuser profondément. La promptitude et l'ampleur de la réaction américaine, tant du point de vue budgétaire que monétaire, ont permis de renouer plus rapidement avec la croissance, et ce faisant de réduire plus vite le déficit budgétaire. De son côté, le Canada est resté à l'écart des déséquilibres financiers observés en Europe ou aux États-Unis. Le choc externe a été rapidement absorbé. Au contraire, l'Italie, pénalisée par la hausse des taux d'intérêt durant l'acmé de la crise européenne et par des difficultés propres liées à la faiblesse de sa compétitivité, conserve un niveau de produit intérieur brut (PIB) inférieur de 10 points à celui d'avant crise. On observe sur le graphique 1 que la crise des subprimes est moins bien absorbée par l'Italie et que la dynamique de reprise est stoppée au printemps 2011 par le second choc provoqué par la crise européenne. Prise globalement, la zone euro à 15 n'a toujours pas atteint le niveau de PIB qui était le sien au 1er trimestre 2008. L'Allemagne a rebondi fortement après le premier

[1] La crise de la zone euro n'est toujours pas résorbée et un règlement définitif de la situation de la Grèce tarde à être trouvé.

choc mais cette reprise a également été pénalisée par la crise européenne. La croissance y est poussive depuis 2011. En 2015, la France se trouve à peine au-dessus de son niveau de 2008. Lors de la crise des subprimes, les amortisseurs automatiques et la demande intérieure avaient permis de limiter le recul du PIB, mais depuis 2011 la France fait quasiment du surplace.

Au Japon, la mise en place début 2013 d'une forte relance budgétaire accompagnée d'un *quantitative easing*[2], les Abenomics, avait suscité un espoir. Au premier trimestre 2014, le pays avait renoué avec le niveau de PIB d'avant crise. Mais l'augmentation de la taxe sur la valeur ajoutée (TVA) visant à faire monter l'inflation, la consommation à court terme et à réduire le déficit public a généré une nouvelle récession. Au Royaume-Uni, un *quantitative easing* a également été mis en place par la Banque d'Angleterre. Des soutiens spécifiques ont été octroyés aux entreprises pour assurer leur financement. La baisse de la livre a également bénéficié aux entreprises exportatrices. Du côté budgétaire le gouvernement Cameron a privilégié le resserrement. Le déficit a été réduit, passant de 10 % à 5 %. Depuis 2012, l'effort budgétaire a pu être réduit ce qui a permis de soutenir la demande qui demeure le moteur principal de la croissance. La croissance est poussée par l'investissement immobilier qui a rebondi grâce à la chute des prix initiaux et à la baisse des taux d'intérêt. En 2014, c'est le Royaume-Uni qui a enregistré la plus forte croissance des pays du G7, avec 2,6 % contre 2,4 % aux États-Unis, légèrement inférieure à 1 % dans la zone euro et nulle au Japon. Mais la dynamique de la demande pèse sur l'équilibre extérieur. La reprise de la croissance outre-Manche repose essentiellement sur la reprise du cycle financier. On revient à la configuration antérieure d'une consommation financée par endettement. Les emprunts sont garantis par des prix d'actifs mobiliers et immobiliers qui croissent. Le ratio dette sur revenu des ménages repart à la hausse. Les États-Unis dépendent également fortement de ce type de mécanismes. Après avoir augmenté sensiblement leur consommation à la fin de 2014, les ménages américains n'ont toutefois pas autant consommé que la hausse de leur revenu et des effets de richesse le laissent penser. Si ce mouvement de désendettement devait se confirmer, il signerait la fin du régime d'endettement financiarisé.

[2] *Le quantitative easing* (assouplissement quantitatif) désigne des mesures de politique monétaire non conventionnelles.

2. États-Unis stabilité de la tendance

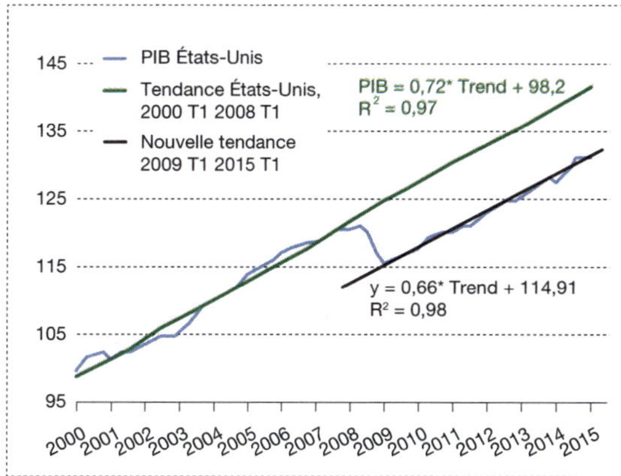

Source : Federal Reserve Economic Data.

La crise a-t-elle eu un impact permanent sur la croissance potentielle ?

La comparaison de la tendance de la croissance du PIB en volume avant et après la crise permet de répondre à cette question. Aux États-Unis, on peut constater que les tendances avant et après crise sont parallèles (voir graphique 2). La crise n'aurait presque pas affecté durablement le régime de croissance américaine. Mais le déplacement vers le bas sans retour vers la trajectoire initiale indique que les États-Unis auraient perdu en niveau l'équivalent de 10 % de leur capacité de production.

Pour la zone euro, la situation est plus alarmante. Si le recul des capacités de production semble moins important, environ 6 %, il semble s'accompagner d'une rupture dans la tendance de la croissance. Mais la tendance observée entre 2000 et 2008 pourrait avoir été poussée artificiellement par la bulle immobilière. Si on fait abstraction de ce mouvement, la réduction des capacités de production disparaît, en revanche la nouvelle tendance serait divisée par plus de 2[3].

La croissance potentielle passerait ainsi de près de 2,3 % à 0,8 % dans la zone euro. D'après nos calculs, les États-Unis auraient une croissance potentielle de 2,8 % durant la période 2000-2008 et seraient sur une trajectoire très légèrement inférieure désormais à 2,6 %. Ce constat paraît quelque peu optimiste. En effet, il paraît abusif de prolonger la tendance présente compte tenu des évolutions démographiques et des tendances récentes à la réduction des gains de productivité du travail. Robert Gordon et le Conference Board Officer estiment respectivement à 2,3 %-2,4 % la croissance potentielle pour les États-Unis.

3. Zone euro, affaiblissement de la tendance

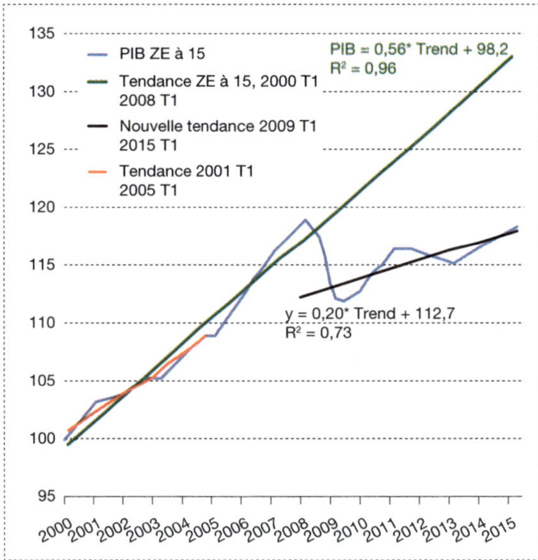

Source : Eurostat.

[3] **Le PIB potentiel correspond au niveau que le revenu national pourrait atteindre si l'ensemble des facteurs de production étaient complètement mobilisés. Sur l'ensemble d'un cycle on peut évaluer ce taux à partir de la tendance moyenne du PIB observé. On peut donc l'estimer à partir du calcul de la tendance.**

Des évolutions structurelles défavorables aux pays riches

Dans tous les pays riches on assiste à un retrait des baby-boomers du marché du travail. La population en âge de travailler dans le meilleur des cas se stabilise ou diminue. Les effets du vieillissement de la population active s'accompagnent généralement d'une diminution de la productivité du travail et d'une réduction du taux d'activité. Une part plus importante de la population en âge de travailler est sortie découragée du marché du travail. La réduction du taux de chômage aux États-Unis doit beaucoup à ces phénomènes. Au Royaume-Uni, c'est la réduction de la productivité du travail qui expliquerait la réduction du chômage. Ainsi, la proximité du plein-emploi dans certains pays ne constituerait pas une excellente nouvelle dans la mesure où cela pourrait signifier une réduction durable de la croissance potentielle : soit par la réduction de la population en âge de travailler, la réduction du taux de participation au marché du travail ou à cause de la réduction de la productivité du travail. La tendance à la baisse de la croissance et des gains de productivité est-elle récente dans les pays riches ?

Depuis le milieu des années 1960, les pays riches n'ont cessé de voir le niveau de leur croissance reculer. Cette dégradation, si elle devait se poursuivre, conduirait à une croissance quasiment nulle dans la décennie à venir. Cette hypothèse pessimiste a également été nourrie par la lenteur et la faiblesse de la reprise malgré l'importance des politiques de relance aux États-Unis. Ainsi, Lauwrence Summers, en 2013 lors d'un discours au Fonds monétaire international (FMI), a été le premier à émettre cette hypothèse. Aux sommets des cycles précédents les économies avancées n'ont pas rencontré de tensions inflationnistes. Cela indique la présence d'importantes capacités de production inutilisées. C'est la traduction des effets de la mondialisation. Les capacités de production ne sont plus limitées au territoire national. Le trop-plein de capacités de production dans l'économie mondiale favorise une réduction des prix des biens et même ceux de

4. Baisse tendancielle de la croissance dans les pays riches (G7, en %)

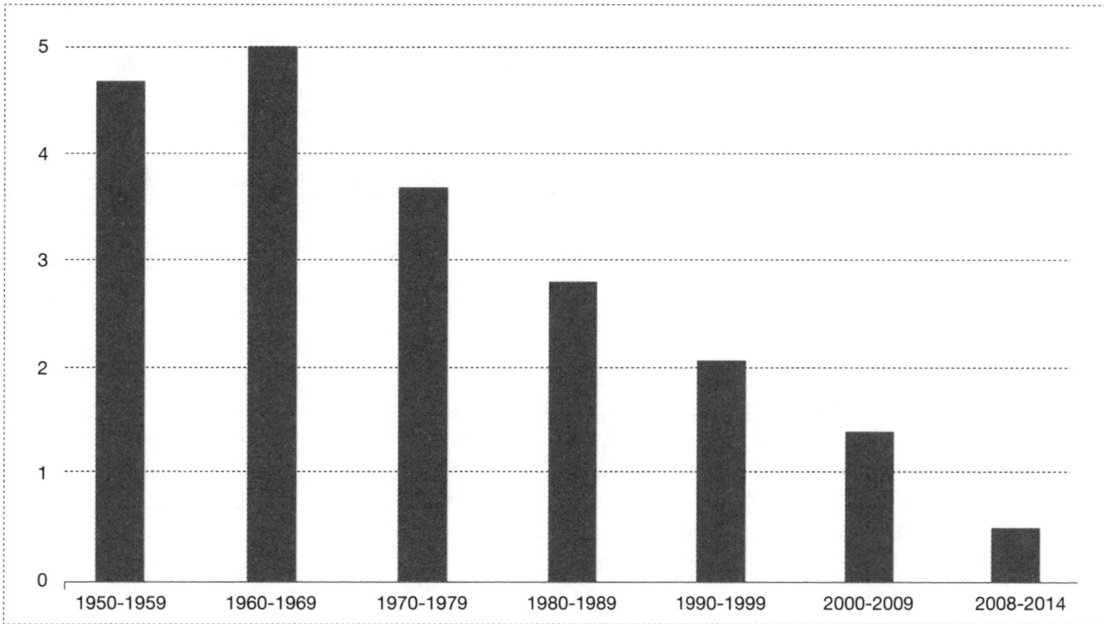

Sources : Penn World table 8.1 ; Feenstra R. C., Inklaar R. et Timmer M. (2015) ; « The Next Generation of the Penn World Table », *American Economic Review*, à paraître.

certains services. Cette situation produit des effets sur la répartition des revenus entre les nations et au sein des nations. La globalisation a produit un choc d'offre positif massif. Elle crée une dépression sur les salaires des pays riches et tend à faire monter ceux des pays les moins avancés selon le théorème de Heckscher-Ohlin-Samuelson.

Ces effets sont évidemment différenciés en fonction du niveau de qualification et des capacités de négociation des groupes professionnels concernés. Mais globalement, durant les années 2000, les revenus ont augmenté plus rapidement dans les pays émergents qui ont une propension à consommer faible et ont augmenté moins rapidement dans les pays riches qui ont une propension à consommer plus élevée. La faiblesse des salaires limite la demande globale qui se répercute sur le niveau de l'investissement. La faiblesse des opportunités d'investissement dans les pays avancés, accompagnée d'une augmentation de l'épargne, conduit à une baisse des taux d'intérêt, ce qui favorise l'instabilité financière. L'épargne qui n'est pas investie physiquement sert à acheter des titres financiers ou immobiliers. La faiblesse de l'investissement productif limite la réalisation des gains de productivité. La réduction de la substitution du capital au travail et la réduction de l'intégration du progrès diffusé par les nouveaux équipements réduisent l'apparition de gains de productivité.

Selon Paul Krugman, le coût d'opportunité des investissements productifs serait jugé trop important par les entreprises. Pour relancer l'investissement, les taux d'intérêt devraient être nuls ou négatifs. Mais d'un autre côté, plus les taux sont bas, plus il est difficile pour la politique monétaire d'avoir une influence sur la conjoncture. Par ailleurs, la faiblesse des taux favorise la formation de bulles et réduit les marges de manœuvre des banques centrales. La situation devient inextricable. Favoriser la croissance en baissant les taux pourrait plus facilement favoriser la formation de bulle. Mais dans le régime de croissance financiarisé où la demande est

Productivité : PIB par heure travaillée

Pays	1970-1979	1980-1989	1990-1999	2000-2009	2005-2014
Allemagne	3,7 %	2,0 %	1,9 %	0,8 %	0,7 %
Canada	1,8 %	1,0 %	1,5 %	0,8 %	0,8 %
États-Unis	1,5 %	1,4 %	1,5 %	1,8 %	1,0 %
France	3,8 %	2,8 %	1,7 %	0,9 %	0,6 %
Italie	3,9 %	1,7 %	1,3 %	– 0,2 %	– 0,1 %
Japon	4,0 %	3,5 %	1,8 %	1,0 %	0,7 %
Royaume-Uni	2,8 %	2,0 %	2,2 %	1,3 %	0,5 %
Moyenne	3,1 %	2,1 %	1,7 %	0,9 %	0,6 %

Source : OCDE.

poussée par la dette, il semblerait que la seule manière d'accroître l'investissement durant les quinze dernières années eût été de laisser des bulles se former. La croissance dans les pays riches est entretenue par des déséquilibres financiers croissants. Finalement, les bulles ont été le seul moyen de repousser temporairement la stagnation.

Les régimes de croissance nationaux contemporains

Les salaires ont un double statut, ils représentent des revenus pour les salariés et des coûts pour les entreprises. Dans les économies relativement fermées de l'après-guerre, les salaires distribués par les entreprises constituaient les débouchés principaux pour les entreprises. Au niveau macroéconomique, la masse des salaires ne s'opposait donc pas nécessairement aux profits. Mais l'ouverture croissante des économies à la fin des années 1970 a créé des fuites dans le circuit. Durant les années 1980, le terme de contrainte extérieure apparaît. Les salaires vont passer du statut de débouchés potentiels à celui de coût. Durant les années 1990, l'arrivée des pays émergents ainsi que la libéralisation des comptes de capital vont rehausser le niveau de rentabilité exigé dans les pays riches, accentuant la perception des salaires en tant que coût à réduire. La globalisation va favoriser une tendance à l'uniformisation des taux de profit et une réallocation internationale du capital. Les normes de profit les plus élevées se diffusent à l'ensemble de l'économie mondiale. Les secteurs qui ne parviennent pas à dégager le niveau de profit requis voient leur taille diminuer ou simplement disparaître. Ils sont délocalisés ou simplement remplacés par des importations. En raison de coûts nettement plus élevés, les pays riches avaient un handicap de compétitivité vis-à-vis des pays émergents. Les investissements productifs ont été réduits dans les pays riches, la vitesse d'intégration du progrès technique a donc été freinée ainsi que les gains de productivité et la croissance. Cette augmentation de la norme de rentabilité a conduit à un sous-investissement, à une diminution de la croissance et à une montée du chômage et du sous-emploi. Face à ces contraintes, les économies riches ont développé trois types de régime de croissance : les régimes d'endettement, les régimes extravertis et les régimes stagnationnistes.

La France se trouve dans une configuration stagnationniste. Le niveau exigé des profits impose une réduction des salaires, mais la croissance nécessite une demande interne soutenue. La faiblesse de la demande ne peut être compensée par les exportations car la compétitivité est insuffisante. Par ailleurs, le mode de distribution des crédits limite l'endettement. La consommation ne peut donc pas non plus être poussée par la dette. La faiblesse de la croissance génère un chômage de masse. Celui-ci contribue à dégrader le capital humain des chômeurs de longue durée qui perdent leur employabilité. D'autre part, la faiblesse de l'investissement réduit l'intégration du progrès technique. Cette dynamique récessive cumulative confine à la stagnation économique. Au contraire, l'Allemagne en raison de sa compétitivité et de la faiblesse de sa consommation interne peut bénéficier de l'augmentation de la part des profits qui tirent l'investissement sans être pénalisée par la faiblesse de sa consommation interne puisque celle-ci est plus que compensée par la demande que lui adresse le reste du monde. Outre-Rhin, la demande interne est structurellement faible en raison de facteurs démographiques, des politiques de modération salariale mises en œuvre à partir de 2004 et du faible dynamisme de l'immobilier. L'Allemagne dispose également d'une bonne spécialisation. Enfin, la faiblesse de l'euro aura contribué à renforcer sa compétitivité. Depuis ces dix dernières années, l'Allemagne est caractérisée par une croissance tirée par la demande extérieure. Cette situation peut se maintenir en raison des écarts de compétitivité au sein de la zone euro. Les pays à faible compétitivité et(ou) ceux où la dynamique de la demande et des revenus est plus forte enregistrent des déficits externes qui limitent la hausse de l'euro. L'Allemagne au sein de la zone euro peut ainsi bénéficier d'une monnaie nettement sous-évaluée qui assure la pérennité de son régime de croissance extraverti. Enfin, une troisième situation peut se présenter, le régime d'endettement financiarisé. Les salaires sont trop faibles pour soutenir la demande globale mais celle-ci est maintenue grâce au recours à l'endettement. La faiblesse des salaires se traduit par des profits importants qui sont placés sur les marchés financiers et qui contribuent à faire monter le prix des actifs. Le système bancaire distribue les crédits autant en fonction des revenus que de la valeur du patrimoine détenu grâce à des mécanismes d'hypothèque. La consommation financée par endettement peut être maintenue à un niveau élevé en dépit de la faiblesse des salaires. C'est la description des régimes de croissance américain et anglais de ces quinze dernières années. Ces mécanismes ont également fonctionné en Irlande, en Espagne et en Grèce mais sans disposer de la même cohérence d'ensemble.

Quelles perspectives pour l'économie mondiale ?

Le régime de croissance mondial dépend donc des cycles financiers. Cette configuration résulte des réformes entreprises au début des années 1980 visant à rétablir le taux de profit des entreprises et à lutter contre l'inflation. Les pays riches se sont lancés dans des politiques de libéralisation tous azimuts, ce qui a favorisé l'insertion des pays émergents dans l'économie mondiale. L'arrivée massive de la main-d'œuvre à bas salaires des pays à capacité technologique a produit un choc d'offre à l'origine de la grande modération de l'inflation observée depuis les années 1990. L'augmentation de l'offre de travail a également produit d'importants effets de répartition entre les salariés avec une augmentation des inégalités individuelles. Ces évolutions vont à l'encontre de la croissance en raison des effets de demande, car l'augmentation moins rapide des revenus de ceux qui ont la propension à consommer la plus forte réduit la dynamique de la demande. La baisse de l'inflation a permis de faire remonter les rendements financiers réels, ce qui participe à la montée des inégalités de patrimoine. Cette répartition inégale des revenus et des patrimoines produit aussi des effets du côté de l'offre. La faiblesse de salaires n'incite pas suffisamment les entreprises à développer la productivité du travail. Les politiques visant à réduire les coûts en flexibilisant le marché du travail pourraient paradoxalement conduire à une réduction de la croissance potentielle en limitant la recherche de gain de productivité. Enfin, la faiblesse de la demande limite l'investissement, ce qui réduit l'intégration de progrès techniques. Le renforcement des coûts liés à la mobilité ou à la formation réduit également la croissance potentielle.

L'économie mondiale est donc prise en tenaille entre deux tendances contradictoires qui s'équilibrent provisoirement : un régime d'excès de demande et un régime d'excès d'épargne. À l'intersection des deux se trouve le régime stagnationniste qui s'enfonce dans une croissance de plus en plus faible. Les économies de ce type doivent choisir entre l'un des deux régimes précédants. La France semble se tourner vers le choix d'un régime extraverti à l'allemande. Les dispositifs visant à réduire les coûts des entreprises vont en ce sens : pacte de responsabilité, crédit d'impôt pour la compétitivité et l'emploi (CICE). Mais toutes les économies ne peuvent pas dégager d'excédents externes en même temps. Dans ces conditions, établir un régime de croissance mondiale sans les béquilles de la politique monétaire, le rebond des marchés financiers et la dette paraît difficile.

Des transformations structurelles visant à améliorer la gouvernance de la demande mondiale seraient nécessaires, mais elles se heurtent souvent aux intérêts nationaux contradictoires.

POUR EN SAVOIR PLUS

- **BANLDWIN R. et TEULINGS C.** (2014), *Secular Stagnation: Facts, Causes and Cures – A New Vox eBook*, bit.ly/1oUP1FD
- **GORDON R.** (2012), « Is US Economic Growth Over? Faltering Innovation Confronts the Six Headwinds », *NBER Working Paper* 18315.
- **KRUGMAN P.** (2014), « Inflation Targets Reconsidered », Paper presented to ECB Forum, Sintra, Portugal.
- **PIKETTY T.** (2013), *Le capital au XXIe siècle*, éditions du Seuil, septembre, 970 pages

↓ COMPLÉMENT

L'hypothèse de stagnation séculaire

Pour Robert Gordon (2012), cette situation correspondrait à une diminution de la productivité marginale du progrès technique. Les pays développés auraient connu durant l'après-guerre un sommet de la croissance fondée sur la diffusion des innovations issues de la première, et surtout de la deuxième révolution industrielle. Pour mieux comprendre l'importance relative de la deuxième révolution industrielle on se réfère à un exemple issu des analyses de Robert Gordon. Ce dernier a estimé qu'une femme au foyer en 1886, en Caroline du Nord, devait marcher 237 kilomètres par an afin de transporter 35 tonnes d'eau[1]. La généralisation de l'eau courante a donc permis une économie de temps et d'efforts considérables. Par comparaison, le fait de pouvoir commander en ligne un billet de train paraît peu important. Ainsi, les progrès techniques récents, internet, les biotechnologies, les nanomatériaux ou encore le big data ne parviendraient pas à reproduire les progrès économiques issus de la vapeur, de l'électricité et du pétrole. Sans l'apparition d'une nouvelle vague de progrès techniques susceptibles d'accroître les gains de productivité, les économies riches seraient condamnées à connaître durant une longue période une croissance atone. Des éléments moins exogènes peuvent également expliquer cette situation, ce qui laisse un espoir d'amélioration à travers la mise en œuvre de politiques publiques adaptées.

Des écarts de revenu et de patrimoine très importants pénalisent la croissance potentielle (Piketty T., 2013). Ces écarts contribuent à réduire la demande en raison de la réduction de la propension à consommer globale. Plus les revenus augmentent et plus la part épargnée par les agents s'accroît. Cette tendance à la sous-consommation est contrecarrée dans les pays financiarisés au prix d'un surcroît d'endettement. Ainsi, la hausse des prix immobiliers ou des actifs financiers contribue à l'augmentation de la norme d'endettement des ménages par rapport à leur revenu. Du côté de l'offre, les inégalités sociales réduisent les gains de productivité en raison de l'éclatement de la norme de consommation. Par ailleurs, les biens de luxe produits à la main, en séries limitées, interdisent tout gain de productivité qui serait lié à des économies d'échelle.

De nombreux autres facteurs sont susceptibles de réduire les gains de productivité : l'attraction des meilleurs talents dans le secteur financier et non pas dans l'ingénierie ou la recherche, la hausse des coûts de formation, ainsi que celle des prix de l'immobilier et des loyers qui réduisent la mobilité. Ils vont tous à l'encontre de la croissance et pourraient ainsi expliquer la formation d'un nouvel état stationnaire. D'autres économistes sont beaucoup moins pessimistes et s'attendent à une intégration successive des gains de productivité induits par les nouvelles technologies.

Mickaël Clévenot

(1) Référence citée par Artus P. et Virard M.-P. *Croissance zéro*, page 20.

La crise de la zone euro découle directement de la crise financière de 2008-2009 : le renflouement des banques en difficulté et l'adoption des programmes de dépenses pour soutenir l'économie ont conduit à une forte élévation des déficits et dettes publics, qui s'est transformée en crise de la dette souveraine. Mais les causes de la crise sont également à chercher aux origines de l'Union monétaire : l'introduction de l'euro s'est traduite par une forte hausse de l'endettement privé et de la dette extérieure de certains pays qui ont renforcé les déséquilibres macroéconomiques entre les pays membres. Les règles en place avant la crise sont restées inefficaces pour empêcher cette évolution comme le montre Florence Huart qui dresse également un bilan des mesures prises face à la crise par les gouvernements et la Banque centrale européenne, ainsi que des réformes de la gouvernance économique de la zone euro.

Problèmes économiques

Crise et réformes dans la zone euro

FLORENCE HUART
Professeur associé à l'université Lille-I

La crise de la zone euro a démarré en 2010, suite à la crise financière de 2008-2009. Elle est avant tout une crise de la dette souveraine, et notamment, elle est liée aux problèmes de la Grèce. Les institutions européennes et les chefs d'État et de gouvernement ont proposé des mesures pour sortir de la crise. Les réponses ont été tardives en raison de tergiversations sur les actions de court terme à mener. Elles n'ont pas été idoines, vu que nous ne sommes pas encore sortis de la crise au bout de cinq ans. Surtout, il y a eu des désaccords sur les réformes, qui doivent changer fondamentalement le fonctionnement de la zone euro. En effet, même si la crise de la zone euro a été déclenchée par la crise financière internationale et les problèmes de la Grèce, la zone euro aurait, de toute façon, connu tôt ou tard, des difficultés, et ce à cause de problèmes structurels à l'origine des déséquilibres macroéconomiques des pays membres. Faisons le point sur les problèmes de la zone euro avant d'examiner les solutions apportées jusqu'à présent.

La crise de la dette souveraine

Pendant la crise financière, les gouvernements des pays de la zone euro sont intervenus, comme dans d'autres pays, en renflouant les banques en difficulté et en adoptant des programmes de dépenses publiques pour soutenir l'économie. Les déficits publics ont fortement augmenté, et par conséquent, les dettes publiques aussi (voir graphique 1). Les taux d'intérêt sur les obligations d'État à dix ans ont brutalement divergé dans la zone euro, et ont atteint des niveaux élevés dans certains pays, tels que l'Irlande, la Grèce et le Portugal (voir graphique 2). Cette hausse des taux d'intérêt à long terme provenait d'un relèvement fort et soudain des primes de risque sur les emprunts souverains en raison d'un niveau élevé de la dette

1. Dette publique (en % du PIB)

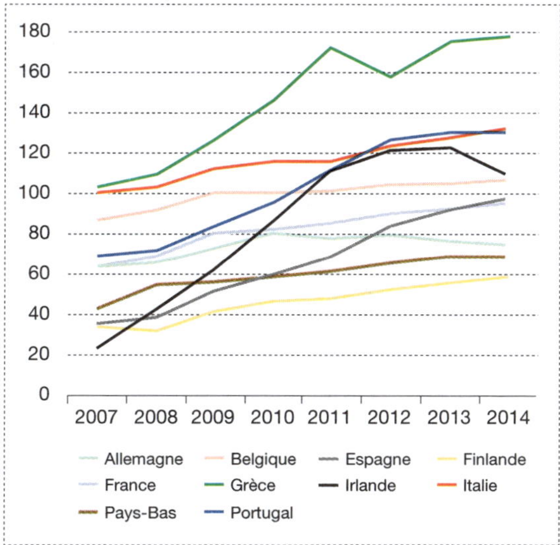

Source : AMECO.

publique, d'un accroissement rapide de l'endettement public, de perspectives médiocres de croissance économique dans le futur (donc de moindres rentrées fiscales ou de plus de dépenses sociales attendues, et par conséquent, d'un déficit public anticipé plus élevé), d'une forte probabilité de renflouement des banques fragiles ou d'effets de contagion (subis par l'Italie, l'Espagne et la Belgique). Cette hausse des taux d'intérêt a eu des effets pervers dans la mesure où elle a conduit, pour les pays concernés, à une hausse de la charge de la dette, et donc à un accroissement des déficits et dettes publics. À l'inverse, il y a eu un mouvement de fuite vers la qualité, qui a entraîné des coûts d'emprunts publics plus faibles dans certains pays, tels que la Finlande, l'Allemagne et les Pays-Bas. Ces pays sont connus pour être respectueux des règles de discipline budgétaire[1].

Plusieurs enseignements peuvent être tirés de cette crise de la dette souveraine. Tout d'abord, il n'y avait aucune discipline de marché avant la crise. Les écarts de rendement des emprunts d'État étaient quasi nuls malgré de fortes disparités nationales dans les niveaux d'endettement public et les performances macroéconomiques des pays. Les participants sur les marchés financiers s'attendaient peut-être à ce qu'un État de la zone euro ne fasse pas défaut sur sa dette parce qu'il serait renfloué. L'histoire leur a donné raison. Cela sug-

[1] D'autres pays bénéficient de coûts d'emprunts stables ou plus faibles en dépit d'un endettement public croissant, parce que leur situation est moins mauvaise que celle des pays les plus en difficulté. C'est par exemple le cas de la France, malgré la perte de sa notation triple A par Standard & Poor's en janvier 2012, par Moody's en novembre 2012, et par Fitch en juillet 2013.

2. Taux d'intérêt de long terme (en %)

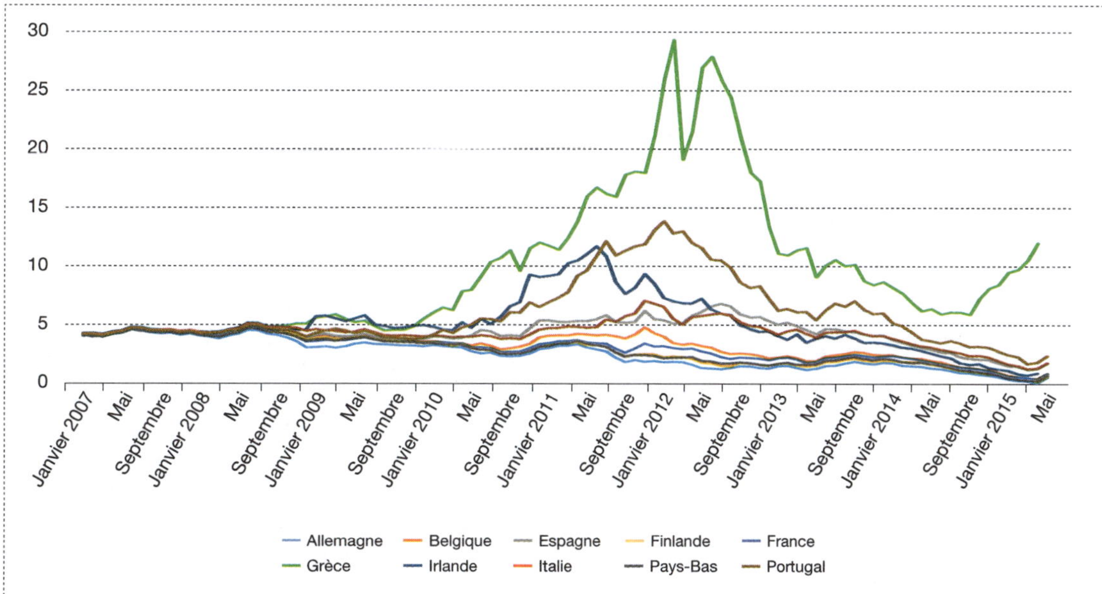

Source : *Perspectives économiques de l'OCDE*, n° 97, 2015.

gère que les règles européennes ne sont pas crédibles (notamment, celle de l'interdiction du renflouement d'un État membre). Cependant, les prêteurs sur les marchés financiers ont réagi de manière disproportionnée pendant la crise en exigeant des primes de risque excessivement élevées aux États emprunteurs perçus comme les plus risqués.

Ensuite, il y a eu des effets de contagion en raison des interdépendances financières fortes entre banques et entre États, non seulement au niveau national, mais aussi au niveau de la zone euro dans son ensemble. Les banques, qui avaient prêté massivement à des banques et à des États dans les pays, qui devinrent les plus touchés par la crise (Grèce, Irlande, Portugal et Espagne), étaient exposées à un risque de pertes élevées. Réciproquement, les États subissaient des coûts d'emprunt plus élevés (à cause de primes de risque plus élevées) en se portant garants des banques (garantie de renflouement). Malgré les conditions de refinancement de la Banque centrale européenne (BCE) extrêmement favorables, des banques ont diminué leur activité de crédit ou ont relevé les taux d'intérêt sur les prêts au secteur privé non financier (comme en Grèce et au Portugal). En conséquence, la politique monétaire souple de la BCE était rendue inopérante. Cela a aussi aggravé les divergences nationales dans l'évolution de la demande globale. Pour éviter un risque systémique, une solution serait de limiter la part des titres de la dette souveraine d'un État donné dans le total des actifs d'une banque.

La crise grecque

La Grèce est membre de la zone euro depuis 2001. Elle n'y est pas entrée dès 1999, car elle ne respectait aucun critère de convergence. En 2004, Eurostat, l'Office européen des statistiques, annonce que les déficits publics de la Grèce ont été sous-estimés sur la période 1997-2003, et ont été en réalité supérieurs au critère de 3 % du produit intérieur brut (PIB), y compris l'année de référence pour l'examen de passage à la monnaie unique. La dette publique a donc été également sous-estimée. On découvre une manipulation des comptes publics grecs (d'aucuns s'offusquent de la tricherie de la Grèce), qui repose, entre autres, sur une comptabilisation erronée des dépenses militaires et une surestimation des bénéfices des comptes de la sécurité sociale. Cette affaire a jeté un doute sur la crédibilité des statistiques européennes, qui sont calculées à partir des données fournies par les États membres. Elle a aussi mis en évidence que la Grèce, en truquant les chiffres, a transgressé volontairement un cadre institutionnel précis : la procédure de déficit excessif, qui fait partie des engagements pris par les États membres dans le cadre du Pacte de stabilité et de croissance, dispose que chaque État membre doit notifier ses chiffres.

En octobre 2009, le gouvernement grec notifie à Eurostat une révision du déficit public pour 2008 à 7,7 % du PIB (au lieu de 5 % dans la notification d'avril 2009) et un déficit public prévu de 12,7 % du PIB pour 2009 (contre 3,7 % initialement). La chute de l'activité économique n'explique pas toute la détérioration du déficit. Ce nouvel épisode d'un manque de fiabilité des statistiques de finances publiques grecques marque le début de la crise grecque, avec une défiance accrue de la part des institutions européennes, d'États membres ou de prêteurs vis-à-vis des gouvernements successifs grecs. La notation de la dette souveraine grecque est abaissée, le rendement exigé sur les obligations émises par l'État grec augmente fortement (forte hausse de la prime de risque). Or, vu le poids déjà élevé de la dette publique (115 % du PIB à la fin 2009 selon les données communiquées à l'époque), la moindre hausse des taux d'intérêt accroît fortement la charge de la dette, et donc le déficit public et la dette publique. La prime de risque continue alors d'augmenter. C'est une spirale d'endettement infernale.

Les déséquilibres macroéconomiques

La politique monétaire de la BCE, centrée sur l'objectif de stabilité des prix, a permis le maintien des taux d'intérêt à des niveaux faibles dans l'ensemble de la zone euro. Pour les pays du Sud, qui avaient des taux d'inflation élevés et une monnaie faible dans les années 1990, l'entrée dans la zone euro s'est traduite par une forte baisse des taux d'intérêt. Il en a résulté une augmentation de l'endettement du secteur privé (dans l'ensemble des pays sauf en Allemagne), et dans certains pays, la formation d'une bulle immobilière (Irlande, Espagne). L'endettement a permis de nourrir la demande globale dans les années 2000, mais pas nécessairement des dépenses productives. En effet, le taux d'investissement n'a guère augmenté dans la zone euro sur la période 1999-2007[2]. Cet endettement a été possible grâce à l'emprunt extérieur. Il y a donc eu des entrées de capitaux, qui ont financé les dépenses des agents économiques (État, ménages, entreprises, banques) et les déficits extérieurs. Ces derniers ont été causés également par des problèmes de compétitivité.

Quand un pays participe à une union monétaire, il n'a plus sa propre monnaie nationale. Si ses coûts salariaux unitaires et ses prix augmentent plus rapidement que dans les autres pays de l'union, sa perte de compétitivité ne provoque pas, par définition, une dépréciation ou une dévaluation de la monnaie nationale. Il s'ensuit que la hausse des salaires et des prix peut perdurer longtemps et créer des déficits commerciaux croissants avant qu'une crise émerge (dette extérieure insoutenable). Les institutions européennes se sont focalisées sur les déficits et dettes publics, alors que les déficits et dettes extérieurs se sont aussi fortement aggravés, notamment dans les pays en crise. Ces derniers ont subi une perte de compétitivité prix plus ou moins importante (appréciation réelle). Le problème est que le taux de change n'existe plus pour corriger les déséquilibres extérieurs. Il faut donc recourir à des baisses de salaires et de prix, qui sont un mécanisme d'ajustement beaucoup plus coûteux pour faire baisser la demande de biens et services (dont les importations). À défaut de cet ajustement par les prix, un ajustement par les quantités (chômage) est encore plus douloureux.

Les mesures prises face à la crise

Face à la crise financière de 2008, le soutien des gouvernements au secteur bancaire a eu un coût budgétaire de 3,9 % du PIB dans la zone euro et de 4,5 % du PIB aux États-Unis[3]. En Irlande, le gouvernement a décidé de garantir tous les passifs des banques qui feraient défaut, pendant une période de deux ans, et de recapitaliser les banques. Le coût budgétaire de ce sauvetage a représenté 40 % du PIB. La crise bancaire s'est ainsi transformée en crise de la dette souveraine dans ce pays.

Sur le plan monétaire, les banques centrales ont abaissé fortement leurs taux directeurs et ont mis en place des mesures non conventionnelles pour fournir de la liquidité aux banques. Cependant, l'intervention de la BCE n'a pas été si rapide qu'aux États-Unis ou au Royaume-Uni. Les taux directeurs de la BCE ont même été relevés d'un quart de point en juillet 2008, en avril et juillet 2011. Le principal taux directeur n'est quasiment nul (0,05 %) que depuis septembre 2014. Les taux d'intérêt de court terme sont tombés à 0,2 % dans la zone euro en 2013, mais ils étaient à 1,4 % en 2011 contre 0,4 % aux États-Unis et 0,9 % au Royaume-Uni[4]. Certes, sur le plan de la fourniture de liquidité, la BCE a adopté de nouvelles mesures pour prêter aux banques et soutenir indirectement les gouvernements très endettés des pays en crise. Elle a prêté toute la liquidité demandée par les banques, à des taux de plus en plus faibles, et sur une durée jusqu'à trois ans. Elle a accepté des garanties de moindre qualité dans les prêts aux banques, dont des obligations d'État grecques, et elle a même acheté ce type de titres sur le marché secondaire, contournant

[2] Il a augmenté sensiblement en Irlande et en Espagne, mais dans un secteur surtout : l'immobilier. Et l'investissement public a diminué dans certains pays (surtout au Portugal). Les États de la zone euro n'ont donc pas profité des conditions monétaires favorables pour accroître le potentiel productif de leurs économies.

[3] Laeven L. et Valencia V. (2012), « Systemic Banking Crises Database: an Update », *IMF Working Paper* 12/163.

[4] *Perspectives économiques de l'OCDE*, n° 97, 2015.

3. Solde budgétaire structurel primaire (en % du PIB)

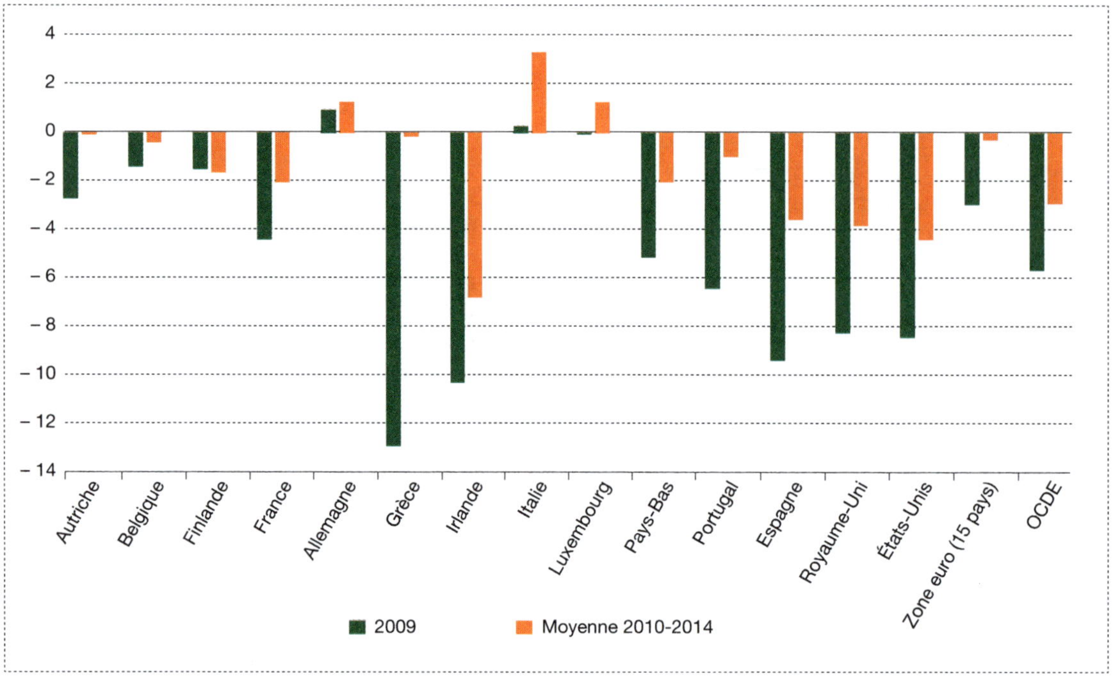

Source : *Perspectives économiques de l'OCDE*, n° 97, 2015.

ainsi l'interdiction du financement monétaire direct des déficits publics (article 123 du traité de l'Union européenne [UE]).

Les politiques budgétaires ont soutenu la demande globale via les stabilisateurs automatiques, c'est-à-dire une baisse des recettes fiscales et une hausse des dépenses publiques (indemnisation du chômage) qui sont sensibles au mauvais état de la conjoncture. Toutefois, si on examine de près les mesures discrétionnaires prises par les gouvernements pour relancer l'activité, en utilisant l'indicateur du solde structurel primaire, alors on constate que les politiques budgétaires dans la zone euro n'ont guère été expansionnistes, en comparaison de l'orientation des politiques budgétaires menées dans d'autres pays de l'Organisation de coopération et de développement économiques (OCDE) (voir graphique 3)[5]. En 2009, le solde budgétaire structurel primaire s'est fortement détérioré en Grèce, en Irlande, en Espagne, aux États-Unis et au Royaume-Uni. Il y a donc eu une relance budgétaire forte dans ces pays. Dans les années qui suivent, l'orientation budgétaire est en moyenne expansive dans ces pays, sauf en Grèce. Le soutien budgétaire à l'économie est plus fort aux États-Unis que dans la zone euro. La zone euro a connu deux autres années de récession après 2009, en 2012 et 2013 (pas les États-Unis ni le Royaume-Uni). Pire, il n'y a pas eu une orientation budgétaire expansive dans deux grands pays de la zone euro, Allemagne et Italie, où le solde budgétaire structurel primaire s'est amélioré depuis 2009.

Pour répondre à la crise de la dette souveraine, des mécanismes d'assistance financière ont été créés. Une capacité de prêt de 500 milliards d'euros est en principe disponible pour aider les pays en difficulté, par l'intermédiaire du Mécanisme européen de stabilité (MES) qui a été créé en 2011, et qui a remplacé en 2012, les deux précédents instruments créés en 2010, à savoir le Fonds européen de stabilité financière (FESF) et le Mécanisme européen de stabilité financière

[5] Le solde structurel primaire est le solde budgétaire ajusté des fluctuations cycliques (la partie du solde qui ne dépend pas des stabilisateurs automatiques) et hors paiements d'intérêts.

Montants des programmes d'assistance financière (en milliards d'euros)

Pays	Date	Prêts bilatéraux	FESF	MESF	MES	FMI	Total	En % du PIB
Grèce	Mai 2010	80 (zone euro)				30	110	49
Irlande	Décembre 2010	3,8 (Royaume-Uni)	17,7	22,5		22,5	67,5	41
		0,6 (Suède)						
		0,4 (Danemark)						
Portugal	Mai 2011		26	26		26	78	44
Grèce	Mars 2012		144,7			28	172,7	90
Espagne	Juin 2012				100		100	9
Chypre	Avril 2013				9	1	10	56

Note : le montant des prêts bilatéraux du premier programme d'aide a été réduit de 2,7 milliards d'euros parce que la Slovaquie a décidé de ne pas participer à l'accord, et l'Irlande et le Portugal se sont ensuite retirés lorsqu'ils ont eux-mêmes demandé de l'aide.

(MESF). Dans ce cadre, les pays en difficulté ont obtenu une aide sous la forme de prêts (voir tableau), qui sont déboursés par plusieurs tranches sur une période de trois ans et conditionnés à des mesures nationales de correction des déséquilibres (consolidation budgétaire et réformes structurelles). Ces pays ont demandé une aide essentiellement à cause des difficultés de leurs banques, et dans le cas portugais, des rendements de plus en plus élevés exigés par les prêteurs (effet de contagion de la crise grecque).

En ce qui concerne le cas grec, le gouvernement a demandé une aide internationale en avril 2010, car il ne pouvait plus emprunter sur les marchés financiers. Outre les montants prêtés par les États de la zone euro et le Fonds monétaire international (FMI), la Grèce obtient, en 2012, une restructuration de sa dette, qui concerne un montant de 199 milliards d'euros de dette due à 97 % à des créanciers privés. La décote de la dette *(haircut)* représente jusqu'à 65 %. Cet allègement de la dette, de l'ordre de 106 milliards d'euros, soit 55 % du PIB, est sans précédent[6]. Cependant, cela n'a pas suffi. La dette publique grecque a continué d'augmenter : son montant est passé de 301 à 317 milliards d'euros entre 2009 et 2014, mais en pourcentage du PIB, son poids est passé de 127 à 177 %[7]. Cela est dû à la récession que l'économie grecque a subie (chute du PIB de 25 %)[8]. Bien que les ajustements budgétaires aient été notables (voir graphique 3), ils ont été insuffisants, car difficiles à réaliser à cause de la chute des revenus, de l'ampleur de l'économie souterraine (le quart du PIB), de l'évasion fiscale (la sous-déclaration des revenus des professions indépendantes cause un manque à gagner de recettes de l'ordre de 30 %)[9] et d'un manque de détermination des gouvernements grecs à mener les réformes. Au bout du compte, la Grèce fait défaut sur un remboursement de 1,6 milliard d'euros dû au FMI le 30 juin 2015. Elle a besoin d'emprunter de nouveau. Mais le premier ministre grec Tsipras s'oppose aux

[6] Zettelmeyer J., Trebesch C. et Gulati M. (2013), « The Greek Debt Restructuring: An Autopsy », *Economic Policy*, vol. 28, n° 75.

[7] La dette extérieure nette, elle, est passée de 85 % du PIB en 2009 à 132 % du PIB en 2014 (source : Eurostat).

[8] Le taux d'intérêt implicite sur la dette (rapport des intérêts sur le montant de la dette) est, lui, passé de 4,5 % à 2,2 % sur la période (source : AMECO).

[9] Artavanis N., Morse A. et Tsoutsoura M. (2015), « Tax Evasion Across Industries: Soft Credit Evidence from Greece », *Chicago Booth Research Paper* n° 12-25. Leventi C., Matsaganis M. et Flevotomou M. (2013), « Distributional Implications of Tax Evasion and the Crisis in Greece », *EUROMOD Working Paper* n° EM17/13.

conditions du plan d'aide qu'il négocie avec les créanciers (Commission européenne, BCE, FMI). Il soumet alors l'acceptation d'un nouveau plan d'aide à un référendum le 5 juillet. Les Grecs votent non à 61 % des voix. Tsipras revient à la table des négociations, mais les chefs d'État et de gouvernement de l'Eurogroupe sont divisés : au cours de leur réunion (11-13 juillet 2015), certains acceptent l'idée d'un troisième plan d'aide, d'autres évoquent une sortie de la Grèce de la zone euro.

Finalement, un accord est obtenu sur un troisième plan d'aide (de l'ordre de 86 milliards d'euros). La Grèce devra mettre en œuvre de nouvelles réformes, notamment pour améliorer le rendement des impôts, réduire le coût de l'administration publique et le poids de l'État dans l'industrie (programme de privatisations).

Les réformes de la gouvernance économique de la zone euro

Les réformes consistent essentiellement à prévenir les déséquilibres économiques et financiers par une surveillance accrue des politiques économiques et du fonctionnement des économies des pays membres.

Le Pacte de stabilité et de croissance (PSC) a été réformé en 2011. L'attention avait été, jusqu'alors, focalisée sur les déficits publics et non sur la dette publique. Désormais, si la dette publique est supérieure à 60 % du PIB, l'État concerné doit la réduire de 5 % par an en moyenne sur trois ans. De plus, une règle de dépenses a été introduite pour maîtriser la croissance annuelle des dépenses publiques (hors intérêts de la dette, indemnités de chômage et dépenses couvertes par des recettes affectées). Un ensemble de textes législatifs *(« six pack »)* de novembre 2011 renforce le PSC dans son volet préventif, en exigeant notamment des États qu'ils soumettent pour examen préalable leur projet de budget à la Commission européenne avant la discussion parlementaire au niveau national (instauration d'un semestre européen). En outre, le pacte budgétaire européen de 2012, ou traité sur la stabilité, la coordination et la gouvernance (TSCG), vise à limiter les déficits structurels annuels à 0,5 % du PIB. De la flexibilité a finalement été apportée dans l'évaluation des positions budgétaires nationales : en complément des objectifs budgétaires à moyen terme spécifiques aux pays, la Commission européenne tiendra compte des efforts faits dans le cadre du Plan d'investissement européen, des réformes menées et des conditions conjoncturelles.

Par ailleurs, un mécanisme d'alerte a été mis en place dans le cadre d'une procédure de déséquilibres macroéconomiques (PDM), qui a été adoptée en décembre 2011. Il repose sur un tableau de bord constitué de 11 indicateurs de déséquilibres macroéconomiques externes et internes, qui permettent de donner une idée sur l'évolution de la compétitivité de l'économie, l'endettement de la nation et du secteur privé, ou le taux de chômage. Des seuils indicatifs sont fixés pour chaque indicateur. La Commission européenne est chargée d'alerter les pays qui s'écartent de ces seuils et de les inviter à prendre des mesures correctrices. À défaut, des sanctions pourraient être prises. Ce mécanisme ressemble, par ses aspects préventifs et dissuasifs, à la procédure de déficits publics excessifs, qui n'a pourtant pas fait preuve d'efficacité.

Une autre stratégie pour la croissance, Europe 2020, a été adoptée par le Conseil européen en juin 2010. Elle remplace la stratégie de Lisbonne de l'an 2000, qui avait été un échec, dans la mesure où la majorité des États membres n'avait pas atteint les objectifs fixés dans le délai prévu (2010). Outre l'échec imputable à l'impact de la crise, la méthode de coordination ouverte n'est pas efficace, faute d'éléments incitatifs. Or, Europe 2020 fonctionne à peu près de la même manière : des indicateurs avec des objectifs sont fixés. Son succès dépendra du bon vouloir des États. Certes, les fonds structurels sont mobilisés pour aider les États à atteindre les objectifs.

[10] Autorité bancaire européenne (ABE), Autorité européenne des marchés financiers (AEMF), Autorité européenne des assurances et des pensions professionnelles (AEAPP).

[11] Delpla J. et von Weizsäcker J. (2010), « The Blue Bond Proposal », *Bruegel Policy Brief* 2010/3.

Dans le domaine financier, des autorités de surveillance ont été créées en 2011 spécifiquement pour la banque, pour les marchés financiers, et pour l'assurance[10]. Un comité européen du risque systémique (CERS) a également été créé. Dans l'ensemble, il s'agit de vérifier que les banques sont suffisamment capitalisées, qu'elles ne prennent pas des risques inconsidérés, et qu'elles sont capables de faire leur métier de base, à savoir gérer les dépôts de la clientèle et octroyer des prêts aux ménages et aux entreprises. Dans le cadre de l'Union bancaire, dont le processus de création a été lancé en 2012, la BCE est l'instance de surveillance. Outre la surveillance des banques, il s'agit d'homogénéiser et de centraliser les modes d'intervention en cas de faillite bancaire et les conditions d'assurance des dépôts. L'Union bancaire est constituée des pays de la zone euro et est ouverte à tous les autres pays de l'UE. Elle s'appuie sur deux mécanismes : le Mécanisme de surveillance unique (MSU) et le Mécanisme de résolution unique (MRU). Le premier est entré en vigueur en novembre 2014. Des tests de résistance des plus grandes banques à des chocs ont été menés. Celles qui ne passent pas ces tests sont amenées à se recapitaliser. Le second mécanisme devrait s'appuyer sur un fonds de résolution unique, destiné à aider des banques en difficulté, et alimenté par des contributions des banques.

Bilan

Les réponses des gouvernements de la zone euro et des institutions européennes à la crise de la dette souveraine ont été tardives et insuffisantes. En témoignent trois années de récession. Une restructuration de la dette grecque aurait dû être faite dès le début de la crise. Certes, les programmes d'aide ont fonctionné pour les autres pays : l'Irlande est sortie de l'assistance financière en décembre 2013, l'Espagne en janvier 2014, le Portugal en juin 2014 et Chypre devrait en sortir en 2016. En termes réels, la croissance du PIB est redevenue positive dans les trois premiers pays : depuis 2013 en Irlande, et depuis 2014 dans les pays de la péninsule Ibérique.

L'adoption du pacte budgétaire européen ne garantit pas que les règles budgétaires soient plus efficaces, s'il manque au niveau national une autorité indépendante chargée de faire en sorte que les engagements soient respectés. La mise en place d'une union bancaire pour une régulation commune des banques va dans la bonne direction. Toutefois, il manque encore des réformes de fond. La zone euro n'a toujours pas de budget fédéral. La proposition d'euro-obligations de Delpla et von Weizsäcker (2010) a été trop rapidement oubliée[11]. Et un mécanisme d'assurance chômage commun à la zone euro (ou à l'UE) mérite d'être étudié : cela serait un symbole de solidarité et de citoyenneté européennes.

POUR EN SAVOIR PLUS

- **BÉNASSY-QUÉRÉ A. et RAGOT X.** (2015), « Pour une politique macroéconomique d'ensemble en zone euro », *Les Notes du Conseil d'analyse économique*, n° 21.
- **DE GRAUWE P.** (2013), « Design Failures in the Eurozone: Can They Be Fixed? », London School of Economics, *LEQS Working Paper* n° 57/2013.
- **TIROLE J.** (2012), « La crise de l'euro : quelques éléments de réflexion sur la réforme institutionnelle », Banque de France, *Revue de la stabilité financière*, n° 16.

Depuis les années 1970, le système de protection sociale connaît des difficultés croissantes qui se sont traduites par plusieurs tentatives de réformes, marquées par le développement des prestations d'assistance financées par l'impôt. La crise récente exerce une pression supplémentaire, à laquelle il est d'autant plus difficile de faire face que l'appartenance à l'Union européenne impose des règles de finances publiques strictes. Selon Dominique Argoud, si les pouvoirs publics semblent favoriser l'allègement du coût du travail, la responsabilisation des prestataires et la privatisation de certaines dépenses sociales, aucune voie de transformation radicale n'est pour autant arrêtée. La diversification des sources de financement de la protection sociale semble être privilégiée, avec le risque que soit progressivement remis en cause le principe de solidarité sur lequel s'est construit l'État providence.

Problèmes économiques

La protection sociale en contexte de crise

DOMINIQUE ARGOUD
Maître de conférences, université Paris-Est - Créteil

Une imbrication entre l'économique et le social

Dans un pays comme la France, l'économique et le social sont intimement liés. Ce lien est double. En premier lieu, le système de protection sociale ne s'est réellement développé qu'à partir du moment où le pays a connu une forte période de croissance économique. Celle-ci a alors permis de dégager les ressources nécessaires pour abonder les diverses institutions et prestations sociales mises en place essentiellement après la Seconde Guerre mondiale. La période des Trente Glorieuses symbolise cette phase d'édification du système de protection sociale en France. Ainsi, la sécurité sociale – instituée par les ordonnances des 4 et 19 octobre 1945 – a considérablement amélioré le niveau de couverture sociale des travailleurs et de leurs ayants droit. Un tel lien entre la bonne santé économique d'un pays et la protection sociale n'est toutefois pas automatique : le développement économique ne se traduit pas nécessairement par l'émergence d'un État providence. Certains pays, comme les États-Unis par exemple, bien que bénéficiant d'un haut niveau de développement économique, n'ont jamais connu une forte expansion de leur système public de protection sociale. Cela suppose en effet préalablement l'existence d'un contexte idéologique favorable. En l'occurrence, s'agissant de la France, l'avènement d'une classe moyenne salariée plus encline à bénéficier d'une protection socialisée, conjugué au succès des idées keynésiennes, a contribué à ce que le développement du social ne soit pas considéré comme une charge indue pesant sur l'économique, mais comme une condition pour mettre en œuvre une solidarité garantissant le bien-être du plus grand nombre.

En second lieu, le social est lié à l'économique par le biais du « compromis salarial » tel qu'il s'est forgé au cours du XXe siècle dans une société française à dominante industrielle. Comme Robert Castel en a clairement défini les fondements et la dynamique[1], il s'agissait d'un compromis entre le capital et le travail permettant de surmonter les antagonismes opposant le patronat d'un côté, la classe ouvrière de l'autre. En acceptant de transformer le travail en « emploi », c'est-à-dire en un support visant à arrimer des droits sociaux, les principales forces sociales entérinaient l'idée d'une imbrication entre l'économique et le social. Les salariés perdaient leur indépendance vis-à-vis des employeurs, mais gagnaient l'assurance de bénéficier d'un droit à une couverture sociale. Désormais, la protection sociale est, pour une part importante, arrimée à l'emploi.

[1] Castel R. (1995), *Les métamorphoses de la question sociale. Une chronique du salariat*, Paris, Fayard.

Une déstabilisation progressive du système

Dès la crise économique des années 1970, les fondements du système articulant économique et social se sont trouvés déstabilisés. La décélération du taux de croissance économique a contribué à ce que les recettes deviennent moins abondantes pour financer les dépenses sociales. Commence alors « l'effet de ciseaux » caractéristique de la crise financière de l'État providence : alors que les recettes permises par une progression du produit intérieur brut ne sont plus aussi abondantes que par le passé, les dépenses, elles, continuent de croître à un rythme beaucoup plus rapide. En effet, la crise économique engendre mécaniquement de nouveaux besoins, liés notamment à l'augmentation massive du chômage et, plus tard, à l'apparition de situations de précarité. Par conséquent, le système de protection sociale est amené à instituer toujours plus d'allocations destinées à mieux protéger les victimes de la crise économique, comme par exemple en instaurant des minima sociaux. À cela, s'ajoute le fait que le système de protection sociale n'était pas encore achevé dans les années 1970. Il a donc continué à s'étoffer pour améliorer la couverture assurantielle des individus, malgré des ressources devenues plus rares.

Seconde conséquence de la crise économique, la norme salariale est remise en cause par l'apparition d'un chômage de masse et, surtout, de nouvelles formes d'emploi. Ainsi, l'emploi ne s'avère plus protecteur pour une partie de la population. En l'occurrence, les jeunes, les femmes, les seniors, les personnes peu qualifiées sont plus affectés par le risque de se trouver plus ou moins durablement évincés du statut de salarié et donc d'être en situation de précarité. Contrairement au modèle promu par le compromis salarial, de plus en plus d'individus ne sont plus insérés dans des collectifs leur conférant de manière automatique des droits sociaux. Circonstance aggravante, l'État providence d'après-guerre, qui est fondé sur un modèle familialiste, n'est pas intrinsèquement universaliste : il accorde des droits d'abord à ceux qui travaillent et par extension à leurs ayants droit (souvent le conjoint et les enfants). Mais, là aussi, les changements affectant la cellule familiale (augmentation du nombre de familles monoparentales, de familles recomposées...) contribuent à ce que ce modèle perde de sa pertinence.

Une protection sociale en expansion malgré la crise

Si la crise a déstabilisé les fondements sur lesquels reposait le système de protection sociale en France, ce dernier n'en a pas moins continué à se développer. En effet, tout se passe comme s'il bénéficiait d'une force d'inertie lui permettant de continuer à croître indéfiniment afin de colmater les brèches induites par la crise et, plus globalement, à faire face aux besoins sociaux croissants caractéristiques des pays développés (vieillissement de la population, recours plus fréquent au système de soins et à des technologies coûteuses, etc.). Comme dans tous les pays développés, la protection sociale a ainsi joué un rôle majeur d'amortisseur de la crise en permettant une relative préservation du revenu disponible des ménages. Et il est vrai que les Français témoignent régulièrement d'un fort attachement au système de sécurité sociale, à tel point qu'un pouvoir politique pourrait difficilement le remettre radicalement en cause. Les tentatives de réforme donnent d'ailleurs régulièrement lieu à des mouvements de protestation sociale et politique – par exemple dans le domaine des retraites – car elles sont vécues comme une atteinte aux « acquis sociaux ».

Ainsi, aujourd'hui, les dépenses de protection sociale n'ont jamais été aussi élevées : elles atteignent 715 milliards d'euros, soit 33,8 % du produit intérieur brut (PIB)[2]. Les comparaisons internationales indiquent même que la France se situe parmi les pays ayant le plus fort taux de dépenses sociales par rapport au PIB ; seuls la Belgique, le Danemark et la Finlande dépassent le seuil des 30 % du PIB. Les dépenses sociales continuent d'augmenter à un rythme annuel d'environ 3 %, qui est certes bien moindre que celui observé au cours de la période 2000-2009 (de l'ordre de 4-5 %), mais supérieur à la croissance économique qui, elle, est inférieure à 1 % depuis plusieurs années. En particulier, aujourd'hui, les risques vieillesse et maladie absorbent respectivement 46 % et 37 % de l'ensemble des dépenses sociales[3].

Des pouvoirs publics confrontés à une raréfaction des ressources

Comment les pouvoirs publics parviennent-ils à gérer cette situation dans un contexte où la crise perdure ? Trois axes semblent guider leurs réponses depuis plusieurs décennies. Ils ont en commun de chercher à adapter le système au contexte de crise, sans toutefois le remettre fondamentalement en cause comme dans les pays qui ont fait le choix d'en privatiser une grande partie.

Une dualisation croissante de la protection sociale

Pour tenir compte de l'exclusion du marché de l'emploi d'une partie de la population, les pouvoirs publics ont renforcé le processus de dualisation du système de protection sociale. D'un côté, les prestations assurantielles continuent de couvrir les travailleurs et leurs ayants droit selon le principe originel de la sécurité sociale, mais, de l'autre, des prestations de solidarité envers les plus démunis ont été mises en place afin d'apporter un filet de protection aux personnes qui ne peuvent pas prétendre aux différents droits sociaux couplés à l'emploi. Cette dualisation ne constitue pas en tant que telle une mesure visant à limiter les dépenses sociales. Elle est plutôt la conséquence du découplage entre l'économique et le social et donc de l'épuisement de la synthèse keynésienne. Désormais, une distinction plus nette tend à s'opérer entre les prestations correspondant à des droits alloués en contrepartie de l'emploi et celles qui sont attribuées sous conditions de ressources et sans contrepartie à des populations dans le besoin. Si une telle dualisation permet le maintien du système et de son rôle d'amortisseur de la crise, elle n'en ouvre pas moins la porte à une contestation du bien-fondé des prestations d'assistance (voir *infra*).

Un mode de financement moins ancré sur le travail

Dans le même ordre d'idées, le mode de financement de la protection sociale a progressivement évolué afin de le rendre moins dépendant du travail. À l'origine, compte tenu du compromis salarial précédemment men-

[2] Chiffres 2013, dernière année connue.

[3] Beffy M. *et al.*, dir. (2015), *La Protection sociale en France et en Europe en 2013*, édition 2015, DREES, collection « Études et statistiques ».

tionné, la protection sociale était financée en grande partie par des cotisations sociales prélevées sur les salaires. Mais sous la pression du chômage et du développement de prestations de solidarité, la part des cotisations sociales a eu tendance à diminuer au profit d'autres types de prélèvements reposant sur une assiette plus large que les seuls salaires. Certes, les organismes de sécurité sociale sont encore financés à ce jour pour près de 70 % par des cotisations sociales. Mais en l'espace de dix ans, la part des impôts est passée de 2 % à 30 % de ce financement. Cette rapide évolution traduit un choix politique, qui n'est pas propre à la France et qui vise à transférer une partie du financement de la protection sociale, notamment les cotisations sociales patronales, sur d'autres types de prélèvements plus axés sur les revenus quelle qu'en soit la source. L'objectif consiste autant à abaisser la part des prélèvements affectant le coût salarial du travail qu'à en élargir l'assiette de financement. Une telle évolution a effectivement eu un impact positif sur le financement de la protection sociale puisqu'elle a permis ces dernières années une augmentation des recettes (grâce à la dynamique induite par les impôts et taxes affectés), dont la croissance est désormais supérieure à celle des dépenses. Cela explique que, sans supprimer « le trou de la sécu », le déficit des administrations de sécurité sociale, qui englobent le régime général, le régime social agricole et le régime des indépendants, est actuellement en diminution, passant sous la barre des 10 milliards depuis 2013[4].

[4] Le déficit du régime général, auquel est généralement assimilé le trou de la sécurité sociale, se situe toutefois au-delà des 10 milliards.

Une politique de maîtrise des dépenses sociales

Enfin, de manière récurrente, les pouvoirs publics ont tenté, par le biais de différents plans et programmes, de mettre en œuvre une politique de maîtrise des dépenses sociales. Les dépenses de santé ont été les premières visées par cette volonté, non pas de réduire les dépenses sociales, mais d'en contenir la croissance. Sans reprendre ici la succession des diverses mesures prises depuis plus de vingt ans, on peut citer à partir de 1996 l'instauration de lois annuelles de financement de la sécurité sociale qui autorisent le Parlement à avoir un droit de regard sur la dynamique des dépenses et des recettes de sécurité sociale, ainsi que l'introduction d'un objectif national des dépenses d'assurance maladie (ONDAM). Un autre domaine de prédilection des politiques de maîtrise des dépenses sociales concerne le risque « vieillesse-survie ». Ainsi, plusieurs réformes des retraites se sont succédé (notamment en 1993, 2003, 2010) visant à limiter les effets du baby-boom, c'est-à-dire la dégradation du rapport démographique entre actifs et inactifs. De fait, la modification des paramètres ouvrant droit à pension (recul de l'âge de la retraite et allongement de la durée d'assurance exigible pour une pension à taux plein) a permis de ralentir le flux des départs à la retraite. Plus récemment, on peut mentionner dans le domaine « famille » l'introduction par les pouvoirs publics du principe de modulation des allocations familiales en fonction du revenu des ménages. Cette mesure est symboliquement importante, car elle indique que la politique de maîtrise des dépenses sociales peut amener à battre en brèche le caractère universaliste de certaines prestations[5].

[5] Jusqu'à présent, les allocations familiales étaient attribuées en fonction des charges de famille sans tenir compte du revenu des ménages concernés.

Vers des réformes plus structurelles du système ?

L'ensemble des diverses mesures prises ces dernières années par les pouvoirs publics a certes contribué à adapter le système de protection sociale à une période de crise économique. Néanmoins, elles ne sont pas parvenues à corriger « l'effet de ciseaux » qui perdure du fait de l'atonie de la croissance économique. Or, cette situation devient de moins en moins tenable car un élément nouveau renforce la pression mise sur la France, entre autres, pour mieux gérer ses dépenses de protection sociale. Il s'agit, depuis la signature du traité de Maastricht, de l'engagement des pays de l'Union européenne (UE) à limiter leur dette publique à hauteur de 60 % du PIB et leur déficit budgétaire à hauteur de 3 % du PIB. La France connaît aujourd'hui une situation qui ne lui permet pas de respecter de tels engagements. Si les dépenses de protection sociale ne sont pas seules responsables du déséquilibre budgétaire et financier de la France, il n'en reste pas moins qu'elles constituent plus de la moitié des prélèvements obligatoires. Et, plus globalement, leur importance est de plus en plus contestée par certains acteurs qui voient là un frein à la compétitivité du pays dans un contexte économique mondialisé. Une telle situation s'avère propice à des orientations politiques moins guidées par une adaptation des principes keynésiens d'après-guerre que par l'introduction d'idées à dominante libérale. En effet, le découplage croissant entre l'économique et le social ouvre la voie à une remise en cause des fondements même du système de protection sociale en restreignant progressivement le périmètre des dépenses socialisées gérées par les partenaires sociaux.

Une volonté d'alléger le coût du travail

Dans une économie mondialisée, la question de la compétitivité des entreprises et du coût du travail est régulièrement à l'ordre du jour. Cette question est d'autant plus vive en France que la part des cotisations sociales dans le PIB est la plus importante d'Europe. Si l'on inclut l'ensemble des prélèvements obligatoires qui ont pour assiette les revenus salariaux, c'est 75 % du financement de la protection sociale qui repose sur des prélèvements salariaux. Cette donnée, typique des systèmes à dominante assurantielle (ou corporatiste-conservateur selon la typologie d'Esping-Andersen), explique les mesures prises ces dernières années afin de modifier la structure du financement des dépenses sociales. Mais au-delà de ces mesures, les impératifs de compétitivité et la dégradation de la balance commerciale française incitent un certain nombre d'acteurs sociaux, en premier lieu le patronat, à réclamer une baisse plus sensible du poids des cotisations sociales. Compte tenu des nombreuses politiques d'exonération mises en place ces dernières années, cette revendication peut déboucher, outre l'accroissement de la part des impôts et taxes affectés, sur une privatisation d'une partie des dépenses sociales.

Un recours croissant au marché

Dans ce cas, il s'agirait de faire supporter une partie du coût de la protection sociale sur les citoyens qui devraient se prémunir contre certains risques sociaux en contractant eux-mêmes une couverture sociale auprès d'un assureur privé. Cette option, très répandue dans un pays libéral comme les États-Unis, commence à prendre forme en France à travers le développement des assurances santé complémentaires (non mutualistes) et à des plans d'épargne retraite par capitalisation. Face à la diminution progressive du niveau de couverture publique, un tel scénario ouvrirait un marché de la protection sociale qui présenterait l'avantage de ne pas peser sur le coût du travail puisqu'il relèverait d'une responsabilité individuelle et non d'une dépense socialisée.

Pour désigner cette orientation, d'aucuns parlent de l'émergence d'un « marché providence », par opposition à un système de protection sociale qui s'est construit dans le cadre d'un État providence[6]. Cette notion traduit également la volonté des pouvoirs publics de faire face à la crise de la protection sociale en introduisant une régulation de plus en plus concurrentielle susceptible d'entraîner une diminution des dépenses sociales publiques. Il s'agit pour l'État de favoriser le passage d'une politique régulée de l'offre à une politique de solvabilisation de la demande, voire à un transfert partiel des assurances sociales sur le secteur privé. L'État a même introduit ces dernières années des dispositifs qui incitent les entreprises

[6] **Enjolras B. (1995), *Le marché providence. Aide à domicile, politique sociale et création d'emploi*, Paris, Desclée de Brouwer, Sociologie économique.**

à devenir elles-mêmes des pourvoyeuses de protection sociale pour leurs propres salariés en matière de retraite supplémentaire, d'assurance maladie complémentaire, etc.

La crainte d'une déresponsabilisation des bénéficiaires

Quant aux exclus qui bénéficient de prestations de solidarité, un retournement de l'opinion publique semble sur le point de s'opérer. Le baromètre d'opinion publié par la DREES indique en effet que les Français ont un point de vue de plus en plus ambivalent sur leur système de protection sociale. Si ces derniers en sont toujours aussi fiers, ils sont 68 % à estimer qu'il coûte trop cher à la société et qu'il conviendrait de le réformer[7]. Ainsi, un tiers des Français estiment que l'État intervient trop dans les domaines économiques et sociaux, ce qui correspond à un doublement depuis 2011. Plus précisément, on note une sévérité accrue des Français à l'égard des bénéficiaires de prestations sociales. Par exemple, 96 % des Français trouveraient normal qu'on impose aux demandeurs d'emploi, en échange des prestations qu'on leur verse, d'accepter les emplois qui leur sont proposés ; et 40 % voudraient leur imposer des emplois quels que soient la qualification de la personne et le lieu de l'emploi. De même, afin de maîtriser le coût du système de protection sociale, qu'une majorité trouve trop élevé, les Français seraient plus favorables que par le passé à une restriction des prestations aux seuls cotisants.

[7] Source : baromètre d'opinion DREES 2014.

[8] Bigot R. *et al.* (2014), « En 2014, le soutien à l'État providence vacille », Note de synthèse, CREDOC, n° 11, septembre.

S'ils sont à nuancer, ces indicateurs d'opinion témoignent néanmoins du fait que l'aide aux plus démunis commence à être contestée au motif qu'elle engendrerait une déresponsabilisation des personnes concernées par les prestations d'assistance[8]. Ce n'est donc pas un hasard si les politiques sociales actuelles s'inspirent en partie de principes du *workfare*. Cette notion traduit en effet l'idée selon laquelle il ne peut y avoir de solidarité sans une contrepartie apportée par l'individu. En l'occurrence, toute une série d'incitations sont introduites pour favoriser l'acceptation d'un emploi ou simplement d'une activité, voire pour le contraindre sous peine de sanctions. De cette conception très restrictive et libérale des politiques sociales, vues sous le prisme de leur supposée efficacité économique – en l'occurrence par le biais de la lutte contre ce que les économistes appellent les trappes à inactivité –, se sont développées plus largement des politiques d'activation des dépenses sociales. Il s'agit alors de « responsabiliser » l'individu en l'accompagnant pour qu'il puisse être acteur de son parcours de vie et qu'il retrouve une place sur le marché du travail.

* * *

Si la persistance de la crise engendre de fortes tensions sur la protection sociale, l'avenir n'est toutefois pas écrit. Les débats qui alimentent depuis plus de dix ans les projets de loi visant à apporter une réponse aux besoins liés à la dépendance des personnes âgées témoignent du fait qu'aucun choix n'est aujourd'hui en mesure de l'emporter sur un autre. Pour l'instant, l'heure est plutôt à concevoir des réponses sociales hybrides mêlant une logique assurantielle basée sur le travail, une logique de solidarité assise sur des ressources fiscales et le recours à des mécanismes marchands de protection sociale. Autrement dit, les débats actuels semblent indiquer que l'on se dirige plutôt vers une hybridation croissante des sources de financement de la protection sociale pour la rendre soutenable dans un contexte de faible croissance économique. Il reste à savoir si un tel modus vivendi ne remettra pas en cause le principe de solidarité tel qu'il s'est forgé au cours de la IIIe République et qu'il s'est institué au lendemain de la Seconde Guerre mondiale.

POUR EN SAVOIR PLUS

- **CAHIERS FRANÇAIS** (2014), *Quel avenir pour la protection sociale ?*, n° 381, Paris, La Documentation française.
- **CASTEL R.** (1995), *Les métamorphoses de la question sociale. Une chronique du salariat*, Paris, Fayard.
- **DREES** (2015), *La protection sociale en France et en Europe en 2013 – édition 2015*, coll. « Études et Statistiques », **Guillemard A.-M.** (dir.) (2008), *Où va la protection sociale ?*, Paris, PUF.
- **MONTALEMBERT (DE) M.** (dir.) (2013), *La protection sociale en France*, Paris, La Documentation française, coll. « Les Notices », 6e éd.

Les marchés du travail ont tous été affectés par la Grande Récession, mais l'ampleur et la nature de ses répercussions ont nettement varié selon les pays. La diversité des institutions régissant le monde du travail a joué un rôle très important dans les ajustements macroéconomiques. Ces derniers dépendent essentiellement de trois facteurs : le coût du travail, la nature et le degré de la protection des emplois et les règles en vigueur dans le domaine de l'assurance chômage. Arnaud Chéron montre ici que la crise a conduit à une profonde remise en question de ces institutions. Certains pays, comme l'Allemagne, avaient fait ce travail bien avant la survenue de la récession. Pour les autres, un dénominateur commun se dessine. La proximité avec le modèle de la flexisécurité est ainsi à souligner, combinant le maintien d'une relativement bonne protection des chômeurs à une plus grande souplesse attribuée aux employeurs dans la gestion des flux de salariés.

Problèmes économiques

Les réformes du marché du travail en Europe : quels résultats ?

ARNAUD CHÉRON

Professeur des universités (Le Mans), directeur du pôle de recherche en économie de l'EDHEC Business School

La crise économique qui a éclaté en 2007 s'est propagée à l'ensemble des principaux pays de l'Organisation de coopération et de développement économiques (OCDE), et plus particulièrement en Europe. Pour autant, l'ampleur et la nature de ses répercussions ont largement différé selon les pays. L'hétérogénéité des dynamiques macroéconomiques à un choc commun constitue aujourd'hui un phénomène bien identifié. On notera en particulier les travaux de Olivier Blanchard et Justin Wolfers (2000)[1] soulignant précisément que les institutions en vigueur sur le marché du travail (et leur diversité) conditionnent les canaux de propagation des chocs macroéconomiques sur l'emploi, le chômage et les salaires. Cette diversité des institutions explique également la disparité des ajustements qui s'opèrent selon le type de population considérée, qu'il s'agisse de la qualification ou de l'âge des travailleurs. De ce fait, nous mettrons en évidence les multiples facettes caractérisant l'impact de la dernière récession en Europe, dont l'origine se trouve dans la crise financière des subprimes aux États-Unis.

Le contexte de cette crise économique s'est d'ailleurs traduit par la volonté de certains pays de réformer en profondeur leurs institutions. Par conséquent, sans chercher à être complètement exhaustif, nous souhaitons ici proposer une analyse de l'incidence de trois grands types d'institutions sur les ajustements macroéconomiques, en discutant certaines expériences de réformes mises en œuvre en Europe. La question du coût travail, et plus spécifiquement du salaire minimum sera ainsi

[1] Blanchard O. et Wolfers J. (2000), « The Role of Shocks and Institutions in the Rise of European Unemployment: the Aggregate Evidence », *The Economic Journal*, mars.

1. Évolution du PIB

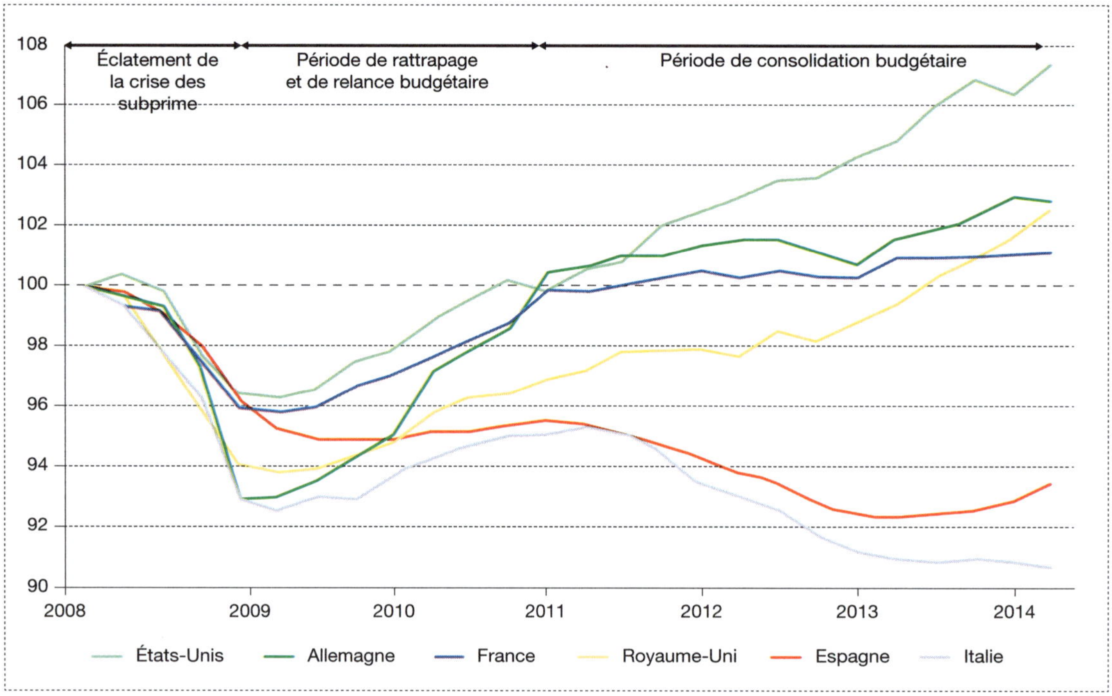

Sources : comptabilité nationale, calculs Éric Heyer, mai 2015, audition COE.

discutée. Nous évoquerons ensuite la protection des emplois, et les réformes engagées par exemple en Espagne ou en Italie. Enfin, les enjeux entourant l'assurance chômage seront finalement présentés, en nous appuyant notamment sur l'expérience des réformes Hartz en Allemagne, pour mener à bien cette discussion. En préambule, nous proposons une brève présentation synthétique des caractéristiques des marchés du travail européens depuis la crise.

Les marchés du travail européens depuis la crise

Le graphique 1 prend comme base la création de richesse (produit intérieur brut [PIB]) en 2008 pour un panel représentatif de pays, et retrace son évolution depuis cette date. Ce graphique témoigne du fait que (i) tous ces pays ont été touchés par un épisode fortement récessif entre 2008 et 2009, et (ii) la capacité de rebond des économies, six ans plus tard, diffère très largement, avec des pays comme l'Espagne ou l'Italie qui se trouvent encore plus de 5 % en dessous du niveau de 2008, et l'Allemagne ou le Royaume-Uni environ 3 % au-dessus de ce niveau. La France, pour sa part, apparaît dans une situation intermédiaire, la récession à court terme ayant été moins importante que chez ses principaux partenaires européens, mais la reprise restant aujourd'hui limitée.

Ensuite, se pose la question de la diffusion de cette conjoncture macroéconomique sur le marché du travail. L'indicateur certainement le plus intéressant est celui du taux d'emploi qui recouvre à la fois l'évolution du taux de chômage et du taux d'activité. On notera ainsi dans le tableau ci-après que le taux d'emploi global en France a été stable sur la période 2008-2014 (même si le chômage a lui augmenté), la diminution du taux d'emploi chez les moins de 55 ans ayant été compensée par la forte progression de ce

Évolution des taux d'emploi par tranche d'âge

	15-64 ans		15-24 ans		25-54 ans		55-64 ans	
	Taux en % 2014-T2	Variation 2008 à 2014	Taux en % 2014-T2	Variation 2008 à 2014	Taux en % 2014-T2	Variation 2008 à 2014	Taux en % 2014-T2	Variation 2008 à 2014
Allemagne	73,4	+ 4,0	44,7	– 2,5	83,4	+ 3,3	65,2	+ 12,8
France	64,5	+ 0,0	28,6	– 2,1	80,8	– 1,9	47,1	+ 9,5
Espagne	56,0	– 9,2	16,5	– 20,1	67,5	– 9,1	44,0	– 1,2
Italie	55,7	– 2,6	15,7	– 8,5	67,8	– 6,1	45,8	+ 12,7

Sources : Eurostat, calculs Éric Heyer, mai 2015, audition COE.

taux chez les 55-64 ans, comme résultat des dernières réformes du système de retraites favorisant l'activité à un âge plus tardif. Sur cette période, seule l'Allemagne a en fait vu son taux d'emploi global progresser significativement, avec une dynamique positive du marché du travail pour les travailleurs de 25 ans et plus. En revanche, l'Italie, et surtout l'Espagne, présentent des statistiques d'emploi particulièrement mauvaises.

Cette disparité importante des ajustements du marché du travail est pour partie le résultat de différences institutionnelles, traduisant en amont des choix politiques et économiques, comme par exemple les réformes Hartz entre 2003 et 2005 (sur lesquelles nous reviendrons), qui, à l'initiative de Gerhard Schröder, ont principalement visé à inciter les chômeurs à la recherche d'emploi et à favoriser un placement plus efficace des demandeurs d'emploi. En aval, elles ont conduit des pays comme la France, mais surtout l'Espagne et l'Italie à mettre en œuvre des réformes structurelles, notamment en matière de protection des emplois.

La question du coût du travail et du niveau du salaire minimum

Un des premiers facteurs souvent invoqué pour expliquer des mauvaises performances en matière d'emploi est celui du coût du travail. Le niveau de ce dernier est en effet un déterminant essentiel de la demande de travail, et il est vrai que les études à disposition suggèrent une élasticité conséquente de l'emploi par rapport au coût du travail, par ailleurs d'autant plus élevée que l'on s'intéresse à des niveaux de rémunération faibles ou à des catégories de population plus particulièrement sensibles à ce coût (comme les seniors), l'élasticité pouvant aller jusqu'à 2[2]. L'impact ainsi mesuré traduit non seulement une certaine incidence du coût du travail sur les embauches, mais aussi, pour ne pas dire surtout, son incidence sur le maintien en emploi (via son effet sur la hausse ou la baisse du nombre de destructions d'emplois). D'autres types de coût, comme ceux de recrutement ou de formation, interviennent en effet tout autant dans la décision d'embauche par l'employeur, alors qu'ils ne rentrent pas en ligne de compte s'agissant de la décision de conserver un travailleur en place.

Le coût du travail dépend de multiples facteurs. Directement, il est fonction du niveau d'un éventuel salaire minimum (tel que le Salaire minimum interprofessionnel de croissance [SMIC], en France) ou des cotisations sociales (de la fiscalité du travail au sens large) ; mais aussi indirectement il est conditionné par la générosité du système d'assurance chômage ou même du degré de protection des emplois qui tous deux altèrent la disponibilité des travailleurs à accepter des modérations salariales.

[2] Une diminution de 1 % du coût du travail serait ainsi responsable d'une augmentation de l'emploi de 2 % (ou limiterait la baisse de l'emploi dans un contexte récessif). Selon les études, l'élasticité de la demande de travail à son coût est généralement comprise entre 1 et 2.

2. Évolution du coût salarial unitaire

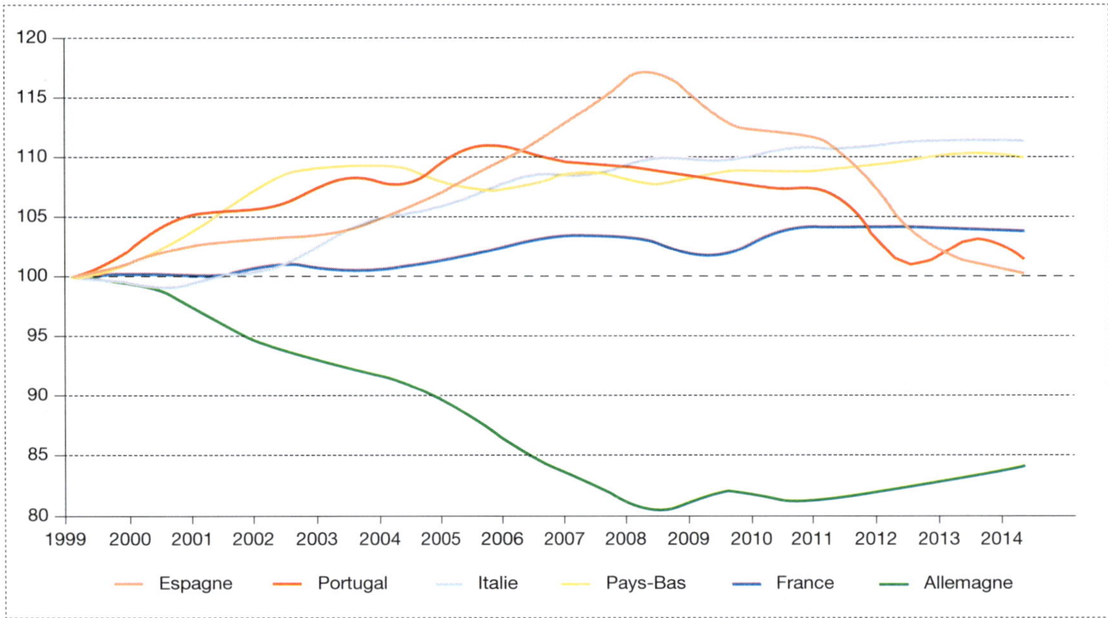

Note : le coût salarial unitaire correspond au coût salarial total (salaire moyen/tête multiplié par le nombre de salariés) divisé par les quantités produites.

Sources : Commission européenne, calculs Éric Heyer, mai 2015, audition COE.

Dans la plupart des pays européens, et notamment en France, le coût du travail ne s'est pas ajusté face à la baisse du PIB, contrairement à ce qui a été observé aux États-Unis. La France possède aujourd'hui le 4e salaire minimum le plus élevé au monde (derrière le Luxembourg, l'Australie et les Pays-Bas). Depuis le milieu des années 1990, les gouvernements successifs ont fait le choix d'imposer un revenu minimum du travail élevé, près de 60 % supérieur à la moyenne de l'OCDE, et parallèlement de maintenir, voire de renforcer, les exonérations de charges sur les bas salaires. Malgré ces allégements, la France reste au 4e rang mondial en termes de coût horaire net[3]. Plus récemment, un rapport de l'OCDE indique néanmoins que la réduction du coin salarial[4] permise par le crédit impôt compétitivité et le Pacte de responsabilité pourrait être responsable d'une augmentation de 0,1 point du rythme de croissance annuelle[5].

En Allemagne, les lois Hartz au début des années 2000, qui ont notamment fortement durci les modalités d'accès au régime d'assurance chômage, ont largement favorisé les modérations salariales dans la période précédant la survenue de la crise. Par ailleurs, l'instauration d'un salaire minimum (horaire) au niveau national n'est effective que depuis le 1er janvier 2015 (8,5 euros de l'heure contre 9,61 euros en France). Au bilan, le coût salarial moyen horaire en Allemagne demeurait ainsi sensiblement inférieur à celui en France : 28,7 euros contre 32,3 euros (Ciornohuz et Darmet-Cucchiarini 2014[6]).

La fixation d'un salaire minimum à un niveau relativement élevé constitue un choix politique dont les enjeux sont clairement établis. En garantissant un revenu plancher du travail suffisamment élevé, les inégalités salariales sont réduites. Le poids accordé à cet argument d'équité dépend toutefois de sa contrepartie en termes d'optimalité économique, au travers notamment de l'emploi et de la productivité, qui tous deux conditionnent la création de richesse (le PIB). Les études macroéconomiques et économétriques menées notamment sur le cas français indiquent que le niveau du salaire

[3] Il est ici fait référence aux chiffres de 2010, synthétisés dans la récente étude de l'OCDE (novembre 2013) intitulée « France. Redresser la compétitivité ».

[4] Le coin salarial donne une mesure de l'écart entre le coût du travail pour l'entreprise et le salaire réel net perçu par l'employé.

[5] OCDE (2014), *Les réformes structurelles : impact sur la croissance et options pour l'avenir*, octobre.

[6] Parallèlement, en Allemagne, l'essentiel des ajustements se sont en fait opérés via la baisse des heures travaillées par tête, avec un développement du temps partiel et des minijobs.

minimum aurait des effets de sens opposés sur ces deux indicateurs : il existe un arbitrage entre emploi et productivité. Une baisse du salaire minimum contribue – toutes choses égales par ailleurs – à diminuer la productivité du travail car elle conduit à une intensification des mobilités d'emploi à l'emploi des travailleurs qui cherchent des opportunités de rémunérations supérieures. Les démissions sont ainsi plus fréquentes et de ce fait les durées d'emploi anticipées et l'horizon de rentabilisation des investissements spécifiques (notamment en formation) réalisés par les employeurs se trouvent réduits. Ces derniers ont donc relativement moins intérêt à investir dans le capital humain de leurs salariés, ce qui pèse globalement sur la productivité du travail.

Au final, la recherche (complexe) du bon compromis entre emploi et productivité, maximisant la création de richesse, suggère qu'il existerait un niveau optimal du SMIC. En France, celui-ci serait sensiblement inférieur, de l'ordre de 10 % à celui pratiqué[7].

[7] Chéron A., Hairault J.-O. et Langot F. (2005), « La baisse des charges en France. Un bon compromis entre emploi et productivité », *Revue française d'économie*, vol. 19.

[8] Chéron A., Hairault J-O. et Langot F. (2011), « Age-Dependent Employment Protection », *The Economic Journal*, vol. 121.

Quelles réformes de la protection des emplois ?

La problématique des enjeux économiques entourant la législation en matière de protection des emplois n'est pas nouvelle. Si elle revient de manière récurrente, c'est essentiellement parce que ces enjeux sont de taille, et qu'il existe une grande diversité de pratiques selon les pays. L'indicateur proposé par l'OCDE permet une mesure agrégée du degré de protection des emplois allant de 0 à 3,5 : aux États-Unis cet indicateur équivaut à 0,3 et est donc proche de 0 comme dans la plupart des pays anglo-saxons (Royaume-Uni, Canada…), alors qu'il atteint 2,4 en France et même 2,9 en Allemagne.

Il faut dire aussi que cette problématique est d'autant plus prégnante que l'impact de la protection des emplois n'est pas trivial. Tout d'abord, à un niveau purement agrégé, il n'y a pas d'évidence complètement établie des effets des coûts de licenciement (au sens large) sur l'emploi : plus ils sont élevés, moins il y a de destructions, mais également moins il y a de recrutements du fait des coûts de séparation anticipés qui globalement alourdissent le coût du travail. Dans une perspective d'interaction avec les chocs macroéconomiques, conformément à l'analyse d'O. Blanchard et J. Wolfers, dans des pays où la protection des emplois est importante, il peut en résulter un certain amortissement des effets en emploi d'une conjoncture récessive, mais avec comme revers de la médaille un retardement des bienfaits en emploi d'une reprise économique.

À un deuxième niveau, il a été démontré que la protection des emplois a des effets différenciés en fonction de l'âge des travailleurs[8]. Des coûts de licenciement élevés profitent aux travailleurs en place *(insiders)*, et donc particulièrement aux seniors, alors qu'ils peuvent s'avérer très pénalisants pour l'insertion des jeunes. Avant même de savoir si l'emploi sera durable ou non, la question posée pour ces derniers est en effet celle de l'accès au premier emploi. Donc, tout ce qui pèse sur les embauches, même s'il existe une contrepartie positive en termes de maintien en emploi, s'avère fortement coûteux pour l'emploi des jeunes.

Enfin, une dernière facette concernant la protection des emplois concerne l'éventuelle dualité du système, qui peut combiner des contrats précaires à des contrats permanents fortement protégés ; le principal exemple en la matière est le cas français où coexistent des contrats à durée déterminée (CDD) et des contrats à durée indéterminée (CDI) avec un effet de seuil important dans le degré de protection des emplois attaché à ces contrats. La double incidence d'un tel système est, d'une part, qu'il génère une surreprésentation des CDD dans les embauches (80 % en France), et, d'autre part, qu'il conduit à une difficile conversion des CDD en CDI conduisant une certaine frange de la population à alterner périodes de chômage et emplois en CDD, avec des travailleurs se trouvant exclus des emplois stables. Une des solutions consiste à atténuer cette dualité, en réduisant la protection sur les CDI, par exemple via un système de droits progressifs.

Sur la base de cette analyse, différentes réformes ont été menées en Europe dans une logique globale de flexisécurité inspirée du modèle danois, où la protection de l'emploi est finalement réduite (proche des économies anglo-saxones) mais la protection des chômeurs (l'assurance chômage) maintenue à un niveau conséquent. Ce fut le cas des expériences récentes en Espagne, en Italie et dans une certaine mesure également en France.

Concernant l'Italie, Andrea Bassanini analyse les différentes réformes de la protection de l'emploi récemment mises en œuvre[9]. Initialement, la légitimité du licenciement reposait sur une définition très restrictive, avec des contraintes et des coûts importants pour l'employeur en cas de licenciement abusif avéré. La réforme de la protection de l'emploi a consisté à libéraliser le recours aux contrats à durée déterminée dont la prévalence dans les embauches est passée de 60 % en 2006-2007 à 70 % en 2011-2012. Le décret Poletti (mars 2014) accroît les possibilités d'utilisation et de renouvellement des contrats à durée déterminée. De même, les Jobs Act (à l'autonome 2014) introduisent un contrat à droits progressifs avec des facilités de licenciement pendant trois ans, et une suppression des contributions à la sécurité sociale pour toute nouvelle embauche en CDI également durant les trois premières années.

En Espagne, la réforme du marché du travail en 2012 a profondément modifié le système de protection de l'emploi (précisons que ce marché est caractérisé par des CDD représentant un tiers du stock d'emplois, proportion près de trois fois supérieure à la situation française). Cela s'est traduit par la suppression de l'autorisation administrative de licenciement, la réduction des compensations financières en cas de remise en cause du caractère équitable du licenciement, et la création d'un nouveau contrat permanent avec une période d'essai étendue à un an. Cela a significativement réduit le niveau de protection des emplois sur les contrats à durée indéterminée, même s'il demeure parmi les plus élevés au monde.

En France, la loi de sécurisation de l'emploi de juin 2013 s'est également inscrite dans cette perspective : elle définit une grille pour les indemnités de licenciement, destinée à servir de référence durant la première phase de conciliation prud'homale. Plus récemment, la loi Macron pour la croissance et l'activité, qui entre en vigueur, comporte plus d'une centaine d'articles, et sept d'entre eux introduisent une nouvelle refonte du cadre législatif entourant la protection des emplois. Ce sont les licenciements économiques collectifs qui sont visés. Les mesures proposées introduisent une plus grande souplesse accordée à l'employeur dans la mise en œuvre de ces licenciements (libre choix du périmètre des critères d'ordre de licenciement, pas de contrôle administratif pour des licenciements de moins de dix personnes en trente jours...). Si depuis 2008 on a noté une diminution de près de 25 % du nombre de recours auprès du conseil des prud'hommes, un récent rapport du ministère des Finances souligne qu'il demeure une « judiciarisation » importante des licenciements : 30 % des licenciements induisent un recours par le salarié, seuls 5,5 % sont résolus à l'issue de la procédure de conciliation, et 60 % des décisions prises en première instance ont donné lieu à un appel. Cela se traduit notamment par une durée des procédures de quinze mois en moyenne en 2012 (contre douze mois en 2004).

Globalement, l'essentiel de ces mesures vise donc à favoriser la création d'emplois permanents, en sécurisant les conditions de rupture du contrat de travail du point de vue de l'employeur. Comme nous avons pu l'évoquer, les premiers bénéficiaires de ces mesures devraient être les jeunes, avec une insertion sur le marché du travail facilitée. De même, cela pourrait favoriser à l'avenir le rebond des économies suite à des épisodes récessifs.

Les réformes de l'assurance chômage

Le système d'indemnisation chômage et son degré de « générosité » constituent une des institutions principales caractérisant le système

[9] **Bassanini A. (2015), « 4 Years of Employment Protection. Reforms in Italy (2012-2015) », présentation au Conseil d'orientation de l'emploi du 16 juin 2015.**

de protection sociale d'une économie. Par là même, il conditionne le fonctionnement des marchés du travail. L'indemnisation du chômage renvoie à trois dimensions : ses critères d'éligibilité, sa durée (dégressivité), et son montant. La combinaison de ces trois dimensions permet de calculer un taux de remplacement moyen brut. Si on y ajoute les variations de transferts (ou moindre fiscalité), on aboutit à un taux de remplacement net. Ce dernier équivaut en moyenne à 65 % en France contre plus de 70 % par exemple au Danemark, et environ 50 % au Royaume-Uni et aux États-Unis.

Les enjeux sont ici assez « simples » : comment amortir les baisses de revenus induits par les périodes de chômage sans pour autant réduire les incitations à la reprise d'emploi, et conduire à un allongement des délais d'embauche ? Toute baisse du ratio de remplacement, via la réduction du montant, de la durée d'indemnisation ou une plus grande dégressivité stimule la reprise d'emploi au prix d'une moindre assurance. Par exemple, il a été montré qu'une hausse de 10 % de la durée d'indemnisation augmente de 2 % à 4 % la durée de chômage[10].

[10] Le Barbanchon T. (2013), « L'impact de la générosité de l'assurance chômage sur la durée du chômage et sur la qualité de l'emploi retrouvée », *Notes* de l'Institut des politiques publiques, avril 2013.

En matière de réforme en Europe, on peut s'attarder sur les réformes Hartz entre 2003 et 2005 mises en œuvre en Allemagne, qui ont fait date. L'objectif affiché était d'inciter à la recherche d'emploi les chômeurs et de favoriser un placement plus efficace des demandeurs d'emploi. Cela s'est concrétisé notamment par (i) la nécessaire justification par le demandeur d'emploi du caractère légitime du motif de refus d'une offre (sous peine de sanction), et (ii) des critères d'éligibilité plus stricts. Il s'en est suivi d'autres réformes dans cette lignée, avec par exemple en 2006 la durée maximale d'indemnisation pour les moins de 55 ans qui a été ramenée de vingt-six mois à douze mois (de trente-deux à dix-huit pour les 55 et plus). Le bilan global de ces mesures est positif, avec un taux d'emploi qui a progressé de près de 10 points (selon le rapport Trésor-Éco nº 110, mars 2013), même si la création d'emplois repose fortement sur des contrats dits atypiques (emplois intérimaires, emplois à temps partiel), la générosité réduite de l'assurance chômage favorisant l'acceptation de tels emplois.

Conclusion

On le voit, les marchés du travail en Europe ont fait l'objet de multiples réformes, qui pour des pays comme l'Allemagne ont été mises en œuvre bien avant la survenue de la crise. Pour d'autres, comme l'Espagne, l'Italie et dans une moindre mesure la France, c'est précisément l'épisode récessif qui a conduit à une remise en cause en profondeur des institutions en vigueur sur le marché du travail. Même si les mesures adoptées reflètent certaines spécificités des économies en question, il semble qu'une ligne directrice commune se dessine, reflétant une certaine proximité avec le modèle danois dit de flexisécurité, et caractérisé par le maintien d'une relativement bonne protection des chômeurs combinée à une plus grande souplesse octroyée à l'employeur dans la gestion de ses postes de travail (moindre protection des emplois). Reste à voir à moyen terme si ces mesures auront le succès attendu.

POUR EN SAVOIR PLUS

CAHUC P. et ZYLBERBERG A. (2011), *Le Marché du travail*, De Boeck Supérieur.

CIORNOHUZ C. et DARMET-CUCCHIARINI M. (2014), « Comment l'évolution des coûts salariaux unitaires en France se situe-t-elle par rapport aux partenaires de la zone euro ? », *Lettre Trésor-Éco*, nº 134, septembre.

KRAMARZ F. *et al.* (2012), *Les Mutations du marché du travail allemand*, rapport du Conseil d'analyse économique, nº 112.

L'Union européenne est particulièrement exposée en son sein à la concurrence fiscale dans la mesure où il s'agit d'une zone économique très intégrée. Quelle est toutefois son ampleur et comment a-t-elle évolué depuis la crise ? Amélie Barbier-Gauchard commence par faire le point sur les facteurs susceptibles d'accroître ou de diminuer la concurrence fiscale, à savoir l'hétérogénéité des systèmes de prélèvements obligatoires et la mobilité des facteurs de production. Depuis 2008, la mobilité du travail a progressé, ce qui peut pousser cette concurrence à la hausse. La mobilité du capital a au contraire régressé. L'auteur analyse ensuite les différentes voies pour faire face à la concurrence fiscale.

Problèmes économiques

Concurrence fiscale : où en sommes-nous ?

◎ AMÉLIE BARBIER-GAUCHARD
Maître de conférences, université de Strasbourg

Depuis 2008, l'assainissement des finances publiques, notamment dans le cas français, est au cœur du débat public. Face à ce défi, deux options, non exclusives, existent pour les pouvoirs publics : réduire les dépenses publiques ou accroître la fiscalité. La seconde option ne peut toutefois être envisagée sans considérer l'environnement européen dans lequel évolue la France, un environnement marqué par une intensification de la concurrence fiscale.

Il y a concurrence fiscale dès lors que les systèmes fiscaux sont en compétition. La concurrence fiscale peut donc exister à tous les niveaux de la décision publique : aussi bien entre les communes françaises, les départements, les régions, mais aussi entre les États membres de l'Union européenne (UE). La concurrence fiscale s'exerce donc entre différentes entités bénéficiant de la prérogative de lever l'impôt, qui tentent de renforcer leur attractivité en modulant leur fiscalité pour attirer les facteurs mobiles de production (le travail et le capital). Plus les différentes entités sont intégrées (l'intégration peut être commerciale, financière, monétaire...), plus cette concurrence fiscale risque d'être prononcée, puisque la mobilité des facteurs de production en sera facilitée.

Ainsi, pour que la concurrence fiscale existe, deux conditions doivent être réunies. Il faut tout d'abord que les systèmes fiscaux soient relativement différents d'une entité à l'autre (on parle d'hétérogénéité des systèmes fiscaux). Il faut ensuite que les facteurs de production que sont le travail et le capital puissent se déplacer lorsque les systèmes fiscaux voisins leur sont plus favorables. Nous étudierons successivement la validité de ces deux conditions dans le contexte européen.

ZOOM

INTÉRÊTS ET LIMITES DE LA CONCURRENCE FISCALE

La concurrence fiscale peut encourager les États à maîtriser leur fiscalité et ainsi leurs dépenses. Elle peut par ailleurs permettre aux pays d'améliorer leur situation économique ou de favoriser certains secteurs d'activité (recherche et développement, développement durable, etc.) selon les impôts ciblés. En d'autres termes, la concurrence fiscale peut être l'élément déclencheur d'une profonde réflexion sur l'utilisation et l'efficacité des politiques publiques. En ce sens, elle peut s'avérer bénéfique, même si elle n'est pour l'instant pas suffisamment pressante sur les États pour être, à elle seule, à l'origine de ces évolutions.

En revanche, la concurrence fiscale peut également s'accompagner d'effets dommageables. Elle conduit tout d'abord à une pression à la baisse sur les taux d'imposition pesant sur les facteurs les plus mobiles. Dans ce cas, elle conduit au *dumping* fiscal, qui peut également prendre la forme d'un *dumping* social.

Le *dumping* fiscal consiste pour un État à pratiquer une pression fiscale plus faible que ses voisins. Le *dumping* social consiste quant à lui à dégrader, de façon plus ou moins délibérée, le droit social en vigueur afin d'en tirer un avantage économique, notamment en termes de compétitivité. Dans tous les cas, cet allègement de la fiscalité sur les facteurs mobiles se traduit par une diminution des ressources des États qui conduit soit à réduire les dépenses publiques, soit à creuser les déficits. De façon générale, la concurrence fiscale représente une menace non négligeable pour le niveau et la qualité des biens et services publics. Dans le cas contraire, pour maintenir ses ressources publiques constantes, les pays peuvent être tentés d'alourdir la fiscalité sur les facteurs immobiles. La concurrence fiscale peut également engendrer une fuite des capitaux dans les pays les moins attractifs fiscalement, vidant leur économie des fonds nécessaires, mais aussi une fuite des talents (investisseurs, entrepreneurs, voire chercheurs, artistes ou sportifs). Elle peut en effet produire des externalités négatives horizontales ou verticales. En effet, les décisions d'un acteur influent sur les décisions des autres acteurs. Ces externalités sont dites horizontales lorsqu'il s'agit d'acteurs de même niveau (des États par exemple) et verticales lorsqu'il s'agit d'acteurs de niveaux hiérarchiques différents (un État et une région par exemple).

En d'autres termes, la concurrence fiscale n'est pas nécessairement néfaste mais elle doit être soigneusement contrôlée pour ne pas produire d'effets trop dommageables.

Amélie Barbier-Gauchard

Les systèmes fiscaux sont-ils si hétérogènes dans l'UE ?

La manière la plus courante de comparer les fiscalités nationales consiste à analyser des indicateurs globaux comme la pression fiscale et la structure de la fiscalité. Ces données sont fournies par l'Organisation de coopération et de développement économiques (OCDE) ou par Eurostat[1]. Dans l'UE, il apparaît que les systèmes fiscaux sont très différents d'un État membre à l'autre.

[1] Voir Commission européenne (2014), *Taxation Trends in the European Union*, Eurostat Statistical Books.

Des taux de pression fiscale très différents

Le taux de pression fiscale mesure le poids des prélèvements obligatoires (impôts et cotisations sociales obligatoires) dans le produit intérieur brut (PIB). Il a connu une hausse tendancielle dans tous les pays de

1. Niveau et nature des recettes fiscales dans les États membres de l'UE

	Recettes fiscales en % du PIB			Recettes fiscales par grands types d'imposition en % des recettes fiscales totales*								
				Travail			Consommation			Capital		
	2002	2011	2012	2002	2011	2012	2002	2011	2012	2002	2011	2012
UE28**	38,8	38,8	39,4	50,8	50,9	51,0	28,8	28,9	28,5	20,7	20,4	20,8
UEM18**	39,5	39,5	40,4	53,0	53,3	53,3	27,4	27,3	26,8	19,8	19,8	20,2
Belgique	45,2	44,2	45,4	54,9	54,8	53,9	24,2	24,1	23,7	20,6	20,8	22,0
Bulgarie	28,5	27,3	27,9	41,8	33,8	32,9	41,6	51,9	53,3	18,0	14,3	13,8
Rép. tchèque	34,6	34,8	35,0	52,9	51,9	51,7	27,9	32,9	33,4	19,3	15,2	14,9
Danemark	47,9	47,7	48,1	54,5	51,3	51,0	33,0	31,5	31,0	12,8	17,8	18,4
Allemagne	38,9	38,5	39,1	60,7	58,0	56,6	26,8	28,2	27,8	12,5	15,8	15,9
Estonie	31,0	32,3	32,5	54,5	52,1	51,0	38,4	41,3	41,9	7,1	8,8	7,1
Irlande	28,3	282	28,7	35,3	43,0	42,7	38,8	34,8	34,8	28,0	22,2	22,5
Grèce	33,7	32,4	33,7	38,3	36,5	41,9	38,7	38,6	38,3	25,0	25,0	21,8
Espagne	34,1	31,8	32,5	48,1	55,0	53,0	27,7	28,8	20,5	25,7	20,9	22,9
France	43,3	43,7	45,0	51,5	52,3	52,3	28,2	25,2	24,7	22,9	23,2	23,8
Croatie	37,9	35,3	35,7	38,9	41,4	40,7	50,5	47,3	49,1	10,7	11,3	10,3
Italie	40,5	42,4	44,0	49,9	52,0	51,1	26,1	25,3	24,7	23,9	22,7	24,2
Chypre	30,9	35,3	35,3	32,5	35,7	37,1	38,5	38,2	38,8	29,0	28,1	28,1
Lettonie	28,8	27,6	27,9	51,7	50,0	49,0	38,7	38,3	38,4	11,8	11,7	12,8
Lituanie	29,1	27,4	27,2	50,8	46,4	48,5	40,1	41,1	39,8	9,7	12,7	13,9
Luxembourg	39,3	38,2	39,3	38,5	44,2	44,3	27,3	27,8	28,1	342	28,0	27,5
Hongrie	38,0	37,3	39,2	50,3	47,3	40,4	37,0	39,1	40,0	12,8	13,8	13,5
Malte	30,0	33,0	33,8	36,9	33,5	34,6	39,3	40,2	38,8	23,8	28,3	28,8
Pays-Bas	37,7	38,6	39,0	49,7	58,3	57,5	30,2	28,8	28,3	20,1	14,9	14,2
Autriche	43,6	42,2	431	55,2	58,7	57,4	28,5	27,9	27,6	18,5	15,6	15,2
Pologne	32,7	32,3	32,5	41,1	38,4	40,4	38,3	39,1	36,3	23,7	22,9	23,7
Portugal	31,4	33,2	32,4	37,7	41,7	41,4	38,1	36,6	37,4	242	21,6	21,1
Roumanie	28,1	28,4	28,3	43,9	39,3	40,0	38,9	44,2	45,1	172	16,4	15,0
Slovénie	37,8	372	37,6	54,3	52,2	52,5	38,1	37,3	37,9	9,7	10,8	9,8
Slovaquie	33,0	28,6	28,3	45,8	44,1	45,4	32,7	38,2	33,4	21,4	19,7	21,2
Finlande	44,7	43,7	44,1	52,2	52,3	53,2	29,9	32,3	32,4	17,9	15,4	14,3
Suède	47,5	44,4	44,2	02,5	57,5	58,8	28,7	28,9	28,4	10,8	13,7	13,0
Royaume-Uni	34,8	35,8	35,4	38,6	39,1	38,9	33,0	33,2	33,8	28,4	27,7	27,4
Islande	35,2	35,9	36,8	***	***	***	37,8	34,8	35,0	***	***	***
Norvège	43,1	42,7	42,2	43,2	40,7	41,5	29,7	25,8	25,7	27,1	33,5	32,8

* La somme des proportions peut être supérieure à 100 % dans les États membres où un enregistrement des montants mis en recouvrement mais non collectés est choisi pour la régularisation de la comptabilité d'exercice. Veuillez également vous référer aux notes méthodologiques de l'annexe B de la publication « Taxation trends » sur les tendances de la fiscalité dans l'UE.

** Les agrégats UE 28 et UEM 18 sont calculés comme des moyennes pondérées par le PIB des États membres.

*** Données non disponibles.

Source : Commission européenne (2014).

1. Taux de pression fiscale dans l'UE 28 et l'UEM 18 depuis 2002
(recettes fiscales en % du PIB)

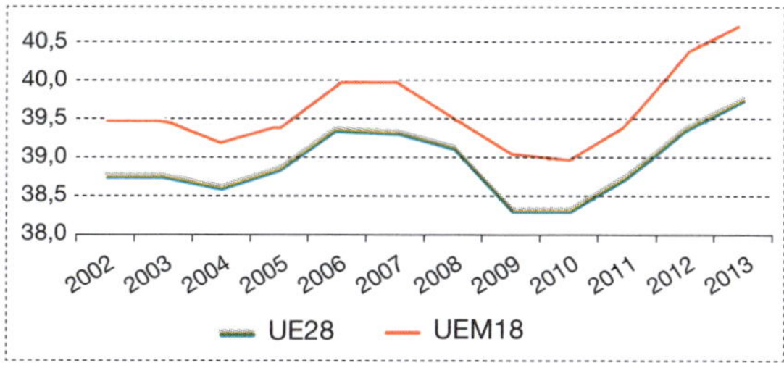

Source : Eurostat.

l'UE depuis plusieurs décennies. En 2012, il s'élève à 39,4 % du PIB dans l'UE 28 et à 40,4 % du PIB dans l'Union monétaire à 18 (UEM 18) (voir graphique 1). Les estimations d'Eurostat indiquent que les recettes fiscales en pourcentage du PIB devraient continuer de croître dans les prochaines années pour les deux zones.

Toutefois, le niveau de pression fiscale diffère sensiblement d'un État à l'autre (voir tableau 1). Elle est la plus élevée dans les pays nordiques (Danemark, Suède et Finlande), mais également en Belgique, en France, en Italie et en Autriche (plus de 40 % du PIB). Au contraire, elle représente moins de 30 % du PIB dans la plupart des nouveaux États membres de l'UE (Lituanie, Bulgarie, Lettonie, Roumanie et Slovaquie) ainsi qu'en Irlande.

Une classification des recettes fiscales selon les fonctions économiques (c'est-à-dire selon qu'elles sont prélevées sur le travail, le capital ou la consommation) permet une analyse plus approfondie des systèmes fiscaux. La principale source de recettes fiscales dans l'UE 28 provient des impôts sur le travail, qui représentent plus de la moitié des recettes fiscales en 2012 (51,0 %), suivis des taxes sur la consommation (28,5 %) et des impôts sur le capital (20,8 %) (voir tableau 1).

Le « taux d'imposition implicite » mesure le poids effectif moyen de la fiscalité sur les revenus de différentes activités économiques (travail, consommation et capital). Il s'obtient par le ratio entre les recettes issues de la fiscalité de l'activité considérée et la base imposable. De façon générale, les taux les plus faibles se retrouvent dans les États membres où le poids de la fiscalité est le plus faible.

La taxation du travail, principale source de recettes fiscales

Que ce soit pour la taxation du travail ou la taxation du capital, le clivage entre Europe de l'Ouest et Europe de l'Est est très net.

La taxation du travail est essentiellement composée des impôts sur le revenu et des cotisations sociales. Dans l'UE 28, les cotisations sociales représentent plus des deux tiers de la fiscalité du travail, avec de fortes différences à nouveau entre les États membres de l'UE. Depuis dix ans, le taux d'imposition implicite sur le travail n'a cessé d'augmenter dans l'UE 28 pour atteindre 36,1 % en 2012. Parmi les États membres, le taux d'imposition implicite sur le travail varie autour de 25 % à Malte, en Bulgarie, au Royaume-Uni et au Portugal, à plus de 40 % en Finlande, Autriche, Belgique et Italie.

C'est pour les cotisations sociales que la diversité des systèmes fiscaux est la plus marquée. Alors que les cotisations sociales sont quasiment inexistantes au Danemark et très faibles en Irlande, elles constituent une ressource fiscale majeure pour tous les autres pays.

La taxation du capital peut être appréciée par les impôts sur les sociétés. Le taux d'imposition sur le revenu des sociétés a fortement diminué depuis la seconde moitié des années 1990, justement sous l'effet d'une concurrence fiscale forte pour la fiscalité sur le capital. Malgré cette diminution généralisée, le taux d'imposition implicite varie de moins de 10 % pour l'Estonie, la Lettonie et la Lituanie et 13 % pour l'Irlande, à plus de 35 % pour l'Italie, la Belgique, la France et le Royaume-Uni. Le maximum est atteint par la France avec un taux d'imposition implicite de 46,9 %.

En matière de fiscalité sur le capital, un certain nombre d'initiatives existent au niveau de l'UE, pour essayer d'encadrer les pratiques nationales. À ce jour, certaines actions coordonnées ont été réalisées pour s'attaquer aux entraves fiscales et aux lacunes constatées dans les domaines de l'impôt sur les sociétés en introduisant notamment un code de bonne conduite dans le domaine de la fiscalité des entreprises et en adoptant une directive pour éviter la double imposition des sociétés pour des entreprises mères et leurs filiales basées dans plusieurs États membres.

La fiscalité sur la consommation est encadrée par l'UE

Les taxes sur la consommation (notamment la taxe sur la valeur ajoutée [TVA]) ont quant à elles constitué la principale source de recettes fiscales en 2012 dans cinq États membres : en Bulgarie, en Croatie, à Chypre, à Malte et en Roumanie (entre 45 % et 50 % de leurs recettes fiscales). En revanche, en Belgique, en France et en Italie, les taxes sur la consommation représentent moins de 25 % de leurs recettes fiscales, comme le précise le tableau 1.

Paradoxalement, c'est en matière de TVA que l'harmonisation est historiquement la plus forte, alors que c'est sur cet impôt que la concurrence fiscale joue le moins (sauf dans les zones frontalières ou pour les achats peu fréquents comme l'automobile). Dès les premières années de la construction européenne, la nécessité de doter tous les pays membres d'instruments de fiscalité indirecte comparables pour éviter les distorsions de concurrence dans le marché commun a été mise en avant. Mais harmonisation ne veut pas dire uniformisation : les taux ne sont pas identiques dans tous les pays de l'UE. Chacun d'entre eux possède un taux de TVA « standard » ou « normal » d'au moins 17 % et un (ou deux) taux réduit(s) qui varie(nt) entre 5 % et 15 %, voire parfois des taux « super réduits » (de 2 % à 4 %), applicables à certains produits ou activités présentant un caractère social ou culturel (produits alimentaires, produits pharmaceutiques, livres, musées). Les taux standards varient de 17 % pour le Luxembourg à 27 % pour la Hongrie. Aucun pays ne peut modifier ses taux de manière unilatérale ; un gouvernement qui souhaite baisser ou augmenter sa TVA doit d'abord obtenir l'accord de tous ses partenaires.

Qu'en est-il de la mobilité du travail et du capital ?

Une mobilité du travail encore limitée, mais qui s'est accélérée avec la crise

Le principe de libre circulation des personnes est, avec celui des marchandises et des capitaux, au cœur de la construction européenne. Dans l'UE, la mobilité du facteur travail peut être appréhendée par l'ampleur des flux de migration intracommunautaire qui nous renseignent, pour chaque pays, sur la proportion de migrants issus d'un autre pays européen. Tout individu est considéré comme migrant dès lors qu'il se rend dans un autre pays que celui de sa résidence habituelle pour une période d'au moins un an. Par conséquent, son pays de destination devient son nouveau pays de résidence habituelle. Dans les faits, les flux de migrations intracommunautaires restent limités et concentrés dans certains pays comme le montre le tableau 2.

En 2013, la part des migrants intracommunautaires représente, dans l'UE 28, environ 40 % du total des migrants. Mais ce premier constat masque d'importantes disparités entre pays. En effet, certains pays attirent davantage de migrants intracommunautaires que d'autres : en Belgique, en Irlande et surtout au Luxembourg, les migrants intracommunautaires représentent plus des deux tiers du total des migrants contre seulement moins d'un quart en Grèce et au Portugal notamment. En outre, l'essentiel des migrants intracommunautaires se concentre en Allemagne, au Royaume-Uni, en Espagne, en Italie et en France. Ces cinq pays représentent 75 % des migrations intracommunautaires dans l'UE.

2. Migrants intracommunautaires (en % du total des migrants)

	1990	1995	2000	2013
Allemagne	31,3	25,5	25,3	39,3
Autriche	–	–	12,9	41,6
Belgique	61,8	59,9	62,8	64,3
Danemark	24,7	22,8	20,8	39,3
Espagne	61,8	47,7	38,9	40,6
Finlande	23,8	21,0	18,4	39,3
France	36,7	–	36,6	34,4
Grèce	23,9	28,7	–	23,6
Irlande	77,8	76,0	73,0	69,8
Italie	–	18,2	11,7	29,3
Luxembourg	88,1	90,2	–	86,3
Pays-Bas	26,2	25,5	30,0	53,3
Portugal	27,7	24,8	37,4	24,2
Royaume-Uni	37,7	43,2	–	49,1
Suède	43,4	33,5	36,3	42,8

Source : Barbier-Gauchard (2008) et Chojnicki (2014).

Ces migrations intracommunautaires ont cependant eu tendance à progresser ces dix dernières années avec une intensification depuis 2008 pour certains pays comme l'Allemagne, l'Autriche, les Pays-Bas, le Danemark ou encore la Finlande, où le poids des migrants intracommunautaires a, dans certains cas, doublé. Par exemple, en Allemagne, la part des migrants intracommunautaires est passée de 25 % de l'ensemble des migrants en 2000 à près de 40 % en 2013. Au contraire, d'autres pays voient leur proportion reculer, comme le Portugal ou encore la Grèce.

Ainsi, la mobilité des travailleurs dans l'UE apparaît encore assez limitée. Généralement, trois explications sont avancées pour expliquer cette situation : l'existence de barrières culturelles et linguistiques, l'existence de facteurs institutionnels liés notamment à la transférabilité des droits sociaux dès qu'un individu change de pays de résidence, et la situation de l'emploi dans l'UE, puisque la décision de migrer dépend à la fois de la situation dans le pays d'origine et de celle dans le pays d'accueil. C'est d'ailleurs ce dernier facteur qui explique que la mobilité du travail s'est accrue depuis la crise de 2008.

Une mobilité du capital forte, mais affectée par la crise

La mobilité du facteur capital peut être évaluée à partir des flux d'investissements directs étrangers (IDE) intra-UE qui indiquent avec quelle intensité les capitaux se déplacent entre les pays européens. Au cours des vingt dernières années, les flux d'investissements directs à l'étranger dans l'économie mondiale ont fortement augmenté. Ce phénomène est largement concentré dans les pays développés, qui constituent à la fois leurs principaux points d'origine et leur principale destination. Les IDE font donc l'objet d'un processus croisé et les pays européens ne dérogent pas à cette règle, comme l'illustre le graphique 2.

Alors que les années 2000 ont été marquées par une accélération forte des IDE intra-européens dans les IDE totaux (ils représentaient près de 80 % du total des IDE dans l'UE en

2005), l'année 2008 marque une inversion de cette tendance qui laisse imaginer une perte de confiance des investisseurs européens. En 2012, les IDE intra-UE ne représentent plus que 30 % du total des IDE dans l'UE.

Comme le souligne l'OCDE (2014), la baisse des IDE intra-UE se manifeste essentiellement dans les plus grandes économies de la zone : la baisse cumulée en France, en Allemagne et au Royaume-Uni explique 50 % de la baisse générale constatée entre 2007 et 2013. À l'inverse, la chute des IDE intra-UE est moins prononcée dans les pays de l'UE qui connaissent pourtant des difficultés économiques importantes : la baisse cumulée des IDE intra-UE sur cette même période en Grèce, Irlande, Portugal et Espagne n'explique que 2 % de la baisse générale constatée.

2. Nature des IDE dans l'UE entre 2004 et 2012

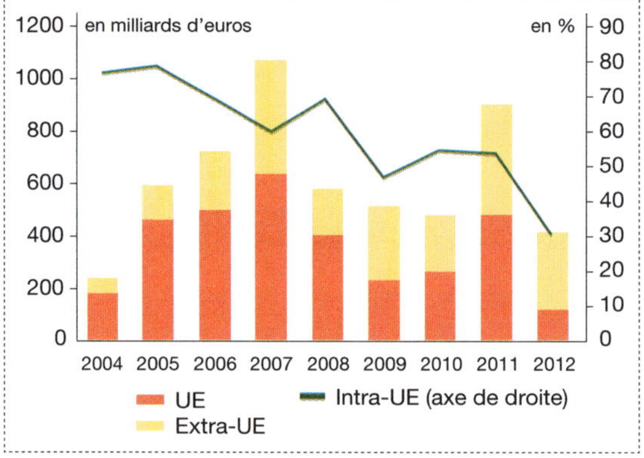

Source : OCDE (2014).

Comment lutter contre la concurrence fiscale ?

Historiquement, dans le contexte européen, les questions fiscales ne sont abordées que sous le prisme du marché intérieur. La stratégie de politique fiscale de la Commission européenne a fait l'objet d'une communication en 2001 intitulée « Politique fiscale de l'Union européenne – Priorités pour les prochaines années[2] ». La Commission y affirme que l'harmonisation globale des systèmes fiscaux des États membres n'est pas nécessaire. Les États membres sont libres de choisir les systèmes fiscaux les plus adéquats en fonction de leurs préférences, du moment qu'ils respectent la législation communautaire.

Dans l'UE, la fiscalité reste une prérogative nationale. En outre, les seules décisions qui peuvent être prises au niveau européen sont généralement prises à l'unanimité, ce qui limite les possibilités d'harmonisation. En l'absence de politique globale, l'UE apporte des réponses spécifiques à ces problèmes.

Néanmoins, face à la concurrence fiscale qui sévit dans l'UE, exacerbée par les derniers élargissements et par la crise, différents choix existent : entre la convergence et la concurrence fiscale, il est possible soit de coordonner, soit d'harmoniser tout ou partie de la fiscalité dans l'UE.

La coordination fiscale consiste simplement à adopter des principes communs de taxation pour éviter des divergences trop fortes entre les États membres, comme des codes de bonne conduite, des recommandations et des conventions. C'est la forme la moins aboutie d'intégration fiscale. Tel est le cas de la fiscalité sur le capital dans l'UE.

À l'inverse, l'harmonisation fiscale vise à rapprocher les fiscalités nationales en imposant des règles communes aux États membres. Ces règles peuvent porter sur l'assiette, les taux... Dans l'UE, l'exemple le plus emblématique en la matière est celui de la TVA.

Dans ces deux cas, les systèmes fiscaux nationaux bénéficient toujours d'une certaine marge de manœuvre, qui est toutefois encadrée au niveau communautaire de façon plus ou moins contraignante.

La convergence fiscale européenne doit au contraire déboucher sur un système fiscal unique, applicable à tous. C'est le degré le plus abouti d'intégration fiscale dans l'UE. Une telle option semble très peu réaliste dans le contexte européen.

À l'heure où la fiscalité constitue un enjeu politique majeur dans les différents pays de

[2] **Voir Commission européenne (2001).**

3. Les différentes formes de l'intégration fiscale

	Concurrence fiscale	Coordination fiscale	Harmonisation fiscale	Convergence fiscale
Politique conduite	Absence de toute action dans le domaine fiscal	Coordination des politiques nationales visant à limiter les effets de la concurrence	Politique communautaire de rapprochement des fiscalités (notamment sur les bases fiscales les plus mobiles) : assiettes, voire règles d'ensemble sur les taux	Politique volontariste menée par l'UE visant à rapprocher les bases, les taux et les règles applicables aux principaux impôts, quels qu'ils soient
Effets observés	Politiques non coordonnées d'attractivité fiscale Pression à la baisse des taux pour les bases fiscales les plus mobiles	Politique d'attractivité fiscale, coordination plutôt ex post	Encadrement progressif des systèmes fiscaux (voir la TVA) : définition de taux plancher et taux plafond dans un « serpent fiscal » large	Rapprochement progressif des systèmes d'imposition vers un système fiscal européen
Impact à long terme	Taxation concentrée sur les bases les moins mobiles donc moins concernées par la concurrence entre États membres Fiscalité plutôt complexe	Fiscalité plutôt instable	Coexistence de systèmes fiscaux différents mais comparables Effet intégrateur sur le marché commun Un consensus est nécessaire sur des niveaux de fiscalité proches des principales catégories d'imposition	À terme, système unique (possibilité de taux ou d'exemptions variables, dans des limites définies) Fiscalité a priori lisible

Source : Brachet et Verdier (2006).

l'UE, force est de constater que l'intensification de la concurrence fiscale ces dernières années entre les pays européens constitue une contrainte forte avec laquelle les décideurs publics doivent composer. Les initiatives au niveau de l'UE pour tenter de limiter les effets dommageables de cette concurrence fiscale restent modestes et ne concernent pour l'instant que la fiscalité sur le capital et la consommation.

Toutefois, la crise a profondément affecté la mobilité des facteurs de production dans l'UE. Le facteur travail est devenu plus mobile entre les pays européens alors que le facteur capital circule moins intensément entre les États membres de l'UE. À terme, cette évolution risque d'alourdir la contrainte qui pèse sur les États membres en termes de fiscalité sur le travail.

POUR EN SAVOIR PLUS

- **BARBIER-GAUCHARD A.** (2008), « Les politiques budgétaires confrontées à la mobilité : Comment lutter contre les conséquences dommageables de la concurrence fiscale dans l'UE ? », *Politique étrangère*, juin.
- **BRACHET A. et VERDIER A.** (2006), « Entre concurrence et convergence fiscale, quel projet européen ? », *Questions d'Europe*, n° 39, 25 septembre.
- **CHOJNICKI X.** (2014), « Les migrations intra-européennes sont d'ampleur limitée et se concentrent sur les grands pays », *Blog du CEPII*, billet du 4 septembre.
- **COMMISSION EUROPÉENNE** (2001), « Communication de la Commission au Conseil, au Parlement européen et au Comité économique et social – Politique fiscale de l'Union européenne – Priorités pour les prochaines années », COM/2001/260/FINAL.
- **COMMISSION EUROPÉENNE** (2012), « 20 ans de marché unique – Ensemble pour une nouvelle croissance », Office des publications officielles des Communautés européennes.
- **COMMISSION EUROPÉENNE** (2014), *Taxation trends in the European Union*, Eurostat Statistical Books.
- **COMMISSION EUROPÉENNE** (2015), « Taux de TVA appliqués dans les États membres de l'Union européenne », document de travail.
- **OCDE** (2014), « International Investment in Europe : A Canary in the Coal Mine? », *OECD investments Insight*, novembre.

Désindustrialisation, déficit commercial, perte d'attractivité du territoire..., l'inquiétude sur la compétitivité de l'économie française est centrale dans le débat public depuis le milieu des années 2000. Du rapport Attali (2008) au rapport Gallois (2012), qui a débouché sur la récente « loi Macron », son rétablissement apparaît comme un objectif prioritaire des politiques publiques. Flora Bellone et Raphaël Chiappini commencent par poser le diagnostic, avant de préconiser les remèdes. S'ils proposent, de façon classique, de repenser l'insertion de la France dans les échanges internationaux et de faire de la politique industrielle une priorité, ils recommandent également de renforcer le rôle de l'État providence.

Problèmes économiques

France : comment retrouver la compétitivité ?

FLORA BELLONE

Professeur à l'université Nice-Sophia-Antipolis, chercheur au GREDEG-CNRS et chercheur affilié à l'OFCE

RAPHAËL CHIAPPINI

Maître de conférences à l'université Nice-Sophia-Antipolis et chercheur au GREDEG-CNRS

La notion de compétitivité, qui a longtemps divisé les économistes, s'est imposée dans le débat public comme l'un des objectifs centraux de la politique économique. La popularité grandissante de cette notion en France est étroitement liée à l'affaiblissement de la capacité à exporter enregistrée depuis le tournant des années 2000. Pourtant, la faiblesse relative des performances françaises, en matière de croissance économique et d'emploi, est mise en exergue depuis maintenant plus de trois décennies. Néanmoins, comme le phénomène des pertes de parts de marchés internationaux est relativement nouveau, jusqu'à une période récente, les débats de politique économique ont porté principalement sur des facteurs d'offre et de demande intérieures. La position de la France dans le commerce extérieur a rarement été évoquée comme « une cause » de ses faibles performances économiques. Cependant, l'environnement international est clairement différent de celui qui prévalait il y a trente ans. L'émergence de nouveaux acteurs a mis à mal les pays industrialisés en opérant une « redistribution des cartes » à l'échelle mondiale. La question qui se pose est donc celle de savoir si l'État français doit rechercher de nouveaux remèdes pour faire face à ses maux.

Le constat de la perte de compétitivité de l'économie française

Aujourd'hui, le constat de la perte de compétitivité de l'économie française est nourri par quatre éléments principaux :

– une tendance marquée à la désindustrialisation ;

– une dégradation de la position de la France dans le commerce extérieur ;

– un affaiblissement des gains de productivité ;

– une remise en question de l'attractivité économique du territoire.

Une désindustrialisation plus forte que pour la moyenne des pays européens

La tendance à la désindustrialisation dans les économies avancées, amorcée depuis le milieu des années 1970, s'est encore poursuivie après le tournant du XXIe siècle. Elle a été plus importante et plus rapide en France et au Royaume-Uni que dans d'autres pays européens (voir graphique). La part de l'industrie manufacturière dans la valeur ajoutée a connu en France une baisse annuelle moyenne de 2,6 % entre 2000 et 2014. En revanche, on peut remarquer le caractère « atypique » de l'Allemagne qui a réussi à la maintenir à environ 22 % (soit le double de celle de la France en 2014).

Si la désindustrialisation semble être une caractéristique commune aux pays développés essentiellement liée au changement technologique (Guillou et Nesta, 2011), la chute relativement plus importante du secteur manufacturier en France sur la période récente peut soulever des questions sur la capacité des entreprises françaises à réagir à la transformation de leur environnement international.

Des pertes de parts de marché à l'exportation plus prononcées

L'évolution des parts de marché françaises à l'exportation vient appuyer cette hypothèse. Le tableau met en évidence le recul important de ces parts, et cela dans tous les types d'industries, même celles de haute et moyenne technologies. Au contraire, l'Allemagne a réussi à les maintenir, voire même à les augmenter dans certains secteurs.

Part de l'industrie manufacturière dans la valeur ajoutée brute (en %)

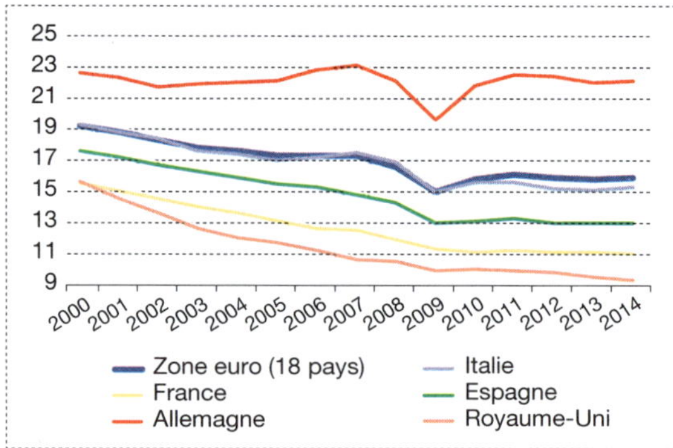

Source : Eurostat.

Les déterminants immédiats de ces pertes de parts de marché sont multiples. On peut tout d'abord citer la faible croissance du nombre d'exportateurs et de leur intensité moyenne d'exportation. Cette tendance est plus prononcée pour les petites et moyennes entreprises (PME) et les entreprises de taille intermédiaires (ETI) françaises que pour les grands groupes (Bellone et Chiappini, 2014). Lorsque l'on analyse de manière plus systématique la décomposition des parts de marché de la France à un niveau fin de produits et destinations (Bas *et al.*, 2015), la cause principale semble être la détérioration du positionnement « qualité-prix » des produits français sur le marché mondial.

Un ralentissement des gains de productivité et une faible mobilisation de la force de travail

La France souffre également d'une faiblesse relative de sa croissance. Ainsi, le revenu réel français par habitant a crû en moyenne de 0,5 % par an (contre 1,1 % en Allemagne) sur la dernière décennie, ce qui classe la France très en deçà de la moyenne de l'Organisation de coopération et de développement économiques (OCDE, 2013). Derrière cette faible croissance, il y a princi-

Parts de marché dans le commerce mondial de biens manufacturiers (en %)

Secteur industriel	Allemagne	États-Unis	Espagne	France	Italie	Japon	Royaume-Uni	Chine
Parts de marché en 2013								
Total biens	8,1	7,6	1,7	3,2	2,8	4,0	3,0	11,7
Haute technologie	8,6	7,4	0,9	4,7	1,7	4,3	3,0	21,6
Moyenne haute technologie	14,2	9,4	2,4	3,9	3,9	7,9	3,1	10,7
Moyenne basse technologie	6,2	7,8	1,7	2,4	3,3	3,7	4,4	11,8
Basse technologie	6,7	5,7	2,5	4,1	4,7	0,7	2,2	18,8
Taux de croissance annuel moyen des parts de marché entre 2000 et 2013								
Total biens	– 0,7	– 3,0	– 0,3	– 3,0	– 2,5	– 4,9	– 3,0	7,0
Haute technologie	1,8	– 6,2	1,5	– 0,7	– 0,7	– 6,9	– 5,1	12,0
Moyenne haute technologie	– 0,1	– 2,7	-0,9	– 3,1	– 1,9	– 3,7	– 3,1	10,0
Moyenne basse technologie	– 2,0	– 0,5	– 1,7	– 4,7	– 3,9	– 3,4	1,8	– 3,4
Basse technologie	0,5	– 2,9	1,2	– 1,7	– 1,8	– 4,9	– 2,9	4,8

Sources : CHÉLÉM, calculs des auteurs.

palement un tassement des gains en termes de productivité globale des facteurs (PGF), un concept qui est souvent assimilé au progrès technique mais qui englobe d'autres facteurs tels que la qualité des infrastructures et des institutions. Patrick Artus *et al.* (2014)[1] montrent que la PGF a stagné en France depuis le début des années 2000, alors qu'elle a continué d'augmenter en Allemagne, et surtout aux États-Unis et en Suède. L'autre part de la mauvaise performance de la France en matière de croissance du PIB par tête vient de l'augmentation prononcée du taux de chômage. Ce dernier est passé de 7,8 % en 2001 à 10,3 % en 2014 et pose la question de la capacité de la France à mobiliser efficacement sa force de travail.

L'attractivité économique du territoire français mise en question

Enfin, le constat de la perte de compétitivité de l'économie française repose sur certains indicateurs récents d'attractivité économique. Ainsi, en dépit de l'augmentation des implantations étrangères en France mise en évidence par l'agence Ernst & Young (EY)[2] (+ 18 % pour les implantations étrangères entre 2013 et 2014), l'écart continue de se creuser avec l'Allemagne et le Royaume-Uni. Par ailleurs, ces implantations ont induit une création d'emplois faible (– 11 % de 2013 à 2014). En comparaison, au Royaume-Uni, les emplois créés ont été 2,5 fois plus nombreux. Le baromètre EY 2015 met également

[1] Artus P., García-Peñalosa C. et Mohnen P. (2014), « Redresser la croissance potentielle de la France », *Les notes du CAE*, n° 16, septembre 2014.

[2] Ernst & Young (2015), *Baromètre de l'attractivité de la France 2014. Agir et convaincre.*

en exergue l'attractivité décevante de notre pays pour les sièges sociaux, les centres de R & D et les entreprises provenant des marchés émergents.

En ce qui concerne l'attractivité des talents, la France bénéficie là aussi d'un bon positionnement historique, notamment en matière d'attractivité des diplômés de l'enseignement supérieur. Néanmoins, le taux d'expatriation des jeunes diplômés français hautement qualifiés est en forte progression depuis 2010 (conférence des grandes écoles, 2014). Par ailleurs, selon une étude menée en 2014 par le réseau professionnel LinkedIn, la France arrive seulement en 18e position dans un classement des vingt pays les plus attractifs professionnellement.

Quels remèdes pour restaurer la compétitivité de la France ?

L'évolution de l'environnement international de la France rend nécessaire un changement d'orientation des politiques économiques. Quatre grandes recommandations peuvent être suivies : la première concerne directement la politique d'ouverture internationale de la France ; la deuxième porte sur le rôle de la politique industrielle ; la troisième est liée aux réformes dites structurelles ; et la quatrième et dernière a trait au renforcement de l'État providence.

Repenser notre intégration internationale sans céder aux sirènes du protectionnisme

Une réponse instinctive aux difficultés de la France face à l'accentuation de la concurrence internationale pourrait être une reprise en main de notre politique d'ouverture. En la matière, l'autonomie de la France s'est très largement réduite du fait de son appartenance à l'Union européenne (UE) et à la zone euro. Néanmoins, les événements récents montrent que certains pays n'hésitent pas à envisager leur sortie de l'une (le Royaume-Uni) ou de l'autre (la Grèce) au nom de leur compétitivité. La France devrait-elle aussi remettre en cause si fondamentalement ses accords internationaux ? Notre réponse est clairement négative, même si les enjeux des négociations commerciales qui se jouent actuellement au niveau européen ainsi que les choix de la Banque centrale européenne (BCE) ne seront aucunement neutres sur la compétitivité de notre économie. Il faut donc bien comprendre ces enjeux et envisager les marges de manœuvre dont dispose la France pour se positionner au mieux de ses intérêts.

Quelles marges de manœuvre en matière de politique commerciale ?

Si l'expérience du XXe siècle a montré que l'intégration économique internationale n'était pas toujours bénéfique pour une économie nationale[3], elle a également montré que les trajectoires de croissance les plus dynamiques incluaient toutes une forte ouverture. En France, les entreprises qui maintiennent le mieux leur taux de marge sont celles qui exportent (Bellone *et al.*, 2014[4]) et les meilleures perspectives de croissance se situent bien à l'international.

La difficulté à laquelle est confronté le gouvernement français est donc la suivante : d'un côté, l'ouverture internationale est un vecteur fort de dynamisme économique ; d'un autre côté, cette même ouverture peut engendrer de fortes pertes, au moins pour certaines catégories de citoyens.

Pour naviguer sur cette corde raide, les gouvernements disposent de peu d'aide de la part des économistes, qui ont trop longtemps défendu de manière dogmatique les vertus du libre-échange, et qui peinent à proposer une analyse systématique des conditions sous lesquelles une ouverture internationale plus poussée est bénéfique ou non pour un pays à un moment donné de sa trajectoire de croissance. Cela est d'autant plus vrai dans l'économie mondialisée du XXIe siècle, qui se

[3] **Stiglitz J. E. (2002), *La Grande Désillusion*, Fayard, Paris.**

[4] **Bellone F., Musso P., Nesta L. et Warzynski F. (2014), « International Trade And Firm-Level Markups When Location and Qualitè Matter », *Journal of Economic Geography*, novembre.**

caractérise par des déséquilibres inédits en termes de coût du travail entre grands partenaires aux échanges.

L'échec des négociations multilatérales commencées à Doha en 2001 dans le cadre de l'Organisation mondiale du commerce (OMC) illustre bien la réticence des pays membres à généraliser leur ouverture commerciale. Puisque le multilatéralisme semble clairement s'essouffler, les pays se sont tournés vers des logiques de « clubs » négociant sur des sujets particuliers. Ainsi, de nombreux accords régionaux et bilatéraux sont en cours de négociation sous mandats donnés à la Commission européenne. Dans cet imbroglio d'accords commerciaux, la France doit défendre des principes qui vont au-delà de la pure libéralisation des échanges, notamment en ce qui concerne la protection de la propriété intellectuelle, celle des appellations d'origine contrôlée et des biens culturels, le respect des normes environnementales, sanitaires et phytosanitaires et la régulation des marchés de services publics.

Quelles marges de manœuvre en matière de politique de change ?

Pendant longtemps, la « force » de la monnaie européenne par rapport au dollar américain a été pointée du doigt comme l'un des phénomènes expliquant la dégradation des performances commerciales de la France sur le marché mondial. Face aux pays émergents, les enjeux de politiques de change sont également forts. Si aujourd'hui la politique de change de l'euro est gérée indirectement par la BCE, il reste néanmoins intéressant de poser la question de la faisabilité d'une politique de change au sein de la zone euro. L'idée principale serait d'arriver à concilier les objectifs de la politique monétaire avec des objectifs de fluctuations larges de l'euro dans certaines limites. Notamment, il est important qu'en cas de crise l'euro puisse se déprécier afin de limiter l'impact sur les économies. C'est précisément ce qu'il se passe depuis le début de l'année 2014. La politique monétaire de taux d'intérêt proche de zéro (taux directeur à 0,05 %) mise en place par la BCE afin de lutter contre la crise de la zone euro et les tensions déflationnistes couplées à la reprise économique enregistrée aux États-Unis ont entraîné une dépréciation de l'euro vis-à-vis du dollar.

Sur le court terme, cette dépréciation de l'euro peut améliorer la situation des exportateurs français. Cependant, il ne faut pas négliger l'impact de la dépréciation de l'euro sur le renchérissement du prix des importations françaises. Ainsi, les firmes qui importent une grande partie de leurs biens intermédiaires vont être moins enclines à augmenter leurs volumes d'exportation en raison de la hausse du coût de leurs intrants. En outre, la segmentation de la chaîne de valeur ajoutée liée au processus de mondialisation réduit la sensibilité des exportations aux variations du taux de change. Selon Agnès Bénassy-Quéré *et al.* (2014)[5], une dépréciation de 10 % vis-à-vis de tous les partenaires de la France entraînerait une augmentation au niveau agrégé de 7 % à 8 % des exportations et de 0,6 % du PIB français après un an et de près de 1 % après deux ans[6]. Au final, même si une politique de change concertée est nécessaire au sein de la zone euro, ce type d'instrument ne peut pas constituer un levier de long terme pour le redressement de la compétitivité française.

Faire de la politique industrielle active et ciblée une priorité

Si la remise en cause de notre ouverture internationale n'est pas une option désirable, le renouveau de notre politique industrielle doit devenir une priorité. Il faut rompre avec l'idée selon laquelle la politique industrielle est forcément néfaste du fait qu'elle entraîne des distorsions dans la concurrence et au contraire considérer que l'existence des imperfections de marché rend indispensable la conduite de telles politiques (Rodrik, 2008, Aghion *et al.*, 2011). Par ailleurs, une bonne politique industrielle est précisément ce qui va conditionner les gains qu'une économie pourra tirer de son ouverture internationale.

[5] Bénassy-Quéré A., Gourinchas P.-O., Martin P. et Plantin G. (2014), « L'euro dans la guerre des monnaies », *Les Notes du Conseil d'analyse économique*, n° 11, janvier 2014.

[6] Bruno Ducoudré et Éric Heyer (2014) trouvent des effets plus faibles de l'ordre de + 0,5 % au bout de deux ans. Ducoudré B. et Heyer E. (2014), « Baisse de l'euro et désinflation compétitive. Quel pays en profitera le plus ? », *Revue de l'OFCE/Analyse et prévisions*, n° 136, p. 221 à 253.

En vertu de ce renouveau de la politique industrielle, la France a considérablement renforcé sur les dix dernières années ses dispositifs de soutien aux entreprises en matière d'internationalisation, d'innovation, d'investissement et d'emploi des entreprises. Néanmoins, les évaluations qui ont été faites ex ante et ex post pour ces dispositifs, notamment celle du crédit d'impôt recherche (CIR), ou pour le mécanisme du crédit d'impôt pour la compétitivité des entreprises (CICE), montrent qu'ils mériteraient d'être complétés par des dispositifs d'orientation plus directs et plus ciblés de nos investissements.

Renforcer et cibler l'investissement en recherche et développement (R & D)

En France, le mécanisme principal pour soutenir la R & D est le CIR, qui existe depuis 1983 et qui a été modernisé en 2008. Il a pour but principal de renforcer et de soutenir les efforts de R & D des entreprises quelle que soit leur taille par le biais d'une réduction d'impôt calculée sur la base desdites dépenses de R & D. En 2011, environ 17 000 entreprises françaises en bénéficiaient pour un coût total de 5,17 milliards d'euros. L'avantage principal de ce type d'instrument est qu'il n'est pas biaisé en faveur d'une technologie, d'un secteur ou d'une entreprise particulière (Artus *et al.*, 2014). Cependant, sa principale faiblesse découle de cet avantage puisqu'il n'est pas possible pour l'État de sélectionner les projets innovants porteurs de fortes externalités et souffrant d'un manque de financement. Il convient donc de compléter le dispositif du CIR par des mesures directes ciblant des projets novateurs à fortes externalités positives. En allant dans ce sens, cibler et stimuler les innovations vertes liées aux énergies renouvelables et à l'environnement devrait être un objectif primordial pour le gouvernement français. En effet, ces secteurs peuvent avoir des effets considérables sur l'économie française tant sur l'environnement que sur la facture énergétique, ou encore la compétitivité hors prix des firmes spécialisées dans ce type de technologie.

Relancer l'investissement des entreprises : l'allégement du coût du travail n'y suffira pas

Pour relancer l'investissement des entreprises, la France a opté récemment pour une version hybride de la TVA sociale (financement de la protection sociale et diminution des charges patronales par le biais d'une hausse de la TVA) à travers le mécanisme du CICE, en vigueur depuis le 1er janvier 2013. Ce mécanisme se caractérise par une baisse des charges sociales patronales avec 6 % des rémunérations salariales brutes (n'excédant pas 2,5 fois le SMIC) pouvant être déduites par les entreprises de leur impôt sur les sociétés ou sur le revenu. Contrairement à la TVA sociale, la mesure n'est financée que pour moitié par une hausse d'impôts (TVA en particulier). En contrepartie, les entreprises s'engagent à financer de nouveaux projets, de nouveaux recrutements ou de reconstituer leur fonds de roulement. L'intérêt est ainsi de diminuer les coûts salariaux pour les entreprises afin qu'elles gagnent en compétitivité prix ou hors prix. L'efficacité de ce dispositif sur la compétitivité va néanmoins dépendre du comportement des entreprises, notamment des gains qu'elles pensent en retirer et on peut craindre qu'elle soit limitée du fait du manque d'envergure de la mesure et de son manque de ciblage en faveur des entreprises exportatrices employant une large proportion de main-d'œuvre qualifiée (Guillou et Treibich, 2014).

De manière plus générale, une politique de baisse du coût du travail ne peut pas être l'unique réponse à la baisse de compétitivité de pays industrialisés tels que la France. Ce serait prendre le problème à l'envers. Les salaires sont élevés dans ces pays parce qu'ils ont été fortement compétitifs. Aujourd'hui, la concurrence des pays à bas salaires sur de larges pans de nos industries manufacturières et de services nous oblige à chercher les nouveaux types d'investissements qui nous permettront de continuer à faire progresser nos salaires. Préconiser uniquement un alignement à la baisse du coût du travail reviendrait à renoncer à notre compétitivité et non pas à lutter pour son renforcement.

Hiérarchiser nos réformes institutionnelles en fonction des objectifs de la politique industrielle

Dans tous les débats de politique économique, la question des réformes institutionnelles, souvent dites « structurelles » est une question clé. Elle concerne tour à tour les enjeux de réforme du marché du travail, de réforme du système financier, de concurrence sur les marchés de biens et des services, d'efficacité du secteur public, etc. Pendant longtemps, les justifications de ces réformes ont eu pour principal et unique critère l'efficacité économique. Ces réformes structurelles sont préconisées en particulier par l'OCDE pour qui, à titre d'exemple, « la réforme du marché du travail reste la pierre angulaire de toute stratégie de croissance et de compétitivité en France » (OCDE, 2013, p. 16). Ainsi, les réformes structurelles sont préconisées pour elles-mêmes et leurs vertus présupposées d'efficacité économique, et non pas définies contextuellement au regard d'objectifs donnés d'une politique de compétitivité.

En opposition avec cette vision, nous préconisons, en suivant Dani Rodrik (2008), que les réformes structurelles soient définies de manière pragmatique en fonction d'objectifs de politique économique, qu'elles soient hiérarchisées en fonction des besoins de cette même politique, et enfin qu'elles soient évolutives. Autrement dit, le critère premier de ces réformes doit être la facilitation des changements structurels impulsés par une politique industrielle ciblée et non pas la dérégulation ou la flexibilisation des marchés recherchées pour elles-mêmes.

Au regard de ce principe, que doit-on préconiser en matière de réformes structurelles pour la France ? Doit-on, comme nous y invite l'OCDE, donner la priorité à la réforme du marché du travail ? Pour nous, le débat reste ouvert car il n'a pas été établi que la réglementation du marché du travail français était effectivement la contrainte la plus forte qui limitait la capacité de l'économie française à réallouer ses emplois vers les secteurs, entreprises et produits les plus compétitifs. Il est possible que les contraintes les plus fortes soient ailleurs, ancrées dans nos modes de gouvernance d'entreprises, dans la nature de nos relations banques-entreprises ou encore dans notre système d'éducation insuffisamment tourné vers les valeurs managériales et entrepreneuriales. Dans tous les cas, un diagnostic visant à identifier les contraintes les plus fortes qui pèsent sur le changement structurel en France est nécessaire et ce diagnostic doit aller au-delà de positions dogmatiques sur la nécessaire réforme du marché du travail.

Renforcer l'État providence

Pour que les changements structurels positifs attendus de la mise en place d'une politique industrielle ciblée et de réformes institutionnelles associées contribuent de manière effective au redressement de la compétitivité de l'économie française, il est nécessaire que cette politique et ces réformes s'accompagnent d'un renforcement de l'État providence défini comme la mutualisation démocratique des risques sociaux (Laurent, 2014[7]).

En effet, le renforcement de la concurrence, notamment internationale, ne peut pas être vu comme une panacée (Algan et Cahuc, 2007[8]). Même lorsqu'elle accompagne une politique industrielle active garantissant que cette concurrence produira des effets nets positifs en matière de sélection des entreprises ou de réallocation des ressources vers les emplois les plus productifs, elle engendre nécessairement des souffrances sous la forme de pertes d'emplois et de faillites d'entreprises. Ces pertes se doivent d'être compensées de manière juste et équitable sans quoi la remontée des revendications protectionnistes, en dépit de leurs désavantages, pourrait devenir légitime (Piketty, 2011[9]).

[7] Laurent E. (2014), « État providence et progrès social-écologique », *Problèmes économiques* numéro spécial à l'occasion des Journées de l'économie du 13 au 15 novembre 2014, p. 33 à 38.

[8] Algan Y. et Cahuc P. (2007), *La Société de défiance : comment le modèle social s'autodétruit*, Éditions de la Rue d'Ulm, collection du CEPRÉMAP.

[9] Piketty, T. (2011) « Le protectionnisme : une arme utile… faute de mieux », *Libération*, 20 janvier 2011.

Comme solution pour concilier compétitivité et progrès, Yann Algan *et al.* (2012)[10] préconisent que l'État français laisse davantage de place au dialogue social. Ainsi, l'État devrait jouer un simple rôle de modérateur et de garant des accords entre les différents partenaires sociaux, comme c'est le cas par exemple dans les pays nordiques, qui ont su mettre l'État providence au service de la compétitivité de leurs industries. À l'inverse de ce modèle, l'État français légifère dans les moindres détails les relations de travail et contribue à la fabrique de la défiance.

Un autre défi que la mondialisation lance à l'État providence vient de la mobilité accrue du capital financier et du capital productif au niveau international qui réduit la marge de manœuvre des États en matière de prélèvements obligatoires. Il existe alors un risque d'appauvrissement des États et de dumping social et fiscal, si les pouvoirs publics, dans certains pays, pratiquent des politiques agressives de réduction des prélèvements obligatoires afin de doper la compétitivité de leurs entreprises. Ces risques accentuent encore le problème de défiance qui peut se poser au sein d'un pays du fait des intérêts contraires des différents acteurs. Face à ces risques, la réponse adéquate ne peut néanmoins pas être apportée par un État seul mais nécessite une coordination des politiques économiques et sociales à une échelle supranationale. Un de ces enjeux concerne l'harmonisation fiscale au sein de l'Europe[11].

* * *

La mutation de l'environnement international a très fortement influé sur les performances économiques de la France. Cette « nouvelle donne » nécessite une refonte des politiques économiques menées par le gouvernement français. Il est essentiel de redéfinir une politique industrielle active qui doit aller plus loin que des mécanismes horizontaux d'aides à l'innovation et à l'internationalisation des entreprises. Cette politique doit viser à favoriser la réallocation des ressources vers des secteurs et des produits spécifiquement ciblés pour leur potentiel de compétitivité en France. Par ailleurs, puisque ces restructurations entraîneront des coûts qui seront très inégalement répartis entre les différents citoyens français, il est indispensable que cette politique soit assortie d'un renforcement, et non pas d'un recul, de l'État providence.

[10] Algan Y., Zylberberg A. et Cahuc P. (2012), *La Fabrique de la défiance*, Paris, Albin Michel.

[11] Pour plus d'éléments voir Bénassy-Quéré A., Trannoy A. et Wolff G. (2014), « Renforcer l'harmonisation fiscale en Europe », *Les Notes du Conseil d'analyse économique*, n° 14, juillet 2014.

POUR EN SAVOIR PLUS

- **AGHION P., BOULANGER J. et COHEN E.** (2011), « Rethinking Industrial *Policy* », *Bruegel policy brief* n° 2011/04.
- **BAS M., FONTAGNÉ L., MARTIN P. et MAYER TH.** (2015), « À la recherche des parts de marché perdues », *Notes du Conseil d'analyse économique*, n° 23.
- **BELLONE F. et CHIAPPINI R.** (2014), « Le déclin de la compétitivité française : un état des lieux », *Cahiers français* n° 380, Paris, La Documentation française.
- **GUILLOU S. et NESTA L.** (2011), « Quelle politique industrielle dans la mondialisation ? », *Les Notes de l'OFCE* n° 6, 25 octobre.
- **GUILLOU S. et TREIBICH T.** (2014), « Le CICE : que peut-on en attendre en termes de compétitivité ? », *Les Notes de l'OFCE,* n° 41, 19 juin 2014.
- **OCDE** (2013), « France : redresser la compétitivité », Série pour des politiques meilleures, http://www.oecd.org/fr/france/2013-11-Rapport-OCDE-sur-la-competitivite-en-France.pdf.
- **OCDE** (2014), France : redresser la compétitivité, Série « Politiques meilleures », juillet.
- **RODRIK D.** (2008), « Normalizing Industrial Policy », Commission on Growth and Development Working Paper, n° 3, Washington DC.

Après une longue période de resserrement des inégalités, celles-ci se sont remises à augmenter dans la plupart des économies avancées depuis les années 1980 ou 1990. Ce phénomène, mis en évidence par les évolutions du rapport interdécile et du coefficient de Gini, est toutefois difficile à mesurer précisément, à la fois en raison de l'insuffisance des données de revenus et des limites des indicateurs. Il est donc sujet à débat, notamment dans des pays comme la France, pour lesquels la tendance n'est pas très marquée. Florent Bresson fait le point sur l'augmentation des inégalités de revenus depuis le milieu des années 1980, en insistant sur la période la plus récente qui s'est ouverte avec la crise. Il analyse ensuite les causes de ce phénomène et son impact sur la croissance économique.

Problèmes économiques

Une croissance inégalitaire ?

FLORENT BRESSON

Maître de conférences, université d'Auvergne

Durant la seconde moitié du XXe siècle, la question des inégalités était principalement abordée au travers de l'hypothèse de Simon Kuznets[1] : durant le processus de développement, les transformations sectorielles de l'économie devaient dans un premier temps engendrer un accroissement des inégalités avant que celles-ci ne décroissent. La théorie économique restait néanmoins muette sur les évolutions à attendre une fois atteint un certain niveau d'industrialisation. La question semblait d'ailleurs peu pertinente puisque certains auteurs[2] relevaient alors que les inégalités étaient généralement stables au sein de chaque pays. Ce sentiment de « fin de l'histoire » a pris fin dans les années 2000 avec la mise en évidence d'une hausse des inégalités ainsi que des insuffisances des données employées pour apprécier leurs évolutions. Si les conséquences sociales et politiques de ce phénomène sont soulignées depuis longtemps, ses effets économiques restent encore très discutés.

[1] Kuznets S. (1955), « Economic Growth and Income Inequality », *American Economic Review*, vol. 45, n° 1.

[2] Voir par exemple Li H., Squire L. et Zou H.-F. (1998), « Explaining International and Intertemporal Variations in Income Inequality », *The Economic Journal*, vol. 108.

Des inégalités qui ont crû...

Hausse du rapport interdécile et de l'indice de Gini

Selon l'Organisation de coopération et de développement économiques (OCDE), les 10 % des ménages les plus riches disposaient en moyenne en 2013 d'un revenu disponible par individu presque dix fois supérieur à celui des 10 % les plus pauvres au sein des pays industrialisés. En 2007, ce rapport était égal à 9,5. Il n'était que de 7,4 au milieu des années 1980. Alors que les revenus des 10 % les plus pauvres augmentaient en moyenne de 1 % par an entre 1985 et 2007, avant de diminuer de 1,8 % par an entre 2007 et 2011, ceux du décile supérieur croissaient à un

1. Évolution des inégalités de revenus disponibles au sein de l'OCDE, 1984-2012 (indice de Gini)

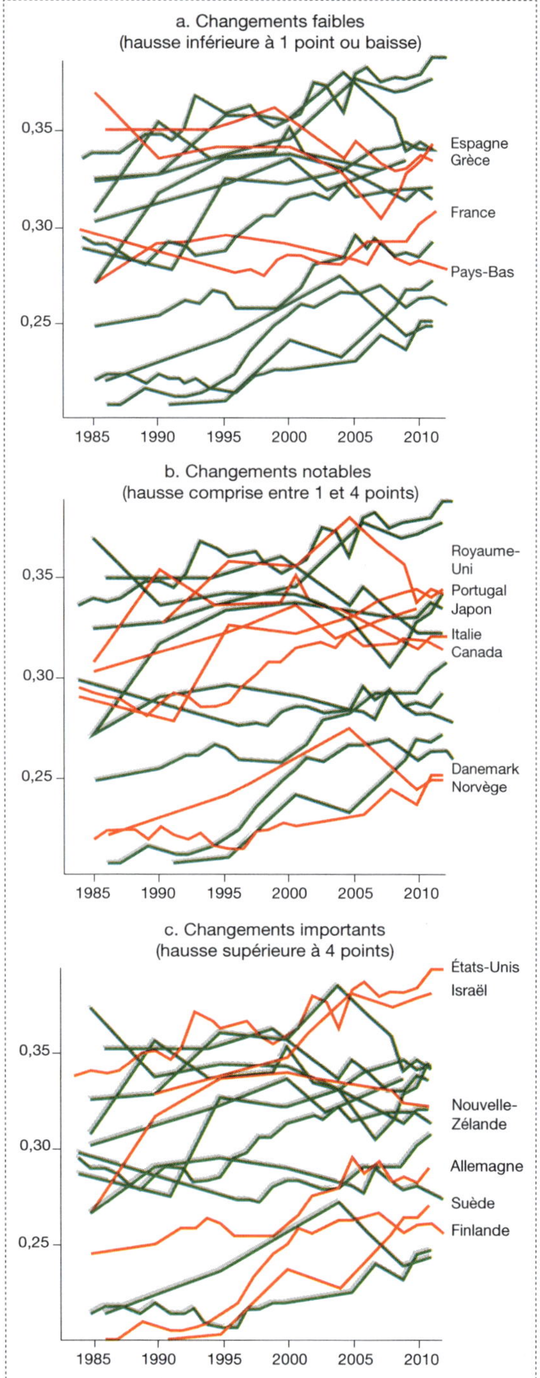

Source : OCDE.

rythme deux fois plus rapide jusqu'en 2007 et ce groupe n'a connu qu'un recul faible de ses revenus par la suite. Cette tendance générale masque évidemment de fortes disparités. Dans une dizaine de pays comme les pays scandinaves, l'Allemagne, la Belgique ou la Suisse, le ratio de la part des revenus des 10 % les plus riches sur celle des 10 % les plus pauvres est compris entre 5 et 7. À l'opposé, il atteint 11,7 en Espagne, 12,3 en Grèce, 14,9 en Israël et surtout 18,8 aux États-Unis. Néanmoins, quel que soit l'état des inégalités de revenus, ce ratio a augmenté durant les trois dernières décennies pour la majorité des pays industrialisés, passant ainsi de 3,5 en 1985 à 6,3 en 2013 en Suède et de 10,8 à 18,8 aux États-Unis sur la même période.

La France apparaît comme une exception puisque cet indicateur était en 2013 quasiment au niveau de 1985 (7,4 contre 7,3). Toutefois, alors que l'échelle de revenus s'était contractée jusqu'au milieu des années 1990 (6,1 en 1996), sa progression a par la suite repris lentement et s'est même accélérée avec la crise (6,8 en 2008, 7,4 en 2012).

Ce ratio ne saisit néanmoins qu'imparfaitement les inégalités de revenus car il ne se concentre que sur les extrémités de la distribution. Or, une divergence des extrêmes peut être compensée par une contraction des revenus du reste de la population. Pour disposer d'une vue plus globale, on s'appuie sur des mesures plus synthétiques comme l'indice de Gini[3].

Les évolutions de cet indice (voir graphique 1) confirment celles soulignées précédemment : les inégalités de revenus ont généralement augmenté de manière significative depuis les années 1980. La hausse est particulièrement forte dans des pays initialement assez inégalitaires comme les États-Unis et Israël, mais aussi dans des pays qui l'étaient traditionnellement moins comme la Suède, la Finlande ou l'Allemagne. On peut néanmoins noter que certains pays industrialisés, comme la Grèce, les Pays-Bas et l'Espagne, présentaient un indice de Gini plus faible ces dernières années que

[3] L'indice de Gini est une mesure de l'écart relatif moyen de revenus au sein d'une population. Lorsque la distribution étudiée ne contient pas de valeurs négatives, la valeur de cet indice est comprise entre 0 (parfaite égalité) et 1 (inégalités totales). Il s'interprète comme la moitié de l'écart moyen, en proportion de la moyenne, entre les revenus de deux agents pris au hasard : pour un revenu mensuel moyen de 2 000 euros et un coefficient de Gini égal à 0,4, deux individus quelconques auront en moyenne un écart de revenus égal à 1 600 euros. Le système de pondération de la part de chacun dans le revenu total sur lequel repose l'indice le rend plus sensible aux variations des revenus médians que des revenus extrêmes. Pour marquer une sensibilité plus forte aux revenus faibles ou élevés, on peut lui préférer d'autres indices comme les indices d'Atkinson, les indices d'entropie généralisée ou les indices S-Gini.

trois décennies auparavant. Les évolutions observées dans le cas français sont confirmées par l'analyse avec le coefficient de Gini.

Soulignons que la crise ne s'est pas systématiquement accompagnée d'un accroissement des inégalités au sein des pays industrialisés. Ainsi, sur les 34 pays que compte l'OCDE, la valeur du coefficient de Gini a reculé dans dix pays membres[4] depuis 2007. La tendance globale est toutefois bien celle d'une augmentation des inégalités depuis cette date.

Les limites des statistiques de revenus

Les travaux menés par Anthony Atkinson, Thomas Piketty et Emmanuel Saez sur les données de revenus issues des administrations fiscales ont néanmoins mis en avant la faiblesse des statistiques disponibles en matière d'inégalités de revenus du fait de la mauvaise prise en compte des hauts revenus dans les enquêtes à partir desquelles sont appréciées les inégalités[5]. En corrigeant les estimations du degré d'inégalités de manière à tenir compte de l'information disponible sur les très hauts revenus[6], il apparaît que les niveaux d'inégalités comme leurs évolutions depuis le milieu des années 1980 sont sous-estimés (voir graphique 2). Si, pour certains pays comme le Danemark, l'Espagne ou l'Italie, la progression de la part du millième le plus riche de la population dans le revenu total a été modérée en trente ans, elle a été plus conséquente dans la majorité des pays industrialisés, notamment aux États-Unis. On observe ainsi que, en trois décennies, le coefficient de Gini a augmenté non pas de 2,3 points mais de 3,7 au Canada, non pas de 3,5 points mais de 5,3 au Royaume-Uni, non pas de 3,7 points mais de 5,2 en Allemagne et non pas de 5,1 points mais de 8,3 aux États-Unis. Dans le cas français, on n'observe plus de stabilité sur l'ensemble de la période mais une hausse de 2 points, la part dans le revenu total des 0,1 % les plus riches étant passée de 1,6 à 3,2 % entre 1984 et 2011[7].

2. Évolution des inégalités et prise en compte des très hauts revenus, 1984-2012 (indice de Gini)

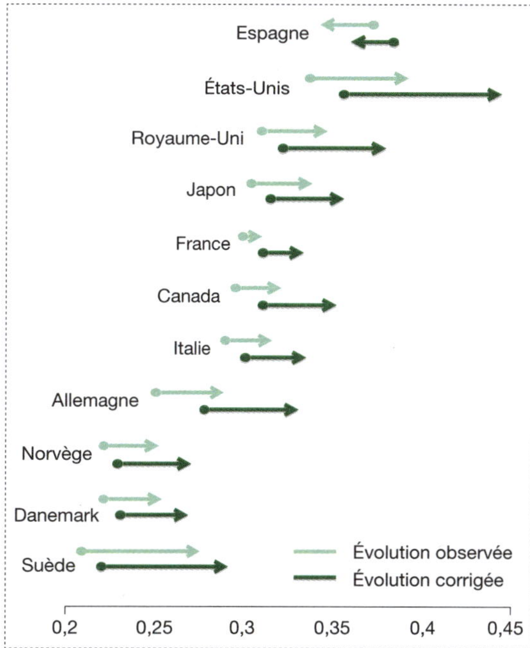

Source : d'après l'OCDE et Top Income Database. La correction est effectuée à partir de la part dans le revenu total des 0,1 % de ménages les plus riches de la population (voir note 6).

... pour de multiples raisons

Ce phénomène a plusieurs causes.

Facteurs démographiques

Premièrement, l'évolution de la structure par âge de la population semble avoir été un facteur égalisateur dans les pays industrialisés. La part de la population de plus de 65 ans a crû de manière importante en trois décennies, passant de 12 % à 17 %. Or, les inégalités au sein du groupe des plus de 65 ans sont généralement plus faibles ces dernières années (voir tableau 1) qu'au sein de la population en âge de travailler[8] (18 à 64 ans). De plus, les revenus moyens des personnes âgées sont relativement proches en 2012 de ceux de la population en âge de travailler (environ 90 % du revenu d'une personne de 18 à 64 ans). Si le constat d'inégalités plus fortes pour les 18-64 ans que pour

[4] Il s'agit de l'Autriche, de la Belgique, de la Finlande, de l'Allemagne, de l'Islande, de la Corée du Sud, des Pays-Bas, de la Pologne, du Portugal et du Royaume-Uni.

[5] Les très hauts revenus ne constituent qu'une infime partie de la population mais une part significative du revenu total. Ils n'ont donc qu'une probabilité très faible de figurer dans un échantillon de quelques milliers de ménages alors même que leur absence peut conduire à sous-estimer le degré d'inégalités.

[6] Si l'on considère que la valeur estimée G du coefficient de Gini se rapporte à l'ensemble de la population, à l'exception des plus hauts revenus qui ne correspondent qu'à une part marginale de la population totale mais à une part s du revenu total, la véritable valeur G* du coefficient de Gini est alors $G^* = (1-s)G + s$.

[7] 2,9 % en 2012.

[8] Il faut néanmoins rester prudent quant aux liens que l'on peut établir entre les évolutions de l'indice de Gini pour différents groupes et pour l'ensemble de la population. Une propriété indésirable de cet indice est que l'on peut théoriquement observer des évolutions contradictoires en termes d'inégalités au niveau de la population et des différents groupes qui la composent.

1. Inégalités et structure par âge de la population

Pays	Gini (18-64 ans)			Gini (à 65 ans)			Ratio revenu moyen*		
	1985	2007	2012	1985	2007	2012	1985	2007	2012
États-Unis	0,328	0,367	0,384	0,354	0,385	0,391	84,5 %	82,8 %	–
Israël	0,317	0,358	0,36	0,352	0,397	0,373	80,4 %	85,9 %	–
Royaume-Uni	0,304	0,342	0,346	0,254	0,275	0,297	–	74,2 %	83,8 %
Espagne	0,301	0,298	0,347	0,253	0,293	0,284	87,2 %	75,2 %	87,6 %
Portugal	–	0,356	0,339	–	0,352	0,347	–	79,1 %	92,7 %
Grèce	0,349	0,334	0,341	0,374	0,298	0,271	80,3 %	81,3 %	94,6 %
Nouvelle-Zélande	0,264	0,323	0,313	0,235	0,305	0,345	72,3 %	66,6 %	–
Italie	0,288	0,311	0,323	0,297	0,313	0,296	79,9 %	85,8 %	89,3 %
Autriche	0,225	0,265	0,283	0,245	0,277	0,276	–	88,6 %	85,9 %
France	0,3	0,292	0,31	0,29	0,291	0,305	90,3 %	93,3 %	106,2 %
Pologne	–	0,32	0,306	–	0,255	0,257	–	82,8 %	84,0 %
Irlande	–	0,294	0,307	–	0,286	0,293	–	72,2 %	85,5 %
Allemagne	0,245	0,298	0,297	0,261	0,283	0,274	–	77,6 %	83,8 %
Pays-Bas	0,273	0,298	0,278	0,265	0,252	0,283	–	71,4 %	83,6 %
Luxembourg	0,239	0,278	0,274	0,265	0,226	0,257	84,2 %	87,7 %	101,8 %
Suède	0,195	0,258	0,267	0,181	0,258	0,282	73,9 %	82,6 %	85,6 %
Slovaquie	–	0,24	0,26	–	0,204	0,201	–	71,8 %	73,7 %
Finlande	0,206	0,271	0,26	0,218	0,251	0,253	74,8 %	71,3 %	77,9 %
Rép. tchèque	–	0,252	0,255	–	0,19	0,192	–	71,0 %	76,5 %
Danemark	0,208	0,239	0,249	0,196	0,222	0,216	–	73,7 %	81,6 %
Norvège	0,21	0,256	0,26	0,222	0,222	0,213	67,2 %	84,0 %	91,5 %
Slovénie	–	0,236	0,244		0,264	0,256	–	80,1 %	84,3 %

Note : les pays sont classés par ordre décroissant d'inégalités pour l'ensemble de la population en 2011-2012.
Les valeurs rapportées pour 1985 correspondent aux années 1984 à 1986, celles pour 2012 aux années 2011 ou 2012.
* Revenu moyen des individus âgés de plus de 65 ans en proportion de celui des individus entre 18 et 65 ans.
Sources : OCDE et Eurostat.

les plus de 65 ans se vérifiait déjà à l'aube de la crise, ce n'était pas nécessairement le cas au milieu des années 1980. Par ailleurs, les inégalités se sont certes accrues dans les deux groupes, mais en général plus fortement au sein de la population en âge de travailler, ce que l'on pouvait déjà observer avant la crise. Quant au rapport entre revenus moyens des deux groupes, il montre une certaine convergence sur la période entre revenus d'activité et retraites. Si l'évolution avant la crise est surtout liée à la hausse des pensions de retraite due à l'augmentation de l'activité féminine et à l'amélioration des revenus des personnes aujourd'hui en retraite par rapport aux générations passées, l'accroissement du ratio après 2007 s'explique par la détérioration des revenus au sein de la population en âge de travailler.

Revenus primaires et redistribution

Par ailleurs, les chiffres précédents se rapportent aux revenus disponibles des ménages, c'est-à-dire aux revenus primaires desquels on a retiré l'impôt et ajouté les différents transferts sociaux. En comparant les inégalités avant et après redistribution (voir graphique 3), on peut distinguer ce qui relève des changements en matière de rémunération du travail et du capital, et ce qui

[9] Attention, cet écart ne correspond pas à la contribution de la redistribution aux inégalités de revenus disponibles, ce qui nécessiterait un traitement plus complexe à partir des séries originales de revenus.

[10] Source : Paywatch (AFL-CIO).

[11] Notons qu'un pic encore plus élevé avait été atteint avant l'éclatement de la bulle internet. Le ratio était alors supérieur à 400. Après une chute brutale, il a par la suite repris sa progression à partir de 2002.

tient à l'évolution des politiques de redistribution. Si l'on considère ainsi l'écart entre l'indice de Gini pour les revenus primaires et celui associé aux revenus disponibles[9], il apparaît qu'il s'est amplifié en trente ans par exemple au Japon, en Norvège ou en Italie. Il s'est aussi approfondi dans des pays qui ont pourtant connu une augmentation forte de leurs inégalités comme les États-Unis, le Canada ou le Royaume-Uni. Ce n'est pas le cas d'Israël, de la Nouvelle-Zélande ou de la Suède où l'évolution du système de transferts publics a au contraire contribué à l'accroissement des inégalités. Dans le cas français, où les transferts sont assez importants, l'évolution a été relativement neutre depuis 1995, même si l'effet s'est accentué depuis 2007 comme dans la plupart des pays grâce aux mécanismes de protection sociale qui ont pu limiter les conséquences distributives de la crise. Les efforts de redistribution se sont donc accrus ou ont été plus efficaces dans nombre de pays industrialisés par rapport au milieu des années 1980, permettant de contenir une hausse qui s'explique essentiellement par des disparités croissantes en termes de rémunération.

Une hétérogénéité croissante des revenus du travail

Les constats effectués en termes de classes d'âge et de transferts montrent que l'augmentation des inégalités dans les pays industrialisés s'explique avant tout par une hétérogénéité croissante des rémunérations des ménages, notamment durant la vie active. Au niveau des seuls revenus du travail, l'échelle de revenus s'est en effet étendue à partir des années 1980, et plus particulièrement au niveau des très hauts revenus. Dans le cas américain, les revenus des dirigeants des entreprises cotées au S&P 500 représentaient en moyenne cinquante fois les salaires les plus faibles en 1983[10]. En 2013, ce ratio était estimé à 331[11]. En Allemagne, les cinquante plus hautes rémunérations de dirigeants d'entreprises ont été multipliées par trois en

3. Écart entre inégalités de revenus disponibles et de revenus bruts, évolution de 1984 à 2012 (contribution à l'indice de Gini)

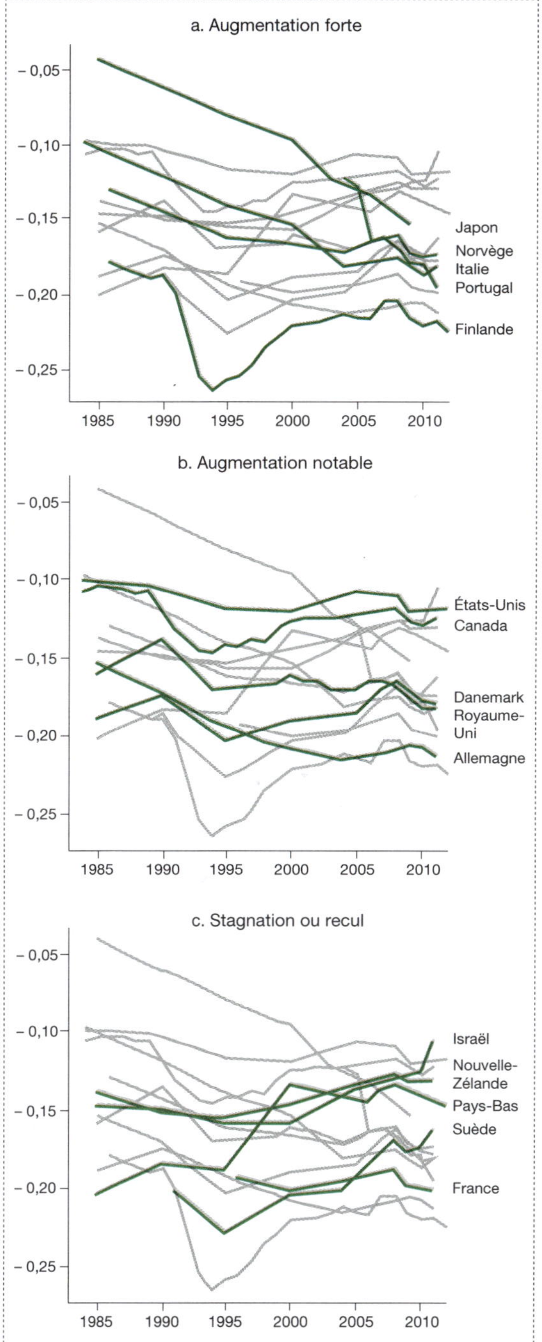

Source : OCDE.

termes réels entre 1987 et 2007, soit une augmentation de près de 5 % par an.

L'augmentation des inégalités de salaires

En fait, tout l'éventail des salaires s'est élargi durant les dernières décennies puisque les taux de croissance des salaires réels pour les individus travaillant à temps plein, taux fréquemment négatifs pour les premiers quantiles, ont en règle générale été d'autant plus élevés que l'on progresse dans la hiérarchie des revenus. Le progrès technique a longtemps été mis en avant comme cause principale de ce phénomène. Plus précisément, il a favorisé l'augmentation de la productivité, mais essentiellement pour les agents qualifiés, voire hautement qualifiés. Si la rémunération d'un agent est liée à sa productivité, ce progrès technique biaisé induit logiquement un décrochage des salaires des travailleurs non qualifiés par rapport à ceux des travailleurs qualifiés. Sans nier cette influence, l'explication n'est néanmoins pas convaincante pour les dirigeants d'entreprises les mieux payés, la progression de leurs salaires impliquant une évolution peu crédible de leur productivité. En outre, de nombreuses études ont souligné la faible corrélation de leurs rémunérations avec les performances des firmes dont ils sont responsables. Une explication alternative est que les rapports de forces auraient évolué au profit de la direction des entreprises, ce qui aurait permis de mettre en place une structure salariale plus favorable aux cadres dirigeants, explication qui semble pouvoir être soutenue par la corrélation négative que l'on observe entre syndicalisme et part du revenu total du décile supérieur[12]. À cela s'ajoute une fiscalité dont le caractère progressif s'est érodé à partir des années 1980 et a renforcé les incitations des dirigeants d'entreprises à s'octroyer des rémunérations fortes (Stiglitz, 2012).

Les transformations de l'emploi

Si l'évolution de ces rémunérations a valeur de symbole et suscite de nombreux débats, c'est pourtant la situation de l'emploi qui explique généralement le plus l'évolution des inégalités en termes de revenus du travail, notamment dans le cas européen. Le développement du chômage, des contrats courts et à temps partiel a exercé une influence déterminante dans le creusement des inégalités en augmentant le nombre de ménages à faibles revenus (OCDE, 2011). Dans les pays qui, comme l'Allemagne dans les années 2000, ont préféré sacrifier le salaire minimum à l'emploi, le résultat a été similaire puisque, au lieu d'obtenir des revenus faibles du fait de l'absence d'emploi, une classe de travailleurs pauvres s'est développée. Enfin, l'augmentation de longue période du taux d'activité féminine – il passe ainsi de 49 % en 1990 à 53 % en 2013 pour l'ensemble des membres de l'OCDE – a pu constituer une force égalisatrice, et ce d'autant plus que l'on constate une réduction, certes insuffisante mais néanmoins avérée, des disparités salariales entre hommes et femmes. Néanmoins, cet effet peut être minoré par un renforcement de l'homogamie puisque les inégalités croissent dès lors que le rôle des revenus s'accentue comme critère d'appariement.

L'évolution des rémunérations du capital et le renforcement des inégalités de patrimoine

L'évolution des rémunérations du capital constitue l'autre grand facteur de hausse des inégalités de revenus bruts. Le patrimoine est plus inégalement réparti que les salaires, de nombreux ménages présentant même un patrimoine net négatif du fait de l'endettement immobilier. Ainsi, alors que les indices de Gini pour les revenus disponibles sont actuellement de l'ordre de 0,25 à 0,45 dans les pays développés, les valeurs observées pour les richesses sont comprises entre 0,55 et 0,9 (voir graphique 4). Par ailleurs, si l'on observe sans surprise une hausse des inégalités en matière de patrimoine, les données disponibles révèlent des accroissements beaucoup plus forts que pour les inégali-

[12] Jaumotte F. et Osorio Buitron C. (2015), « Le pouvoir et le peuple », *Finance and Development*, vol. 52, n° 1.

tés de revenus (hausse de près de 15 points entre 2000 et 2014 par exemple pour la Norvège et la République tchèque). Or, comme le montre Thomas Piketty (2013), la plus grande capacité des hauts revenus à épargner et leur capacité à obtenir un rendement net plus important – il est plus aisé d'obtenir les conseils d'un gestionnaire de patrimoine ou d'un fiscaliste lorsque le patrimoine est important – favorisent une expansion mécanique des inégalités de patrimoine et par conséquent un renforcement des inégalités de revenus. Le phénomène s'est vraisemblablement accentué avec les politiques de libéralisation et d'ouverture financière initiées dans les années 1980 en limitant la tendance naturelle à la décroissance de la productivité marginale du capital.

4. Évolution des inégalités de patrimoine, 2000-2014 (indice de Gini)

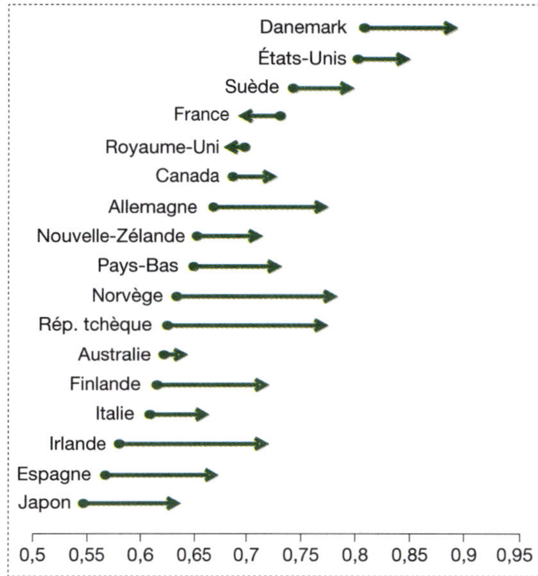

Sources : Crédit Suisse et Davies J., Sandström S., Shorrocks A. et Wolff E. (2010)[13].

Des inégalités porteuses de risques

Les économistes ont longtemps vu les inégalités de revenus comme un facteur favorable à la croissance. S'appuyant sur l'hypothèse keynésienne d'un taux d'épargne augmentant avec le niveau de revenus, Nicholas Kaldor soutenait ainsi que l'augmentation des inégalités favorisait la hausse de l'épargne globale et par là l'accumulation de capital, donc la croissance. James Mirrlees défendait l'idée qu'une échelle de revenus étendue fournissait un système d'incitations favorable à l'effort dans le travail, à la prise de risque et à l'investissement éducatif[14].

Des effets néfastes sur l'effort productif des moins rémunérés

À partir des années 1980, une vision plus négative des inégalités a été développée. L'argument par les incitations n'est ainsi valable que si l'échelle de revenus est considérée comme juste, sans quoi les hauts revenus peuvent au contraire engendrer des sentiments de frustration et d'injustice qui se traduisent par un moindre effort des agents à faibles revenus. Il a aussi été avancé que dans un système démocratique, de plus grandes inégalités entraînent une plus forte demande politique en termes de redistribution, cette redistribution étant elle-même supposée affecter négativement la croissance[15].

Hausse de la criminalité et des dépenses associées

Dans le même ordre d'idées, les inégalités peuvent engendrer une hausse des délits et de la criminalité contre les biens qui conduisent au développement de dépenses de sécurité et d'assurance au détriment de dépenses plus productives. Les imperfections du marché du crédit peuvent aussi impliquer une influence négative sur la croissance à long terme : les individus ne disposant pas d'un patrimoine ou de revenus suffisants n'ont qu'un accès limité au crédit bancaire et peinent ainsi à financer des projets pourtant rentables. De fait, plus les inégalités sont importantes et plus le nombre de projets rentables pouvant être financés sera faible, ce qui réduit ainsi la croissance économique[16].

[13] Davies J., Sandström S., Shorrocks A. et Wolff E. (2010), « The Level and Distribution of Global Household Wealth », *The Economic Journal*, vol. 121.

[14] On peut néanmoins défendre l'idée que la possibilité d'obtenir des revenus très faibles peut aussi décourager la prise de risque et donc l'innovation.

[15] Meltzer A. et Richard S. (1981), « A Rational Theory of the Size of Government », *Journal of Political Economy*, vol. 89, n° 5.

[16] Galor O. et Zeira J. (1993), « Income Distribution and Macroeconomics », *Review of Economic Studies*, vol. 60.

Effets négatifs sur la santé et l'éducation

Les inégalités de revenus impliquent aussi une dégradation de l'état de santé de la population et des performances du système éducatif, affectant ainsi les résultats économiques de long terme par l'un des principaux moteurs de la croissance, en l'occurrence l'accumulation du capital humain. Alors qu'un accroissement des revenus des plus aisés ne conduira généralement pas à une hausse significative de leur niveau d'éducation ou de santé, on observe une forte sensibilité aux variations du revenu pour les ménages à revenus faibles. Ainsi, lorsque le financement de leur santé repose essentiellement sur leurs revenus, ces agents réduisent souvent leurs dépenses de santé, notamment en termes de santé préventive, en cas de pertes de revenus. Il en résulte une probabilité plus forte de maladie ou de handicap et donc une altération de la capacité des individus à générer des revenus, donc à contribuer à la croissance du produit intérieur. La présence de revenus faibles limite aussi la formation de capital humain dans sa dimension éducative. Ainsi, le taux de scolarisation dans le supérieur des individus dont les parents ont un niveau d'éducation faible est d'autant plus bas que le pays considéré présente des inégalités de revenus fortes. Cela peut être aussi bien la conséquence d'une difficulté à financer les études supérieures dont le coût est généralement élevé que des difficultés que peuvent avoir les parents à revenus faibles ou avec des difficultés en termes d'emplois à accompagner la réussite scolaire de leurs enfants dès le plus jeune âge. De fait, on peut raisonnablement supposer que la rentabilité sociale de l'achat d'une montre haut de gamme soit en moyenne plus faible que celle d'un investissement éducatif ou d'un soin de santé du même montant.

Inégalités et crise financière de 2007

Pour finir, les inégalités de revenus ont sans doute joué un rôle majeur dans le déclenchement de la crise financière de 2007[17]. La présence simultanée de ménages à forts besoins de financement et d'autres à fortes capacités de financement a nourri le développement du crédit immobilier et du crédit à la consommation. Dans le cas américain, la dette des ménages représentait ainsi 83 % du PIB en 1985 et 139 % en 2007, ce qui a accru la vulnérabilité du secteur financier. En cas de défaillance d'un acteur financier, les conséquences réelles d'une crise financière sont donc amplifiées par un recul plus marqué de la demande globale et le défaut de remboursement d'un plus grand nombre de ménages.

Les études économétriques

Les études économétriques apportent malheureusement des résultats contradictoires quant aux effets des inégalités de revenus sur la croissance[18], même en se restreignant aux seuls pays industrialisés et en excluant les anciens pays soviétiques. Dans son tout dernier rapport sur le sujet, l'OCDE (2015) conclut que les inégalités de revenus ont généralement eu un impact négatif sur la croissance à long terme des pays à revenus élevés : une hausse de 3 points de l'indice de Gini – il s'agit de l'évolution globale constatée dans les pays membres de l'OCDE durant les deux dernières décennies – aurait en moyenne causé une réduction de la croissance de 0,35 point de pourcentage par an, soit une perte de 8,5 % de PIB sur vingt ans. L'effet est néanmoins hétérogène puisque les auteurs estiment que l'évolution observée des inégalités a eu un impact plutôt favorable pour l'Espagne (gain total estimé de 6 % entre 1990 et 2010), l'Irlande (4 %) et la France (3 %) alors qu'elle a été particulièrement nocive pour les pays scandinaves (perte de 8 à 9 %), le Royaume-Uni (9 %) et surtout la Nouvelle-Zélande (14 %).

[17] Kumhof M., Rancière R. et Winant P. (2013), « Inequality, Leverage and Crises: The Case of Endogenous Default », *IMF Working Papers* n° 13/249, FMI.

[18] Voir par exemple Cingano F. (2014), « Trends in Income Inequality and Its Impact on Economic Growth », *OECD Social, Employment and Migration Working Papers* n° 163, Paris, OCDE.

Si la hausse des inégalités n'est donc pas désirable en termes de performances économiques, il faut néanmoins rester prudent quant à la nécessité de les réduire pour soutenir la croissance économique à long terme. Abhijit V. Banerjee et Esther Duflo (2003)[19] ont ainsi constaté que la croissance économique était davantage affectée par la variabilité des inégalités que par leur niveau. Le statu quo serait alors préférable pour la croissance à la réduction des inégalités. En l'absence de certitude sur ce point, on peut néanmoins objecter que les inégalités peuvent aussi avoir des coûts non monétaires. Il existe ainsi une relation forte entre les inégalités de revenus et celles en matière de santé et d'éducation[20], composantes essentielles du bien-être, ainsi qu'une plus faible mobilité intergénérationnelle. Du point de vue politique, les inégalités de revenus sont aussi associées à une défiance plus prononcée envers la représentation politique pour les personnes qui se trouvent en bas de la distribution des revenus, une plus faible participation aux échéances électorales et donc une moindre capacité des institutions démocratiques à porter les aspirations du plus grand nombre.

[19] **Banerjee A. V. et Duflo E. (2003), « Inequality and Growth: What Can the Data Say ? », *Journal of Economic Growth*, vol. 8, n° 3.**

[20] **Voir par ex. les résultats du projet GINI (Growing Inequalities Impact), http://www.gini-research.org**

POUR EN SAVOIR PLUS

- **OCDE** (2011), *Divided We Stand: Why Inequality Keeps Rising*, OECD Publishing.
- **OCDE** (2015), *In It Together: Why Less Inequality Benefits All*, OECD Publishing.
- **PIKETTY T.** (2013), *Le Capital au XXIe siècle*, Paris, Éditions du Seuil.
- **STIGLITZ J.** (2012), *Le Prix de l'inégalité*, Paris, Les Liens qui libèrent.

Face à la crise déclenchée par le choc des subprimes à l'été 2007, les grandes banques centrales ont mené des politiques monétaires non conventionnelles qui consistent à modifier la taille et la structure de leur bilan, afin – entre autres – de rétablir les canaux de transmission de la politique monétaire. Celles-ci ont permis d'injecter massivement des liquidités dans le système financier et de dépasser la contrainte des taux d'intérêt plancher. Christophe Blot, Paul Hubert et Fabien Labondance commencent par rappeler ce que recouvre la catégorie des politiques monétaires non conventionnelles. Ils comparent ensuite les interventions de la Réserve fédérale, de la Banque d'Angleterre et de la Banque centrale européenne, montrant que les deux premières institutions ont recouru plus massivement au *quantitative easing*, du moins jusqu'en 2015. Ils font ensuite le point sur les effets attendus de ces mesures.

Problèmes économiques

Les politiques monétaires non conventionnelles : quelles actions pour quels résultats ?

CHRISTOPHE BLOT
OFCE, Sciences Po

PAUL HUBERT
OFCE, Sciences Po

FABIEN LABONDANCE,
CRESE (université de Franche-Comté) et OFCE

Ces dernières années, les banques centrales ont été en première ligne pour endiguer les conséquences du choc financier qui a éclaté au cours de l'été 2007. Étant donné le caractère exceptionnel de la crise, dont la référence la plus immédiate reste sans aucun doute la Grande Dépression, les banques centrales ont réagi par des mesures également exceptionnelles. Elles ont profondément innové et modifié le cadre de la politique monétaire, ce qui a donné lieu à une littérature théorique et empirique foisonnante. La décision, annoncée en janvier 2015, de la Banque centrale européenne (BCE) de lancer un programme d'assouplissement quantitatif ou *quantitative easing* (QE) est emblématique de ces mesures dites non conventionnelles. Elle suit des décisions assez proches prises par la Réserve fédérale (Fed) dès novembre 2008 et par la Banque d'Angleterre en janvier 2009. Auparavant, la Banque du Japon avait initié ce type de mesure (en 2001), alors que le pays ne parvenait toujours pas à sortir de la déflation. Pourtant, les mesures non conventionnelles ne sauraient se réduire au QE. Par ailleurs,

1. Taux d'intérêt de la politique monétaire et bilan de la Réserve fédérale (en % du PIB)

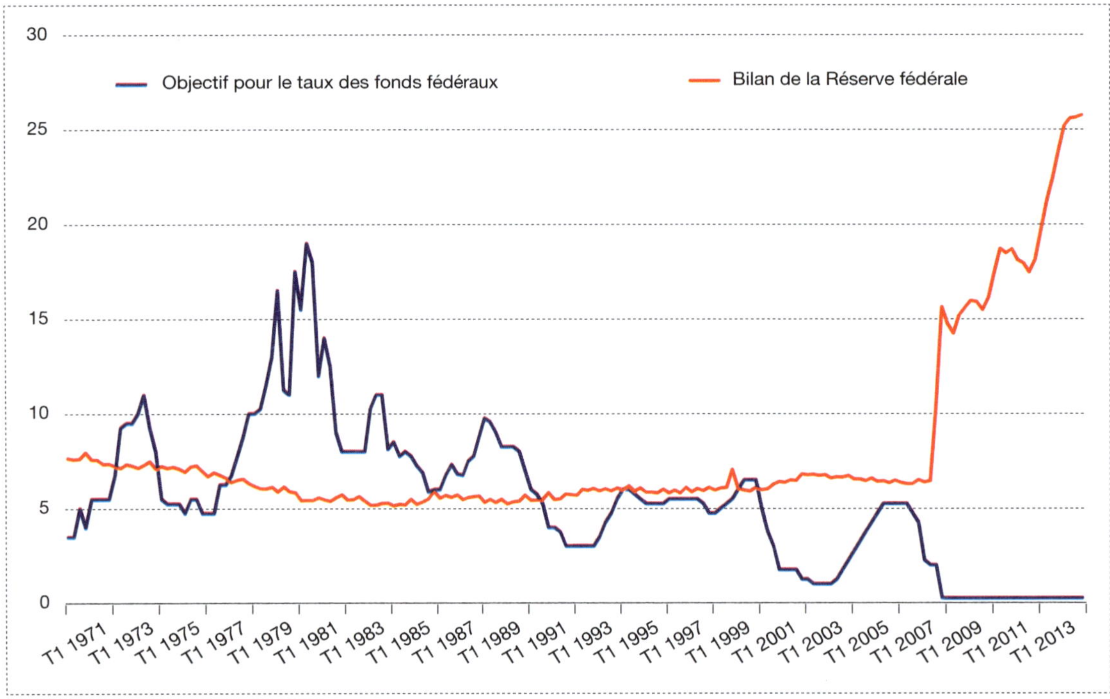

Note : T1 = premier trimestre.
Source : Federal Reserve.

tous les QE ne sont pas strictement équivalents. Ainsi, évaluer les effets potentiels des politiques monétaires non conventionnelles nécessite en premier lieu de définir ces politiques. Une description des quelques mesures prises par les principales banques centrales depuis 2008 montre également qu'elles ont été très différentes selon les pays. Enfin, nous discutons de leurs effets empiriques.

De la politique monétaire conventionnelle aux mesures non conventionnelles

Bien que les pratiques diffèrent selon les banques centrales, la politique monétaire avant la crise reposait sur deux éléments : un signal déterminant son orientation – le taux d'intérêt directeur – et des opérations permettant de rendre ce signal effectif – la gestion des liquidités. Les banques centrales endossent également le rôle de prêteur en dernier ressort, ce qui leur confère de fait une mission en matière de stabilité financière, restreinte ici à la gestion de la liquidité du système bancaire et donc au bon fonctionnement du marché monétaire.

Ces différentes opérations sont au cœur du processus de création monétaire et entraînent donc des fluctuations de l'offre de monnaie – et de la taille du bilan – de la banque centrale. Elles ont cependant une importance secondaire et ne sont pas pertinentes pour juger de l'orientation plus ou moins restrictive de la politique monétaire. On voit clairement (voir graphique 1) que, pour les États-Unis, les phases d'assouplissement ou de durcissement de la politique monétaire mesurées par les variations du taux d'intérêt ne sont pas corrélées avec la taille du bilan. Le taux d'intérêt reste l'instrument par lequel la banque centrale influence de nombreuses variables économiques et financières (taux de marché à long terme, taux bancaires, taux de change, prix des actifs, crédit…) afin d'atteindre *in fine* ses objectifs, que sont généralement l'inflation et l'activité économique[1]. Au contraire, les politiques non conventionnelles reposent explicitement sur la manipulation du bilan de la banque centrale – taille ou structure – à des fins de politique monétaire. Partant de là, on distingue les politiques dites d'assouplissement quantitatif (QE) et celles d'assouplissement qualitatif *(qualitative easing)*.

Les politiques d'assouplissement quantitatif

Les mesures d'assouplissement quantitatif entraînent stricto sensu une augmentation de la taille du bilan de la banque centrale qui se traduit par une hausse des réserves détenues par les banques. Dans ce cas, l'objectif de la banque centrale est principalement d'accroître son passif ; les actifs obtenus en contrepartie de cette hausse ne sont pas supposés avoir une incidence spécifique pour la transmission de la politique monétaire. S'il y a bien une augmentation de la base monétaire, cette mesure n'entraîne pas forcément de création monétaire immédiate[2]. Les banques commerciales peuvent choisir de conserver ces réserves – qui représentent alors un actif sûr permettant d'assainir leur bilan en réduisant la part d'actifs risqués – ou de les utiliser pour acquérir des titres ou octroyer des crédits.

L'objectif est de créer un stimulus monétaire même lorsque le taux d'intérêt atteint son niveau plancher. Aux États-Unis, la forte augmentation du bilan de la Réserve fédérale coïncide avec le moment où le taux directeur devient proche de 0%.

Les politiques d'assouplissement qualitatif

L'assouplissement qualitatif vise pour sa part à modifier la structure du bilan de la banque centrale, généralement du côté de l'actif, mais sans en modifier la taille. Cela peut se faire par l'acquisition de titres plus risqués au détriment de titres moins risqués. La banque centrale atténue alors les risques auxquels sont exposées les institutions financières auprès desquelles elle a acquis ces titres. On peut noter que selon cette définition, les interventions sur le marché des changes, même lorsqu'elles sont stérilisées (c'est-à-dire neutralisées), sont considérées comme des mesures non conventionnelles.

Les mesures d'assouplissement du crédit

Enfin, on qualifie d'assouplissement du crédit *(« credit easing »)* les mesures non conventionnelles qui reposent à la fois sur un assouplissement quantitatif et qualitatif. La taille du bilan de la banque centrale s'accroît par des acquisitions d'actifs ciblées qui ont une incidence sur le risque porté par la banque centrale.

Pourquoi adopter des mesures non conventionnelles ?

Dépasser la contrainte des taux planchers

Plusieurs raisons peuvent pousser les banques centrales à adopter des mesures non conventionnelles. De fait, l'orientation expansionniste de la politique monétaire est contrainte par le plancher à 0 % pour le taux d'intérêt[3]. Dans ce cas, ces nouvelles mesures prennent le relais de la politique de taux. La modification de la taille ou de la composition du bilan permet d'agir sur les variables économiques et financières qui jouent un rôle dans la transmission de la politique monétaire (voir *infra*).

Rétablir les canaux de transmission de la politique monétaire

Le recours aux mesures non conventionnelles peut également être motivé par la défaillance du lien entre le taux d'intérêt fixé par la banque centrale et les variables

[1] Le mandat des banques centrales précise ces objectifs finaux et leur donne éventuellement une hiérarchie. Si la stabilisation macroéconomique (au sens large pour englober à la fois un objectif de stabilité des prix et un objectif de croissance ou de plein emploi) s'est imposée comme l'objectif principal des banques centrales, il n'en fut pas toujours ainsi comme le rappelle Ben Bernanke (2013) pour la Fed, et plus généralement Charles-Albert Goodhart (2010). Leurs rôles en matière de stabilité financière ou pour le financement de l'État occupèrent, selon les périodes, une place plus ou moins prépondérante.

[2] Au sens des agrégats monétaires M1, M2 ou M3.

[3] L'expérience récente (banques centrales de Suède et du Danemark entre autres) montre néanmoins que les autorités monétaires peuvent fixer un taux négatif pour certaines opérations.

de transmission de la politique monétaire. En essayant d'agir directement sur ces variables clés (taux publics à long terme ou prix sur certains marchés spécifiques), la banque centrale cherche alors à rétablir le fonctionnement des canaux de transmission de la politique monétaire standard.

Injecter des liquidités dans le système financier

Enfin, en cas de crise financière systémique, la banque centrale peut être amenée à modifier le cadre usuel de la conduite de ses opérations de prêteur en dernier ressort afin de pourvoir à la demande de liquidité du système financier, ce qui peut induire une modification de la taille du bilan et du risque porté par la banque centrale. Si la gestion de la liquidité n'est pas stricto sensu une politique monétaire non conventionnelle, elle peut le devenir lorsque les banques centrales ne sont plus en mesure de s'en tenir à un principe de séparation[4]. Dans le cas d'une crise systémique, les objectifs de stabilité financière et de stabilisation macroéconomique sont interdépendants, ce qui peut conduire la banque centrale à adapter son cadre opérationnel. Ainsi, après la chute de Lehman Brothers, en septembre 2008, les banques centrales ont accru la fréquence de leurs opérations d'octroi de liquidités, autorisé l'accès à un plus grand nombre de contreparties et élargi la gamme des collatéraux (garanties qui doivent être présentées par l'établissement en contrepartie du montant alloué par la banque centrale). De par leurs décisions, elles ont accepté de porter un risque plus élevé, en prenant en garantie des actifs de moins bonne qualité et peu liquides et elles se sont substituées au marché monétaire devenu illiquide. On voit ici que la frontière entre les politiques conventionnelles ou non conventionnelles devient floue.

Des interventions qui diffèrent d'une banque centrale à l'autre

Les principales banques centrales ont eu recours à une large palette de mesures qui ont eu pour effet d'augmenter et/ou de modifier la taille et la composition de leur bilan. La nature des mesures privilégiées diffère néanmoins fortement d'une banque centrale à l'autre, ce qui s'explique par des arguments d'ordre juridique ou économique. Juridique, parce que les traités européens interdisent à la BCE l'achat de titres souverains sur le marché primaire. Économique, car la transmission de la politique monétaire dépend fortement de la structure financière des économies en question. La BCE a ainsi privilégié le soutien au système bancaire du fait du rôle principal qu'il joue dans le financement de l'économie, tandis qu'aux États-Unis, où les financements de marché sont prépondérants, la Fed a plutôt cherché à agir sur les prix de marché par le biais d'opérations d'achats de titres.

[4] Selon le principe de séparation, le taux d'intérêt permet d'atteindre les objectifs macroéconomiques tandis que les opérations de liquidité sont destinées à assurer la stabilité financière.

Fed et Banque d'Angleterre : des programmes d'achats de titres augmentant fortement la taille de leurs bilans

D'un côté, la Fed et la Banque d'Angleterre sont, dans un premier temps, principalement intervenues en prêtant aux banques faisant face à des problèmes de liquidité. Elles ont ensuite privilégié les achats de titres sur les marchés afin d'agir sur certains marchés spécifiques et faire baisser les taux d'intérêt de long terme pour stimuler l'économie. Ainsi, la Réserve fédérale a mis en œuvre des programmes d'achats de bons du Trésor américain (le premier a débuté en mars 2009) et de *mortgage backed securities* (actifs adossés à des crédits hypothécaires immobiliers). Ces différentes actions se sont répercutées sur la taille et la composition du bilan de la Fed (voir graphique 2a). Dans la première phase de la crise, entre l'été 2007 et septembre 2008, la taille du bilan est restée stable avec une

2. Composition de l'actif du bilan des principales banques centrales

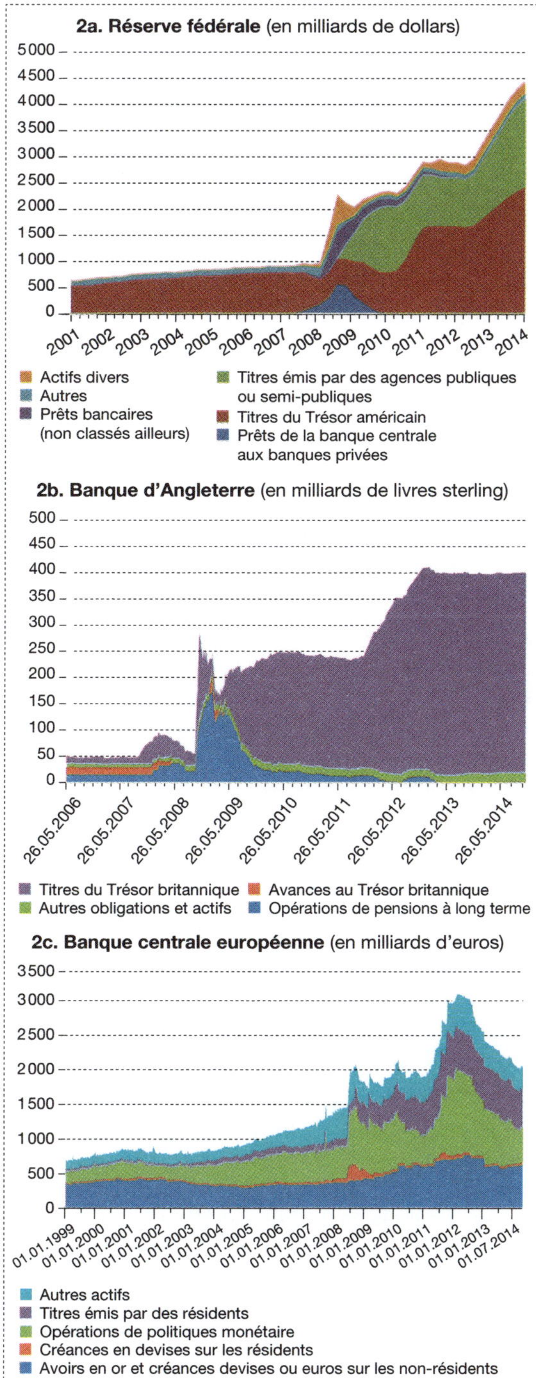

Sources : Réserve fédérale, Banque d'Angleterre, BCE.

hausse des prêts aux banques domestiques compensée par la baisse des titres du Trésor détenus dans le cadre de la conduite des opérations d'*open-market*. Après la chute de Lehman Brothers, la crise de liquidité s'est amplifiée, si bien que l'on a assisté à une hausse simultanée des prêts aux banques et des titres adossés au marché hypothécaire. Depuis le début de l'année 2010, la Réserve fédérale n'effectue plus de prêts aux banques et intervient uniquement sur les marchés via ses achats de titres obligataires émis par le Trésor pour les agences intervenant sur le marché du crédit. On observe une évolution assez similaire du côté de la Banque d'Angleterre avec des opérations d'abord ciblées sur la liquidité octroyée au système bancaire puis la mise en œuvre de l'*asset purchase facility*, dispositif d'achats de titres publics britanniques lancé en janvier 2009 et qui a atteint 375 milliards de livres sterling depuis juillet 2012, soit 90 % de l'actif de son bilan (voir graphique 2b).

BCE : une politique ciblée jusqu'en 2015 sur les prêts contre garanties au secteur bancaire

De son côté, la BCE a appuyé l'essentiel de ses interventions jusqu'en janvier 2015 sur des prêts collatéralisés au secteur bancaire (voir graphique 2c). Elle a fortement modifié les conditions d'octroi de liquidités afin de pallier les dysfonctionnements du marché interbancaire. Depuis octobre 2008, les appels d'offres des opérations de politique monétaire sont menés à taux fixe avec allocation intégrale des demandes de refinancement des banques. L'évolution de la taille du bilan fut donc complètement dépendante de la demande de liquidités en provenance des banques commerciales. La BCE a par ailleurs augmenté la fréquence de ses opérations de refinancement à trois mois (LTRO) et accru leur maturité à un an, puis à trois ans dans le cadre de deux opérations menées en décembre 2011 et février 2012 (VLTRO). Elle a aussi lancé des programmes d'achat

ZOOM

LES CANAUX DE TRANSMISSION DES POLITIQUES MONÉTAIRES NON CONVENTIONNELLES

Tout comme pour les mouvements de taux d'intérêt, la transmission des politiques monétaires non conventionnelles à l'activité économique passe par divers canaux, que résument notamment Mas Joyce *et al.* (2011)[1].

L'effet de signal

Une annonce d'achats d'actifs à grande échelle indique que la politique monétaire est plus accommodante et envoie le signal qu'elle le restera pendant une longue période, au moins jusqu'à la fin du programme d'achat d'actifs[2]. Cet effet signal est également important dans le cadre d'une politique de *forward guidance* (guidage prospectif) par laquelle la banque centrale annonce que son taux de référence ne sera pas augmenté avant une date annoncée ou jusqu'à ce que le taux de chômage tombe en dessous d'un seuil donné[3]. Considérant que les taux d'intérêt à long terme reflètent les anticipations de taux d'intérêt futurs à court terme, l'annonce d'achats à grande échelle devrait déclencher une baisse des taux à long terme.

Le canal du choix de portefeuille et des effets de richesse

Les achats de titres entraînent une augmentation de leur prix, mais également du prix d'autres actifs. En effet, lorsque la banque centrale achète un titre à une contrepartie (vendeur), celle-ci dispose de liquidités qu'elle peut utiliser pour acheter d'autres actifs substituables. Le vendeur est incité à rééquilibrer son portefeuille afin de maintenir son rendement. Il en résulte une nouvelle demande pour des actifs substituables, ce qui a pour effet d'augmenter leur prix. Les prix d'actifs étant inversement corrélés à leur rendement, la hausse des prix induit une baisse du coût de financement. Dans le même temps, la hausse des prix d'actifs provoque un effet de richesse positif, ce qui conduit les agents à réévaluer leurs décisions de consommation et d'investissement. Il faut noter que cette substitution peut se faire soit en faveur du crédit bancaire – on identifie alors plus spécifiquement un canal du crédit bancaire – ou d'actifs étrangers. Dans le cas où le rééquilibrage du portefeuille du vendeur de titres souverains l'amène à substituer des étrangers, il en résulte une sortie de capitaux et donc une dépréciation de la monnaie, qui dynamise les exportations. Le canal du taux de change devient alors un vecteur de transmission des politiques monétaires non conventionnelles.

L'effet de liquidité

En créant de la monnaie pour acheter des actifs, la banque centrale peut rapidement injecter des liquidités dans le système financier. Ce levier d'action est primordial car les marchés d'actifs sont segmentés. Il est particulièrement crucial lorsque les marchés financiers dysfonctionnent.

Le canal de la confiance

Si les agents économiques pensent que la politique mise en œuvre est efficace, son annonce devrait stimuler la confiance des consommateurs et des entreprises, les incitant à augmenter leurs dépenses finales.

Le canal du défaut

La baisse des taux d'intérêt publics induite par les achats de titres souverains réduit la probabilité de défaut et donc la prime de risque. Le gouvernement bénéficie ainsi d'une réduction de la charge d'intérêt et de meilleures perspectives de recettes fiscales. Par ailleurs, en signalant des achats de titres souverains, la banque centrale joue implicitement le rôle d'acheteur en dernier ressort, situation anticipée par les investisseurs, ce qui réduit le risque d'anticipations autoréalisatrices de défaut souverain.

Il faut souligner que ces canaux ne sont pas différents de ceux à l'œuvre pour la politique de taux d'intérêt. De fait, par certaines mesures non conventionnelles, l'objectif de la banque centrale est bien d'influer plus directement sur des variables jouant un rôle clé dans la transmission de la politique monétaire.

[1] Aucune distinction n'est effectuée ici selon la nature de la mesure non conventionnelle. Il y a cependant des différences et certains canaux peuvent être prépondérants dans certains cas.

[2] Les taux courts futurs baissent relativement à un scénario sans annonce d'achats de titres.

[3] Mesures notamment prises par la Banque d'Angleterre et la Réserve fédérale. La BCE a aussi adopté une stratégie similaire mais de façon plus timide.

Christophe Blot, Paul Hubert et Fabien Labondance

de titres (CBPP, SMP et OMT) lui permettant de cibler des marchés particuliers. L'objectif était, en particulier, de restaurer l'efficacité de la transmission de la politique monétaire, atténuée notamment par la crise des dettes souveraines. Ces programmes furent toutefois limités en taille. En début d'année 2013, le cumul des achats d'obligations collatéralisées et souveraines ne dépassait pas 280 milliards d'euros, soit moins de 10 % du bilan de la BCE. On est bien loin des mesures de la Banque d'Angleterre ou de la Fed.

L'annonce du 22 janvier 2015 représente alors un changement important dans l'orientation de la politique monétaire non conventionnelle de la BCE puisqu'elle prévoit l'achat de titres – titres adossés à des actifs (*asset-backed securities* ou ABS), titres souverains et titres émis par des agences supranationales – pour un montant de 60 milliards d'euros par mois de mars 2015 à septembre 2016. Il devrait en résulter une augmentation de la taille du bilan de près de 1 100 milliards d'euros, rapprochant ainsi l'action de la BCE de celle d'autres banques centrales.

Des politiques plus ou moins expansionnistes

Alors qu'en temps normal, le niveau du taux d'intérêt directeur des banques centrales permet de comparer directement l'orientation de la politique monétaire, les modifications de la taille du bilan n'en rendent qu'imparfaitement et indirectement compte. C'est pourquoi une littérature récente se développe pour déterminer un équivalent de ces actions non-conventionnelles en termes de taux d'intérêt directeur. On parle alors de taux implicite (ou « *shadow rate* »). Il apparaît que les mesures prises par la BCE ont bien amplifié le caractère expansionniste de la politique monétaire puisque le taux implicite est négatif (voir graphique 3). Pour autant, la politique de la BCE a été relativement moins expansionniste que celles de la Banque d'Angleterre ou de la Réserve fédérale.

Quels effets ?

Si les premières études sur l'impact des mesures non conventionnelles sont liées à l'expérience japonaise, la littérature s'est depuis considérablement développée. Les travaux existants se distinguent selon qu'ils se concentrent sur des variables financières jouant un rôle clé dans la transmission des mesures non conventionnelles (taux d'intérêt de marché à long terme principalement) ou sur les objectifs finaux, à savoir l'activité (mesurée par la croissance ou le chômage) et l'inflation. De fait, l'étude de l'impact sur les variables financières permet alors d'évaluer les premières étapes de la transmission de la politique monétaire. Il en ressort premièrement que les mesures prises pour atténuer

3. Taux implicite *(shadow rate)* de politique monétaire (en %)

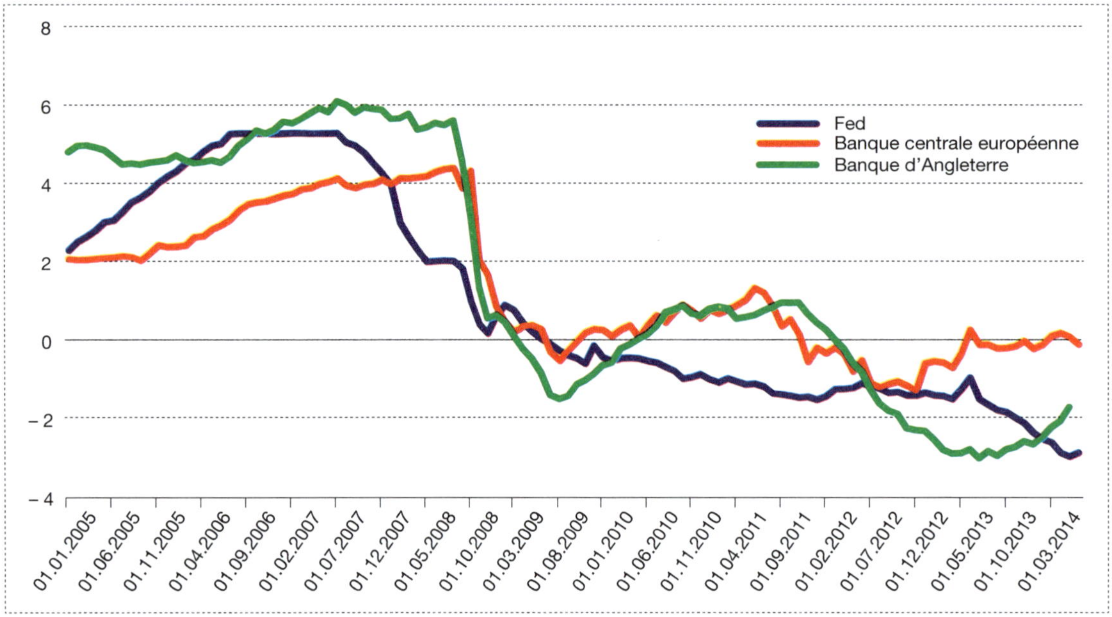

Source : http://faculty.chicagobooth.edu/jing.wu/research/data/WX.html

les tensions sur les marchés monétaires ont eu des effets positifs. Par ailleurs, de nombreux travaux suggèrent que les programmes d'achat de titres adoptés par les États-Unis et le Royaume-Uni ont significativement fait baisser les taux d'intérêt publics mais aussi privés à moyen et à long terme. L'effet irait, selon les différentes études, de 0,3 à 1 point de baisse du taux d'intérêt. Ces effets peuvent cependant être plus faibles et de très courte durée. Dans la zone euro, les différents programmes de la BCE auraient également contribué à réduire significativement le coût des conditions de financement, et notamment le taux des obligations souveraines émises par les pays en crise.

S'il est plus difficile d'identifier l'impact macroéconomique des politiques monétaires non conventionnelles en raison des délais de transmission, des études suggèrent néanmoins que les mesures prises ont diminué les risques de déflation et accéléré la sortie de crise aux États-Unis et au Royaume-Uni. Au Royaume-Uni, le QE, en réduisant les taux d'intérêt à long terme, aurait eu un effet positif sur le produit intérieur brut (PIB) réel – d'environ 1,5 % – et sur l'inflation, d'environ 1,25 point. Dans la zone euro, le taux de chômage aurait été plus élevé de 0,6 point en l'absence des mesures non conventionnelles prises par la BCE jusqu'en fin d'année 2011.

La conclusion générale qui peut être tirée de ces expériences est que les mesures non conventionnelles ont un impact significatif sur les rendements des titres souverains et privés (effets de rééquilibrage du portefeuille), même si cet impact est souvent de courte durée. Quant aux effets sur l'inflation et la croissance, ils pourraient également être significatifs, mais généralement insuffisants pour compenser les coûts réels de la crise financière et des politiques budgétaires restrictives, notamment dans la zone euro.

POUR EN SAVOIR PLUS

❖ **BERNANKE B.** (2013), « A Century of US Central Banking: Goals, Frameworks, Accountability », *Journal of Economic Perspectives,* vol. 27, n° 4.

❖ **BORDES C. et CLERC L.** (2010), « L'art du *central banking* de la BCE et le principe de séparation », *Revue d'économie politique,* vol. 120.

❖ **BORIO C. et DISYATAT P.** (2009), « Unconventional Monetary Policies: an Appraisal », *BIS Working Paper,* n° 292.

❖ **GOODHART C.** (2010), « The Changing Role of Central Banks », *BIS Working Paper,* n° 326.

❖ **JOYCE M., LASAOSA A., STEVENS I. et TONG M.** (2011), « The Financial Market Impact of Quantitative Easing », *International Journal of Central Banking,* vol. 7, n° 3.

Relancé en 1994 par la création de l'Organisation mondiale du commerce (OMC), le multilatéralisme semble aujourd'hui dans l'impasse. En témoigne l'enlisement des négociations du cycle de Doha, ouvert en 2002 et toujours pas conclu. Dans le même temps, la forte croissance des accords régionaux et bilatéraux entamée dans les années 1990 s'est poursuivie. Le bilatéralisme est-il en train de se substituer au multilatéralisme ? Quel est l'impact sur le commerce international ? Selon Jean-Marc Siroën, la prolifération des accords bilatéraux a plutôt tendance à affaiblir les gains que l'on peut attendre de la libéralisation commerciale. Néanmoins, cet essor n'est pas la cause du déclin des négociations multilatérales. Il constitue plutôt une réaction à l'incapacité d'un cadre construit dans l'après-guerre à s'adapter aux nouvelles conditions de l'économie mondiale.

Problèmes économiques

Commerce international : le multilatéralisme face à l'essor des accords bilatéraux

JEAN-MARC SIROËN

Professeur, université Paris-Dauphine et IRD

À la fin de la Seconde Guerre mondiale, la volonté des gouvernements alliés, menés par les États-Unis et le Royaume-Uni, est d'empêcher le retour des politiques nationales d'« égoïsme sacré » menées dans les années 1930. En « exportant » le chômage causé par la dépression économique, les politiques protectionnistes et les dévaluations compétitives auraient, en effet, contribué à propager la crise dans le monde entier et, finalement, favorisé l'arrivée de pouvoirs totalitaires. En juillet 1944, les accords de Bretton Woods posèrent la première pierre d'un ordre économique international fondé sur des politiques coopératives « gagnant-gagnant », c'est-à-dire sur des règles strictes en matière monétaire et financière. Ce nouveau régime monétaire et financier devait être complété par un nouvel ordre commercial, défini dans la Charte de la Havane, signée en 1948. Mais ce traité international, faute d'être ratifié, ne fut jamais appliqué et c'est l'Accord général sur les tarifs douaniers et le commerce (GATT), moins ambitieux, qui s'est imposé. Il faudra attendre le traité de Marrakech de 1994 pour que soit créée, l'année suivante, une nouvelle organisation internationale, l'Organisation mondiale du commerce, dans laquelle s'intègre l'ancien GATT.

Mais, quelles que soient leurs péripéties historiques, le GATT, puis l'Organisation mondiale du commerce (OMC), se présentent

Nombre d'accords commerciaux régionaux en vigueur notifiés à l'OMC, 1957-2014

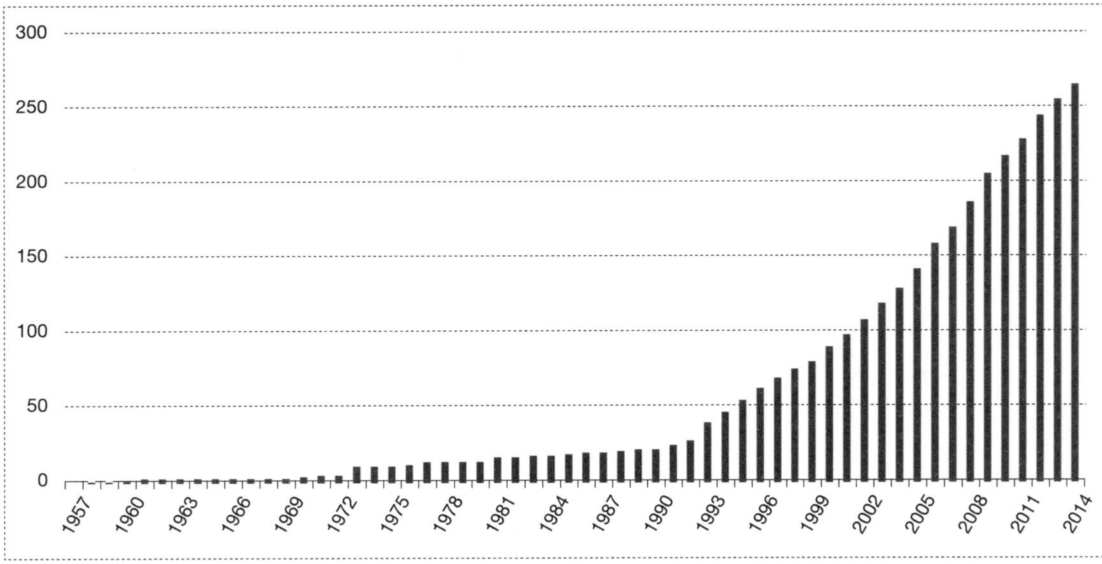

Source : OMC.

comme des institutions multilatérales. D'ailleurs, les négociateurs du traité de Marrakech avaient un temps envisagé que le « M » d'OMC soit le M de « multilatéral ».

Dans le cadre des échanges internationaux, le terme de « multilatéral » signifie que :

– les négociations commerciales impliquent tous les pays membres et les accords éventuels s'appliquent à tous. La règle du consensus (aucun pays ne s'oppose) assure la légitimité des obligations qui en découlent ;

– la politique commerciale des pays membres concerne tous les pays membres, sans discrimination.

Un des principes fondamentaux de l'OMC est ainsi celui de la « nation la plus favorisée » (NPF). Il stipule que chaque pays accorde à tous les autres pays membres le régime commercial le plus favorable. Par exemple, si le droit de douane le plus bas appliqué par un pays aux importations de tee-shirts est de 10 %, toutes les importations venant de pays liés à cette clause (les pays membres du GATT) se verront appliquer ce droit.

En réalité, comme pour tous les principes, même fondamentaux, les textes prévoyaient de nombreuses exceptions. Ainsi, les articles XXIV du GATT et V du GATS[1], permettent, sous certaines conditions assez peu contraignantes, d'y déroger dans le cas d'accords de libre-échange ou d'unions douanières. En effet, dans ce type de traités, les partenaires bénéficient de préférences commerciales, notamment douanières, auxquelles les autres pays n'accèdent pas. Pour reprendre notre exemple, le droit de douane sur les tee-shirts peut être ramené à 0 pour les pays qui adhèrent à un accord de libre-échange et maintenu à 10 % pour les autres.

Pendant longtemps, ces accords ont été peu nombreux ; mais depuis les années 1990, ils ont proliféré et il n'existe pratiquement plus aucun pays qui ne soit lié à un ou plusieurs autres pays par un accord commercial préférentiel. Le plus ancien traité, encore en vigueur, est le traité de Rome de 1957 créant la Communauté européenne. En 1990, on en comptait 22 et, en 2014... 268 (voir graphique).

Ces accords, appelés improprement « accords commerciaux régionaux » (ACR) par l'OMC, ne sont pas les seules exceptions à la clause NPF.

[1] **Accord général sur le commerce des services, qui a complété le GATT en 1995. Ces deux accords sont administrés par l'OMC.**

Dans les années 1970, un traitement différencié a été accepté en faveur des pays en développement, qui peuvent bénéficier d'un accès préférentiel aux marchés des pays avancés. Ces « accords commerciaux préférentiels » se distinguent des ACR par le fait qu'ils ne sont pas réciproques : les pays développés signataires de tels accords ne prévoient pas d'accès privilégié aux marchés des pays en développement.

Cette évolution, et particulièrement la prolifération des ACR, remet donc en cause les deux piliers du multilatéralisme. D'une part, dans le cadre des ACR, les négociations ne concernent qu'un nombre limité de pays ou de groupes de pays (comme l'Union européenne) et les règles et concessions qui en découlent ne s'appliquent qu'à eux. D'autre part, la part du commerce international régie par la clause NPF tend à se réduire comme une peau de chagrin. Si les négociations en cours de traités transpacifiques et transatlantiques devaient aboutir, cette part deviendrait très minoritaire. Une telle évolution remettrait donc en cause les fonctions traditionnelles de l'OMC à qui il ne resterait, ce qui n'est toutefois pas négligeable, que le traitement des différends commerciaux entre les pays membres.

À première vue, le bilatéralisme et le multilatéralisme poursuivent le même objectif, qui est la libéralisation des échanges. Pour les décideurs, le choix dépend davantage des opportunités que d'un choix, sauf quand des objectifs géopolitiques se superposent aux objectifs économiques comme ce fut le cas, notamment, pour l'intégration européenne. Le cas échéant, lorsque l'ouverture multilatérale n'est pas accessible, l'ouverture bilatérale est considérée comme un *« second best »*. De fait, la prolifération actuelle s'explique très largement par l'incapacité de l'OMC à conclure le cycle « multilatéral » de négociations de Doha, ouvert en 2002, et donc à approfondir les anciens thèmes tout en introduisant de nouveaux sujets.

Le bilatéralisme, obstacle à l'échange ?

Les négociateurs du GATT avaient hésité à introduire l'article XXIV, exception à la clause NPF et donc au multilatéralisme. En effet, dans les années 1930, la constitution de zones autosuffisantes, qui associaient souvent les métropoles aux colonies, avait rendu soutenable le protectionnisme tout en aggravant les tensions politiques.

Des effets de détournement qui peuvent compenser les effets de création de commerce

Si les opinions publiques et, parfois, les décideurs politiques, considèrent que les résultats attendus d'une ouverture commerciale via les accords commerciaux régionaux ne se distinguent de l'ouverture multilatérale que par son périmètre, il n'en est pas de même de la théorie économique. Celle-ci tend en effet à démontrer qu'une libéralisation des échanges non discriminatoire, et donc multilatérale[2], est favorable au commerce et au revenu mondial, mais qu'il n'en est pas de même des accords bilatéraux, par nature discriminatoires.

[2] C'est également le cas de celui qui abaisserait unilatéralement ses droits de douane en les appliquant à tous les pays exportateurs.

Certes, pour l'économiste canado-américain Jacob Viner (1892-1970), l'élimination du droit de douane entre deux pays, ou plus, génère un « effet de création » de commerce qui doit conduire les pays concernés à se spécialiser dans les secteurs où ils bénéficient d'avantages comparatifs. Les pays bénéficieront alors de la baisse du prix des biens importés. Ils augmenteront la production de biens exportés, créeront des emplois et amélioreront le bien-être des consommateurs. Mais simultanément, les traités commerciaux « détournent » des flux commerciaux en substituant une production régionale aux importations du reste du monde plus compétitives. Supposons, en effet, que, à l'intérieur d'une zone, le prix soit de 100 et que le tarif NPF appliqué soit de 10 %. Un pays tiers plus compétitif qui propose le même bien à 95 ne pourra pourtant pas l'exporter dans la zone à cause du droit qui porterait le prix à 104,5, supérieur au prix proposé dans la zone. Les traités « bilatéraux » créent donc une distorsion. Le commerce international peut même se réduire si les effets de détournement l'emportent sur les effets de création.

Lorsque les traités commerciaux étaient conclus entre pays proches géographiquement et qui échangeaient déjà beaucoup entre eux, les effets de détournement étaient limités. Dans ces zones régionales « naturelles » (Krugman, 1991), les effets de détournement pourraient d'ailleurs être compensés par une économie sur les coûts de transport. Toutefois, les accords commerciaux dits régionaux sont de moins en moins régionaux. Certes, jusqu'à la fin des années 1990, les ACR associaient des pays appartenant à la même région du monde et qui présentaient une certaine continuité territoriale. Pourtant, depuis, la fin des années 1990, les accords interrégionaux, voire intercontinentaux, se sont multipliés. Ainsi, l'Union européenne a ratifié des accords de libre-échange avec, entre autres, l'Afrique du Sud, le Chili, la Colombie, le Pérou, la Corée, le Mexique…

Les gains des accords bilatéraux remis en cause par leur prolifération

Au-delà même de la nature des accords bilatéraux, c'est aussi leur prolifération qui remet en cause l'efficacité de ces accords. Les « règles d'origine » introduisent ainsi un biais protectionniste. En effet, dans un traité de libre-échange, comme l'ALÉNA qui associe les États-Unis, le Canada et le Mexique, les pays conservent le choix des droits de douane appliqués à l'extérieur de la zone. Il pourrait alors être tentant pour un pays comme la Chine de faire entrer ses marchandises dans le pays qui pratique le droit le plus bas (Mexique) et de les réexporter ensuite, libres de droits, vers le pays de destination (États-Unis). Pour éviter ce contournement, les traités de libre-échange fixent des règles d'origine qui définissent les conditions à respecter pour que les exportations mexicaines soient considérées comme mexicaines et bénéficier ainsi de l'exonération des tarifs américains. Elles consistent souvent à fixer une part minimale de la valeur ajoutée produite dans la zone. Ces règles sont souvent considérées comme protectionnistes et sources de distorsions. Pour respecter les règles d'origine, les entreprises choisissent de se fournir en biens intermédiaires et composants à l'intérieur de la zone plutôt que de les importer de pays extérieurs à la zone, même s'ils sont moins compétitifs. D'une part, les règles d'origine entravent une tendance actuelle de la mondialisation, à savoir la plus grande fragmentation de la chaîne de valeur. D'autre part, la prolifération d'accords possédant leurs propres règles d'origine, renforce cet effet négatif sur le commerce. Ainsi, l'Union européenne (UE), qui a un accord de libre-échange avec la Colombie et le Mexique, peut exporter librement des composants qui seront transformés au Mexique pour une exportation du produit final en Colombie. Très peu d'accords prévoient un « cumul » (assimiler la valeur des biens intermédiaires européens à la valeur ajoutée mexicaine). Et même si cela était, trois règles d'origine s'entrecroiseraient (Colombie-Mexique, Mexique-UE, Colombie-UE). Au-delà du coût de transaction impliqué par la complexité de ce « bol de spaghetti » (Bhagwati, 1995)[3], les règles d'origine, tout comme le protectionnisme, incitent les firmes à investir dans la zone plutôt qu'à exporter des biens intermédiaires. Le commerce international s'en trouve réduit.

[3] Le « bol de spaghettis » fait allusion à la manière dont les produits intermédiaires se déplacent dans les différentes zones commerciales afin de minimiser les droits, ce qui se visualise par des lignes (spaghettis) enchevêtrées dans un bol.

Le contournement du multilatéralisme

Le multilatéralisme de moins en moins efficace

Les décideurs politiques sont souvent plus pragmatiques qu'idéologues. En matière commerciale, ils optent pour les instruments considérés comme les plus accessibles et les plus conformes à leurs intérêts. Jusqu'aux années 1990, la voie multilatérale avait été privilégiée. Elle s'est essoufflée ensuite au profit de la voie bilatérale. Les difficultés du cycle de Doha, engagé en 2002 et sans progrès notables depuis, démontrent l'obsolescence du processus de négociation multilatéral traditionnel. En privant les pays membres de leur instrument traditionnel, cet « échec annoncé » (Siroën, 2011) les invite à adopter la voie bilatérale.

Le programme de Doha limite ses ambitions à approfondir celui de l'Uruguay Round défini dans les années 1980. Depuis, les industries numériques et de communication ont explosé, les pays émergents ont conquis des parts de marché importantes ; la Chine, entrée à l'OMC en 2001, est devenue le premier exportateur mondial, les processus de production, coordonnés par les firmes multinationales, se sont fragmentés, les crises financières et de change se sont multipliées et les relations internationales se sont tendues.

Les raisons de ce déclin sont donc multiples : règle du consensus confrontée à une explosion des pays membres, montée en puissance des pays émergents, incapacité à dépasser les sujets traditionnels (agriculture, droits de douane…) et à en introduire de nouveaux plus en phase avec l'évolution de l'économie mondiale (environnement, investissements, concurrence, droit du travail…).

Les nouvelles dispositions des accords commerciaux

Une des principales faiblesses des analyses théoriques est qu'elles se bornent généralement à analyser la baisse réciproque des droits de douane. Pourtant, les accords sont de moins en moins commerciaux au sens traditionnel et étroit du terme. L'objectif initial d'élimination des droits de douane est ainsi devenu secondaire. Le cas extrême est représenté par Singapour, aujourd'hui engagée dans 13 traités commerciaux alors que les droits de douane NPF qu'elle applique à l'ensemble des pays sont nuls. De même, entre l'Union européenne et les États-Unis, les droits de douane sont déjà tellement faibles que leur suppression n'aurait que des effets limités. Certes, l'élimination des mesures non tarifaires, l'harmonisation des normes ou la facilitation des échanges peuvent être ramenées, grâce à des calculs plus ou moins savants, à des équivalents tarifaires. Mais les dispositions relatives par exemple, à la concurrence, à l'investissement, au travail, sont plus difficiles à anticiper et à évaluer. Certaines de ces mesures ne se prêtent d'ailleurs pas à la discrimination qui est reprochée aux ACR. Un pays qui, à l'occasion d'un traité commercial, s'engage à mieux respecter le droit du travail ou à modifier ses règles relatives à la propriété intellectuelle aura du mal à exclure les pays tiers de leur application.

Au-delà des barrières tarifaires, voire non tarifaires, les traités intègrent de nombreuses dispositions qui peuvent être regroupées en deux catégories de thèmes (Horn *et al.*, 2010 ; Orefice et Rocha, 2014) :

– ceux qui approfondissent des thèmes inclus dans les règles et accords de l'OMC (OMC+), et mentionnés dans le programme de Doha : antidumping, propriété intellectuelle, aides d'État, barrières techniques[4], etc. ;

– ceux qui se situent en dehors du mandat de l'OMC et qui ne relèvent pas toujours de la politique commerciale stricto sensu. Cette fois, il s'agit d'aller au-delà du mandat de l'OMC et du cycle de Doha. Ces dispositions sont parfois qualifiées de OMC-X (Orefice et Rocha, 2014) : concurrence, travail, éducation, rapprochement des règles et des lois, corruption, fiscalité, gouvernance, etc.

Les accords commerciaux peuvent ainsi conduire à déléguer certaines prérogatives des gouvernements nationaux à un niveau supranational, par exemple, en créant des normes régionales ou en introduisant des procédures d'arbitrages indépendantes des États. L'intégration « superficielle » se limiterait alors aux mesures à la frontière, et l'intégration « profonde » *(deep integration)*

[4] Un accord sur la « facilitation des échanges » est en cours de ratification par les États membres.

Nombre d'accords incorporant des « nouveaux » sujets (en nombre et en % des accords)

Travail	Environnement	Investissement	Achats publics	Régulation	Concurrence
41	62	117	111	94	134
15 %	23 %	43 %	41 %	34 %	49 %

Source : OMC (au 15 mai 2015, sur 273 accords en vigueur).

étendrait l'accord aux mesures prises « à l'intérieur des frontières » (OMC, 2011).

Vers un nouveau multilatéralisme ?

Cette stratégie de contournement de l'OMC peut-elle conduire à un nouveau multilatéralisme d'où émergeraient de nouvelles règles et normes universelles ? Celles-ci s'imposeraient alors et régenteraient la plus grande part du commerce international. Ce nouveau multilatéralisme rappellerait celui qui prévalait au XIXe siècle, que l'on pouvait assimiler à un réseau de traités coordonnés par l'Angleterre et, accessoirement, la France, avec une convergence des règles et des normes, et sans recours à une quelconque organisation internationale.

En effet, jusqu'à maintenant, à l'exception de l'UE, les plus grandes puissances économiques évitaient de se lier par des traités commerciaux. Tel ne sera peut-être plus le cas demain. L'Union européenne a signé un accord avec le Canada (en cours de ratification) et négocie avec l'Inde, le Japon, Singapour… Simultanément, les États-Unis négocient un accord de partenariat transpacifique (PTP) avec 10 pays, dont l'Australie, le Canada, le Chili, le Japon, le Mexique, Singapour (mais sans la Chine). Enfin, depuis 2013, les États-Unis et l'UE ont engagé la négociation d'un Accord de partenariat transatlantique de commerce et d'investissement (voir Complément p. 124).

L'ambition de ces grands projets est aussi de parier sur les « effets dominos » où les pays pénalisés par leur exclusion des accords n'auraient plus d'autres choix que d'y adhérer ou, du moins, de se rallier aux normes et règles de ces nouveaux blocs (Baldwin et Jaimovich, 2010).

L'avenir de cette stratégie est néanmoins douteux. La finalisation de la négociation entre les États-Unis, d'une part, l'Union européenne et les pays pacifiques, d'autre part, est loin d'être acquise. Les oppositions internes restent fortes, y compris aux États-Unis où la ratification des traités commerciaux par le Congrès est à peine moins difficile à obtenir que la ratification d'un traité multilatéral négocié à l'OMC.

Si le multilatéralisme, incarné par l'OMC, a été contesté par une société civile inquiète des effets de la mondialisation, paradoxalement, les accords commerciaux « bilatéraux » se heurtent non seulement à cette opposition devenue traditionnelle, mais également aux critiques des partisans du libre-échange et du multilatéralisme. Mais cette contestation ne les empêche pas de proliférer. Comment un multilatéralisme, construit sur les décombres de la crise de 1929 et de la Seconde Guerre mondiale pour être instrumentalisé par la Guerre froide, pourrait-il répondre aux nouvelles questions que pose l'évolution de l'économie et de la politique mondiale ? Ce ne sont pas les accords bilatéraux qui ont miné le multilatéralisme d'après-guerre, mais l'impossibilité de faire évoluer ce multilatéralisme qui a conduit les pays à céder à la tentation de le contourner, quitte à l'affaiblir davantage.

POUR EN SAVOIR PLUS

- **BALDWIN R. et JAIMOVICH D.** (2010), « Are Free Trade Agreements Contagious? », *Discussion Paper* n° 7904, Londres, CPER.
- **BHAGWATI J.** (1995) « U.S. Trade Policy: The Infatuation with Free Trade Agreements » *in* Bhagwati J. et Krueger A. O., *The Dangerous Drift to Preferential Trade Agreements*, AEI Press.
- **DÜR A., BACCINI L. et ELSIG M.** (2014). « The Design of International Trade Agreements: Introducing a New Dataset », *The Review of International Organizations*, vol. 9, n° 3.
- **HORN H., MAVROIDIS P. C. et SAPIR A.** (2010), « Beyond the WTO? An Anatomy of EU and US Preferential Trade Agreements », *The World Economy*, vol. 33, n° 11.
- **KRUGMAN, P. R.** (1991), « The Move Towards Free Trade Zones », *Federal Reserve Bank of Kansas City Economic Review*, novembre-décembre.
- **OMC** (2001), *Rapport sur le commerce mondial 2001*, Génève.
- **OREFICE G. et ROCHA N.** (2014), « Deep Integration and Production Networks: An Empirical Analysis », *The World Economy*, vol. 37, n° 1.
- **SIROËN J.-M.** (2011), « Négociations commerciales multilatérales et cycle de Doha : les leçons d'un échec annoncé », *Négociations*, n° 2.
- **SIROËN J.-M.** (2015), « Les accords commerciaux régionaux », *Ecoflash*, 1er juin.

↓ COMPLÉMENT

Le traité de libre-échange transatlantique

La négociation sur un traité de libre-échange entre l'Union européenne et les États-Unis – TTIP pour Transatlantic Trade and Investment Partnership ou TAFTA pour Transatlantic Free Trade Agreement – a été ouverte en 2013. Elle se réalise en plusieurs « cycles » *(rounds)*. Le programme concerne une multitude de sujets (24 chapitres) et se divise en trois thèmes :

– accès aux marchés (droits de douane, règles d'origine, mesures de défense commerciale des marchés publics, protection des investissements) ;

– réglementation et obstacles non tarifaires (normes sanitaires et de sécurité, réglementations sectorielles, convergence des réglementations) ;

– nouvelles règles commerciales (accès à l'énergie et aux matières premières, propriété intellectuelle et indications géographiques, dédouanement, droit du travail, environnement, règlement des différends, concurrence et entreprises publiques).

Beaucoup de sujets « doublonnent » avec le programme de Doha, notamment les sujets strictement commerciaux d'accès aux marchés. Toutefois, même si la réduction des droits de douane est incluse dans le programme, ils sont déjà faibles et les effets attendus sont limités.

Mais beaucoup d'autres sujets vont bien au-delà du programme de Doha puisque la négociation TTIP intègre notamment le travail, exclu dès 1996 du périmètre de l'OMC, ainsi que les trois sujets dits de Singapour, qui n'avaient pas été retenus dans le programme de Doha : marchés publics, investissement et concurrence. Néanmoins, ces mêmes thèmes se retrouvent fréquemment dans les accords bilatéraux (voir tableau p. 113). Certains sujets intégrés dans les mandats de négociation relèvent de l'intégration dite « profonde » *(deep integration)* puisqu'ils ne se limitent pas aux mesures à la frontière (comme les droits de douane et les procédures de dédouanement). Ils ont aussi des implications à l'intérieur des frontières (normes, investissement). Ils pourraient donc conduire à un certain déplacement de la souveraineté au profit d'institutions qui ne relèvent pas de l'autorité des États.

Un des points d'ailleurs le plus contesté aujourd'hui est le « mécanisme de règlement des différends entre investisseurs et États (ISDS – *Investor-state dispute settlement*) qui prévoit un recours à une instance d'arbitrage internationale comme, par exemple, le Centre international pour le règlement des différends (CIRDI), rattaché à la Banque mondiale. En fait, ce type de disposition est déjà inclus dans les traités bilatéraux sur l'investissement. Néanmoins, c'est le poids et la puissance des firmes multinationales américaines et européennes qui suscitent des craintes nouvelles et des réserves de pays comme la France et l'Allemagne. La protection de l'investissement ne signifie-t-elle pas un renforcement du pouvoir des grandes firmes multinationales au détriment de la souveraineté des États ?

La question de l'investissement étranger n'est pas la seule à susciter des débats. La convergence institutionnelle en matière, par exemple, de normes sanitaires, de droit des travailleurs ou de réglementation prudentielle des banques ne risque-t-elle pas de conduire à un « nivellement » vers le bas ? La protection européenne des données individuelles pourrait-elle être remise en cause ? Ne risque-t-on pas d'ouvrir les portes de l'Europe à l'exploitation du gaz de schiste ?

Certes, les États-Unis et l'Union européenne ont déployé de gros efforts de communication pour lever ces craintes et affirmer que la convergence ne se réaliserait que par le haut. Mais, dans ce cas, que resterait-il du programme ? Au-delà de la société civile, très critique vis-à-vis d'une négociation qui laisserait la place trop belle aux grandes firmes multinationales, le soutien politique n'est pas acquis, y compris de la part de certains gouvernements. Le Parlement européen d'un côté, le Congrès, de l'autre, sont également très attentifs au contenu des accords et pourraient s'opposer à la ratification d'un accord trop ambitieux.

Jean-Marc Siroën

La COP21, qui se tiendra à Paris fin 2015 et réunira 195 États, constitue une étape décisive dans la lutte contre le changement climatique. Outre le fait qu'un accord international contraignant est prévu, mais a minima, cette conférence marque, selon Michel Damian et Franck-Dominique Vivien, une évolution dans la conception des négociations sur le climat. L'analyse standard en termes d'internalisation des externalités, privilégiée jusqu'à présent, devrait reculer au profit d'une nouvelle économie politique de l'environnement laissant plus de place à la réglementation et aux politiques nationales. L'approche « par le haut » consistant à répartir entre les pays des objectifs de réduction des émissions devrait être remplacée, ou du moins complétée, par une approche « par le bas » partant des initiatives des États.

Problèmes économiques

La Conférence de Paris 2015 : une nouvelle économie politique des changements climatiques

MICHEL DAMIAN
Économiste, professeur émérite à l'université de Grenoble-Alpes

FRANCK-DOMINIQUE VIVIEN
Économiste, professeur à l'université de Reims-Champagne-Ardenne

Un sommet sur le climat de la plus haute importance, la 21e Conférence des Parties signataires de la Convention-cadre sur les changements climatiques (COP21), se tiendra à Paris-Le Bourget du 30 novembre au 11 décembre 2015. On propose ici une lecture des négociations climatiques sur longue période, depuis la fin des années 1980, à partir d'une grille d'analyse économique.

On soutient que l'accord de Paris, qui devrait être signé au terme des négociations par les 195 États présents, inaugurera une nouvelle économie politique des changements climatiques. Pendant deux décennies, l'espoir fut de construire une politique globale de réduction des émissions « par le haut », basée sur ce que l'on a appelé le « partage du fardeau » entre États. L'architecture retenue consistait, dans le cadre d'un accord international contraignant, ou du moins espéré tel, à répartir des quotas de réduction entre pays, avec un système international de marché de permis carbone pour assurer de la flexibilité et atteindre les objectifs au moindre coût. L'ambition – représentée par le protocole de Kyoto signé en 1997 – n'a pas été tenue. Une autre politique et un autre accord sont devenus nécessaires.

Dans les termes de l'analyse économique, la première politique, que l'on qualifiera de « pollutionniste », fut d'obédience néoclassique, dominée par les concepts de la boîte à outils standard : le dioxyde de carbone (CO_2) a été appréhendé comme une pollution, une externalité, disent les économistes, susceptible d'être internalisée par le signal prix délivré par le marché des permis carbone, qui serait un instrument de politique d'environnement des plus incitatifs. La nouvelle économie politique du climat glisse vers une approche « par le bas », plus en termes d'économie de la production du point de vue de la pensée économique. Les politiques nationales, l'action graduelle des États et la réglementation, les technologies à basse teneur en carbone, les méthodes concrètes de réduction des émissions et les actions d'agents multiples à des échelles variées en seront les maîtres mots. Tensions, conflits productifs, sociaux et de redistribution ne manqueront pas.

Un quart de siècle de négociations internationales

Après les alertes des scientifiques au cours de la décennie 1980, la Convention-cadre des Nations unies sur les changements climatiques (CCNUCC), signée en 1992 lors de la Conférence de Rio, est l'acte fondateur de l'action internationale pour préserver le climat. Elle marquait une volonté commune, mais ne contenait pas d'obligations explicites, laissées à de futures négociations. La mise en œuvre, dans le cadre d'un protocole international, d'objectifs quantifiés de réduction des émissions pour les seuls pays développés, du fait de leurs responsabilités historiques et de leurs capacités à agir, a été retenue lors de la première conférence des parties (COP1) signataires de la CCNUCC, organisée à Berlin en 1995. Cette architecture fut portée par l'Union européenne (UE) avec le soutien – constamment réaffirmé – des pays en développement (PED), ces derniers étant exonérés de tout engagement de réduction, du fait de la faiblesse de leurs niveaux d'émissions et de leur part minime dans la concentration totale de CO_2 dans l'atmosphère.

Depuis la fin de la décennie 1980, cette approche n'était pas la voie privilégiée par les États-Unis, en tout cas pas leur premier choix. « Ils critiquaient la proposition de l'Union européenne (UE) comme étant une approche "par le haut" *(top-down)* rigide et inéquitable, ne tenant pas compte des différences entre pays en matière de spécificités nationales et de coûts de mise en œuvre. Les États-Unis soutenaient que la Convention devait, à la place, retenir une approche "par le bas" *(bottom-up)*, qui encourage une meilleure information, l'adoption de stratégies nationales et de plans d'action nationaux. » (Bodansky, 1993, p. 514).

Lors des négociations pour la rédaction de la CCNUCC, le Japon avait proposé une approche dite « promesse et vérification » *(pledge and review)*, selon laquelle chaque pays aurait énoncé ses modalités et ambitions de réductions, celles-ci étant ensuite vérifiées et validées dans le cadre d'une procédure d'évaluation internationale. À l'époque, l'approche américaine et la soumission japonaise ont été rejetées. Mais ce qui sera retenu à Paris en 2015, nous le verrons plus loin, est à peu près le décalque de ce concept inaugural de « promesse et vérification » et marque un retour manifeste aux positions originellement défendues par les États-Unis.

Dès 1995, c'est donc l'architecture accord international-quotas de réduction par pays qui l'avait emportée. Lors de la COP2, tenue à Genève en juillet 1996, le représentant américain Tim Wirth a proposé d'y ajouter de la « flexibilité », avec un système de permis d'émissions de carbone négociables. Entre la COP2 et les négociations pour la COP3 de Kyoto, les États-Unis sont arrivés, au tout début de l'année 1997, avec des propositions précises et une argumentation de tout premier ordre. Le protocole et son système de permis échangeables, comme l'a montré Michael Grubb (2003), sont d'essence et de construction américaines. Les États-Unis ont obtenu tout ce qu'ils voulaient en matière de flexibilité pour les engagements des pays industrialisés (pays dits de l'annexe I dans le langage de la CCNUCC).

Le Président Clinton et ses diplomates savaient cependant parfaitement, lors des négociations de décembre 1997 à Kyoto, que jamais le Sénat américain ne ratifierait un tel accord international : en juillet de la même année, il avait voté à l'unanimité une motion affirmant que les États-Unis ne devaient signer aucun protocole sur le climat qui porterait de sérieuses atteintes à leur économie sans engagement des pays du Sud.

En 2001, la décision du Président George W. Bush de ne pas soumettre la ratification du protocole au Sénat – dont on vient de voir qu'elle était perdue d'avance – met à mal l'espoir de renforcement d'un accord international contraignant. En 2009, la Conférence de Copenhague (COP15) va se solder par l'abandon de la perspective d'un accord élargi et de la prolongation du protocole de Kyoto.

L'accord minimaliste alors obtenu, emmené par les États-Unis et les pays émergents, Chine en tête, voit le basculement en direction de politiques nationales, les États devant se limiter, à l'avenir, à décliner des réductions d'émissions internes. De nouvelles négociations pour un nouvel accord devaient donc être envisagées. C'est lors de la Conférence de Durban (COP17), en 2011, que sera prise la décision majeure d'élaborer, pour l'horizon 2015, un nouvel accord global, applicable à tous les États.

Le protocole de Kyoto : les limites de l'approche « pollutionniste »

Il y a près de quatre décennies, Olivier Godard et Ignacy Sachs, soulignant « l'inadéquation de la position néoclassique » en matière d'environnement, écrivaient que les problèmes climatiques sont un bon exemple de « ce que l'on peut appeler un effet de système [...] difficilement ramenable au schéma de l'externalité néoclassique » (Godard, Sachs, 1978, p. 795 à 796). Cette manière de voir a été oubliée.

S'il y a bien des effets externes non marchands, ils sont inhérents à l'activité humaine, et en particulier à la civilisation industrielle. Ils ne peuvent être que minimisés, en réduisant les prélèvements sur les stocks de matière et d'énergie ainsi que les rejets dans les puits à déchets. C'est pourtant ce concept d'externalité qui est en arrière-plan de toute la problématisation des deux premières décennies de lutte contre les changements climatiques.

En cohérence avec le modèle d'équilibre général néoclassique, le point de vue de Arthur-Cecil Pigou a irrigué durablement l'économie standard de l'environnement. En donnant un prix à la pollution par le biais d'un instrument économique du type taxe chez lui, ou permis négociable pour les économistes inspirés par Ronald Coase, l'externalité peut être internalisée – en théorie, et sous des conditions strictes – dans les prix de marché[1]. La construction de l'action, jusqu'au protocole de Kyoto en 1997, a reposé sur ce cadre d'analyse, avec trois composantes : 1. Un diagnostic : la réduction des émissions de CO_2 est un problème de pollution, une externalité pour les économistes ; 2. Une vision d'ensemble, « par le haut » : puisque la pollution est globale, l'enjeu planétaire et le climat un « bien public global », un accord international contraignant est la seule réponse appropriée pour répartir les efforts de réduction des émissions entre tous les États, et empêcher que certains se comportent en « passager clandestin » ; 3. Une pierre d'angle : le signal prix offert par le système des marchés de permis négociables est l'instrument le plus incitatif, le plus efficace et le plus efficient pour modifier les comportements des entreprises et des consommateurs en direction de technologies et de biens à moindre teneur en carbone.

Ces trois piliers de l'architecture climatique initiale ont tous montré leurs limites (Damian, 2012, 2014).

[1] La filiation analytique entre la pensée de Ronald Coase et le système de permis négociables (et équilibre général) est hautement discutable. Il s'agit d'une lecture biaisée, à l'encontre de laquelle Coase lui-même a constamment marqué son opposition.

L'inadéquation du paradigme de la pollution et des externalités pour agir face au changement climatique

Une approche « pollutionniste » – le terme est du climatologue canadien Ian Burton – a inspiré les premières réflexions et conférences, la rédaction de la CCNUCC, puis les négociations de Kyoto. Le changement climatique diffère cependant d'autres problèmes locaux ou globaux de pollution atmosphérique, en ce qu'il apparaît intrinsèquement ancré dans les modes et trajectoires de développement, que ce soit dans la structuration de ses causes diffuses, mais également au regard des risques multiples qu'il pose pour les activités socioéconomiques (Rousset, 2012). Dans la célèbre *Stern Review* publiée en 2006, rappelant que le point de départ de son analyse est « la théorie de base des externalités et des biens publics », lord Nicholas Stern écrit que « le changement climatique est la plus grande défaillance de marché que le monde ait jamais connue », tout en précisant bien qu'il s'agit d'« une forme d'externalité très différente de celles communément analysées » (Stern, 2006, p. viii et 25). On est là à l'extrême frontière de l'analyse économique standard.

Un accord international du type du protocole de Montréal : une stratégie inappropriée pour le climat

Lorsque s'engagent les premières négociations, le modèle d'accord que les négociateurs ont en vue est celui adopté pour la préservation de la couche d'ozone. Mais on se trompe si l'on croit que le protocole de Montréal, signé en 1987, a été initialement impulsé par « le haut » pour ensuite s'imposer aux États. Il a été préparé et engagé par des actions nationales bien antérieures à la construction d'un accord international, avec l'interdiction décisive des aérosols aux États-Unis en 1978, suite à des actions de mouvements environnementalistes devant les tribunaux. Les produits incorporant des chlorofluocarbures (CFC), responsables de l'érosion de la couche d'ozone, représentaient une part très faible du commerce mondial. Les États-Unis, pays leader, ont réussi à entraîner une industrie chimique mondiale cartellisée, avec seulement 14 producteurs de CFC. À cela s'est ajoutée la disponibilité rapide de produits de substitution, ce qui n'est pas tout à fait le cas en matière de lutte contre les émissions de gaz à effet de serre. Le protocole de Montréal – contrairement à celui de Kyoto – ne ciblait d'ailleurs pas les émissions de substances qui appauvrissent la couche d'ozone, mais la production de ces produits chimiques, les technologies qui permettaient de les fabriquer. Pour lutter contre les changements climatiques, on a retenu de mauvaises leçons de la préservation de la couche d'ozone.

Un marché transcontinental de permis carbone : un instrument inenvisageable avant longtemps

Aux États-Unis, la politique réglementaire des années 1970, jugée compliquée et trop coûteuse à mettre en œuvre, a été réfrénée, puis remplacée par le mécanisme des permis, en particulier avec le lancement en 1990 du premier grand marché de ce type pour lutter contre les émissions de dioxyde de soufre (SO_2), aujourd'hui moribond. L'Europe a longtemps été opposée aux permis. En 1991, la Commission européenne avait proposé d'introduire une taxe sur le carbone. Sous le feu des critiques des pétroliers, des industriels et du Président Georges Bush, pour qui il s'agissait d'un casus belli, elle fut retirée à la fin du printemps 1992. Exit la réglementation et la taxe. C'est donc le système des marchés de permis carbone qui a été retenu. Au tout début des négociations, l'argumentation des conseillers économiques du Président des États-Unis a certainement été décisive : « Des approches basées sur le marché (droits, prix ou systèmes d'allocations échangeables) pourraient être mises en œuvre à un niveau moins coercitif afin d'orienter l'économie doucement et graduellement en direction d'une plus grande efficacité énergétique. Une telle approche serait un test de la flexibilité de l'économie sans que les résultats ne mettent en péril notre mode de vie. » (Council of Economic Advisers, 1990, p. 218).

En matière de permis, la question centrale est évidemment celle du prix. Celui du carbone est aujourd'hui beaucoup trop faible pour qu'il soit incitatif. Aux États-Unis, alors que les estimations, très larges, du coût social du carbone, par les experts et économistes, vont de 15 dollars à 150 dollars par tonne de CO_2, les évaluations disponibles pour le consentement à payer des ménages pour combattre le changement climatique ne dépassent pas les 2 dollars à 8 dollars. En Europe, le prix des permis ne dépasse pas celui des 5 euros à 7 euros la tonne, du fait notamment d'une allocation initiale trop généreuse et de contraintes institutionnelles et politiques entre les 28 membres de l'Union qui rendent toute réforme sérieuse de ce marché extrêmement difficile. Ce système européen des marchés de permis ne couvre plus aujourd'hui que quelque 12 % des émissions mondiales de gaz à effet de serre. La première période d'engagement du protocole s'est terminée à la fin de l'année 2012. L'UE a cependant obtenu, lors de la COP17 de Durban, son prolongement jusqu'à 2020. On sait déjà que les États-Unis ne participeront ni à sa survie ni à un hypothétique marché international du carbone, en tout cas pas avant 2025. Ils l'ont confirmé officiellement le 31 mars 2015, lors de la remise de leur contribution au titre du futur accord de Paris auprès du secrétariat de la CCNUCC.

L'accord de Paris : un changement de paradigme

Les États-Unis ont été le premier pays à faire connaître, le 12 février 2014, leurs propositions pour la Conférence de Paris : des « politiques nationales », avec des « contributions » et non plus des engagements. Loin du substrat économiciste qui présidait au design du protocole de Kyoto, les États-Unis se placent aujourd'hui sur un terrain plus politique, qui privilégie l'acceptabilité interne de l'accord international. Ces orientations représentent le seul dénominateur commun acceptable pour une majorité de grands pollueurs et de pays en développement. La COP21 marquera ainsi un triple tournant :

– un accord sur le climat – l'accord de Paris – sera sans doute signé par les représentants des 195 États (plus l'UE) présents. Il sera fondé sur les seules politiques nationales ; il tournera le dos à la première politique climatique, à l'architecture ancienne « par le haut » et à l'ambition d'un accord international contraignant. Ce ne sera pas un protocole, qui demande à être ratifié par les parlements nationaux, une opération inenvisageable aux États-Unis ;

– dans le langage climatique, des « contributions nationalement déterminées » *(intended nationally determined contributions)* sont attendues pour réduire les émissions. Ces contributions – des promesses, des engagements politiques et moraux mais pas juridiques – proviendront de tous les États, y compris ceux inclus par le protocole de Kyoto, comme la Chine (aujourd'hui, premier émetteur mondial de gaz à effet de serre), dans la liste des pays en développement. Les contributions seront de nature hétérogène et d'ambitions modestes à moyen terme, elles seront fonction des contraintes et circonstances nationales de chaque pays (capacités, stade de développement et spécificités propres). Du fait de leurs responsabilités historiques, celles des pays développés sont attendues plus ambitieuses ;

– quelles que soient les limites et faiblesses – déjà repérables – de l'accord de Paris, celui-ci est là pour durer. Il n'aura pas d'échéance fixe, du type de la première période d'engagement 2008-2012 du protocole de Kyoto. Prévu pour être mis en œuvre à partir de 2020, il sera ensuite périodiquement évalué et – c'est ce qui est espéré – renforcé, la première fois certainement en 2025.

Entre les travaux économiques de l'époque Kyoto et ceux qui ont la Conférence de Paris en ligne de mire, un glissement des analyses et préoccupations est perceptible : la politique climatique change de paradigme (Damian, 2014). Le rapport publié en 2003 sous la direction de Roger Guesnerie pour le Conseil d'analyse économique – *Kyoto et l'économie de l'effet de serre* – était sous-tendu par la théorie néoclassique de l'environnement. Mais, celui qui s'annonce comme une des publications marquantes pour la Conférence de Paris – le Deep Decarbonization Pathways Project (DDPP), coordonné par l'Institut du développement durable et des relations internationales (IDDRI), dirigé par Laurence Tubiana, et le réseau onusien Sustainable Development Solutions Network, animé par Jeffrey Sachs – est, lui, comme la soumission américaine de février 2014, sans substrat explicite de théorie économique. Entrepris à la demande du ministre des Affaires étrangères, Laurent Fabius, le DDPP est centré, dans une approche résolument technologique, sur les trajectoires nationales, concrètes, de décarbonisation à long terme des douze plus grands émetteurs de gaz à effet de serre, représentant environ 70 % des émissions mondiales. Il s'inscrit dans une tradition portée non plus par des économistes standards mais par des chercheurs venus de l'économie appliquée et des sciences de l'ingénieur. L'originalité de la démarche est de tenir compte, aussi finement que possible, de ce qui fait la spécificité de chaque pays, chacun avec ses enjeux politiques, ses débats et conditions propres : potentiel de technologies, acceptabilité ou pas de certaines options comme le nucléaire, inertie du stock d'infrastructures urbaines et de transport, enjeux de développement comme les inégalités et la pauvreté, l'emploi, la pollution locale et la santé. Cette approche en termes de « décarbonisation profonde » est, là aussi, prévue pour durer, puisqu'elle accompagnera l'évaluation, la révision et le renforcement des « contributions nationalement déterminées », certainement tout au long du XXIe siècle.

* * *

Du point de vue de l'analyse économique, la politique climatique a été construite, jusqu'au protocole de Kyoto, autour d'un seul instrument de la boîte à outils néoclassique : le signal prix offert par les marchés de permis carbone. Les politiques publiques, les réglementations, les actions à entreprendre par de multiples acteurs sont demeurées à la marge des analyses et des préconisations. La nouvelle économie politique des changements climatiques inverse les priorités. Tout en haut de l'agenda, il y a maintenant les politiques nationales et les États, les réglementations, les technologies à basse teneur en carbone, la modification des comportements. La question essentielle d'un prix minimal et crédible à donner au carbone, pour inciter les entreprises à modifier leurs technologies et les consommateurs leurs comportements, sera bien présente à Paris, mais comme complément des politiques nationales et actions des acteurs.

L'économie néoclassique de l'environnement et de l'effet de serre n'a pas aidé à comprendre et mesurer les défis gigantesques de la décarbonisation. Les méthodes concrètes de réduction des émissions, les aspects institutionnels et les modes de développement n'étaient pas dans son champ de vision. Le glissement en direction d'une économie politique plus classique, en termes d'économie de la production, n'offre cependant aucune clé immédiate, aucune baguette magique pour réduire rapidement les émissions et empêcher un réchauffement déjà manifeste. La Convention-cadre de 1992 avait fixé comme « objectif ultime » de stabiliser les concentrations de gaz à effet de serre dans l'atmosphère à « un niveau qui empêche toute perturbation anthropique dangereuse du système climatique ». Depuis la Conférence de Copenhague, l'objectif des Nations unies est de ne pas dépasser un seuil de réchauffement, considéré comme tolérable, de 2 °C, chiffre qui serait atteint avec un doublement de la teneur préindustrielle de l'atmosphère en CO_2 (soit au plus 450 ppm).

Confrontée à un mix énergétique dominé par les combustibles fossiles, la politique climatique qui sortira de la Conférence de Paris ne pourra cependant produire de miracle en matière de stabilisation rapide des émissions : avec quelque 80 % de la consommation énergétique mondiale aujourd'hui, la part des combustibles fossiles pourrait encore représenter, selon les scénarios de l'Agence internationale de l'énergie (AIE), entre 60 % et 80 % vers 2040-2050.

Durant les onze dernières décennies, de 1900 à 2010, l'intensité carbone de l'offre totale d'énergie primaire a diminué de 40 % à 50 % dans les pays développés (environ 60 % en France), mais seulement de 25 % en Chine et de 30 % au plan mondial (Smil, 2013, p. 259). Comment faire plus et plus vite à l'avenir ? Pour contrer les impacts les plus dévastateurs des changements climatiques, la décarbonisation impliquera cependant beaucoup plus que la seule diminution de l'intensité carbone.

Les objectifs et ambitions se déclinent aujourd'hui en trois volets. Tout d'abord, atteindre un pic des émissions mondiales au cours de la (ou des) prochaine(s) décennie(s). Ensuite, arriver à un niveau zéro d'émissions (la « décarbonisation profonde » ou « totale ») au plus tard au début de la seconde moitié de ce siècle. Enfin, aboutir, autour des années 2100, à ce que l'on appelle la neutralité climatique, c'est-à-dire le stade – peut-être impossible à atteindre – où les écosystèmes et la technologie permettront d'absorber la totalité des émissions de gaz à effet de serre restantes de source anthropique.

Pour réduire les émissions, on connaît aujourd'hui le chemin. Le Président François Hollande, le 20 mai 2015, lors de son discours pour l'ouverture du « Sommet des entreprises pour le climat », a eu des paroles justes pour situer les enjeux de longue durée : « une révolution » doit s'opérer « dans les modes de production, de transport, de consommation, de développement et, pour tout dire, dans les modes de vie ». Programme immense. Mais nommer correctement les choses, ce nous semble être déjà un progrès pour affronter les turbulences de changements qui ne se limiteront pas au seul « climat ».

POUR EN SAVOIR PLUS

- **BODANSKY D.** (1993), « The United Nations Framework Convention on Climate Change: A Commentary », *Yale Journal of International Law*, vol. 18, p. 451 à 558.
- **COUNCIL OF ECONOMIC ADVISERS** (1990), *Economic Report of the President, Washington, D.C.*, United States Government Printing Office, février.
- **DAMIAN M.** (2012), « Repenser l'économie du changement climatique », *Économie appliquée*, vol. LXV, n° 2, p. 9 à 46.
- **DAMIAN M.** (2014), « La politique climatique change enfin de paradigme », *Économie appliquée*, vol. LXVII, n° 1, p. 37 à 72.
- **DAMIAN M., ABBAS M. et BERTHAUD P.** (2015), « Les grandes orientations de la Conférence climatique de Paris 2015 », *Natures Sciences Sociétés*, numéro spécial COP21, vol. 23, p. 519 à 528.
- **GODARD O. et SACHS I.** (1978), « Environnement et développement : De l'externalité à l'intégration contextuelle », *Mondes en développement*, vol. 24, p. 788 à 814.
- **GRUBB M.** (2003), « The Economics of the Kyoto Protocol », *World Economics*, vol. 4, n° 3, p. 143 à 189.
- **ROUSSET N.** (2012), Économie du changement climatique : des politiques d'atténuation aux politiques d'adaptation, thèse de doctorat en sciences économiques, laboratoire EDDEN, CNRS, université de Grenoble.
- **SMIL V.** (2013), « Reducing the Carbon and Sulfur Load of the Atmosphere. Assessing Global Decarbonization and Desulfurization and the Future of a Low-Carbon World », *GAIA*, 22, 4, p. 255 à 262.
- **STERN N.** (2006), *The Stern Review: The Economics of Climate Change*, Londres.

Les acteurs du système financier qui, globalement, sont parmi les acteurs les plus réglementés, ont bénéficié d'une longue période de libéralisation financière, dans laquelle l'autorégulation prenait une place importante. La crise de 2008 a révélé les lacunes de ce système de régulation et marque la fin de cette période. Afin d'assurer une meilleure stabilité financière, le G20 a élaboré les principes d'une régulation financière postcrise. Cette dernière durcit les règles et normes applicables aux acteurs et aux marchés financiers, améliore la supervision et élargit le périmètre de la régulation prudentielle à toutes les entités exerçant une activité financière, intégrant ainsi les *hedge funds* et les agences de notation. Malgré ces améliorations, des zones de fragilité subsistent, comme le montre Sandra Rigot, notamment dans l'application des règles, ainsi que dans la coordination et l'harmonisation internationales.

Problèmes économiques

La régulation bancaire et financière : où en sont les réformes ?

SANDRA RIGOT

Maître de conférences en économie, HDR, université Paris-Nord

La crise qui s'est déclenchée avec les subprimes en 2007 a entraîné une refonte de la régulation financière sous l'impulsion du G20. Dès 2008, ce club a jeté les bases d'un agenda ambitieux avec des engagements qui devaient être à la hauteur de la gravité de la situation. L'année 2008 marque ainsi un tournant après plus de trois décennies de libéralisation financière, sonnant la fin du consensus selon lequel les systèmes financiers pouvaient s'autoréguler. L'enjeu est la stabilité financière, condition nécessaire à la prospérité économique.

Cette refonte repose sur plusieurs principes directeurs : la promotion d'une réglementation saine, l'intégrité des marchés, le renforcement de la coopération internationale, ou encore la réforme des institutions financières mondiales. Autant de principes qui se sont traduits par une série de textes législatifs.

Pour mieux comprendre ces réformes et en dresser un premier bilan, il convient d'étudier d'abord les dispositifs d'avant crise. Nous présentons ensuite les grands chantiers, en précisant quelles lacunes ils cherchent à dépasser.

La régulation financière avant crise

Pourquoi réglementer les acteurs du système financier ?

Parce qu'ils jouent un rôle crucial dans l'économie, les acteurs du système financier sont particulièrement réglementés. En effet, le système financier est un ensemble d'institutions et de mécanismes de marché qui permet théoriquement, non seulement d'organiser le transfert des fonds des agents à capacité de financement vers les agents à besoin de financement, mais aussi de rendre compatibles leurs motivations antagoniques. Les premiers cherchent à obtenir des rendements élevés, à limiter les risques et à privilégier des placements liquides à court terme ; les seconds, au contraire, visent à minimiser les charges de remboursements et à s'endetter à moyen et long termes. Cette transaction s'avère mutuellement avantageuse dans la mesure où elle lève la contrainte budgétaire[1] des agents non financiers en leur permettant un échelonnement temporel plus satisfaisant de leurs dépenses. À l'échelle globale, elle accroît les niveaux d'épargne et d'investissement et soutient la croissance économique.

La rencontre entre agents créditeurs et débiteurs s'opère selon deux modalités différentes : soit directement sur les marchés financiers via l'émission[2] et la souscription d'actifs, soit par des tiers que l'on appelle des intermédiaires financiers, parmi lesquels les banques, les compagnies d'assurance, les fonds de pension… En Europe, le financement se fait majoritairement par les intermédiaires bancaires.

Les banques sont des intermédiaires financiers spécifiques dans la mesure où elles collectent de l'épargne (dépôts) pour offrir des financements sous forme de crédits (les dépôts font les crédits) ; mais surtout, elles sont les seules à gérer le système des moyens de paiement et à créer de la monnaie (les crédits font les dépôts). En conséquence, leurs faillites peuvent avoir des effets néfastes sur l'économie en perturbant les moyens de paiement ou en réduisant les financements de projets rentables. Leurs difficultés peuvent également se répercuter sur d'autres banques via le marché interbancaire où elles se refinancent. La régulation bancaire a donc vocation à protéger l'épargne publique (dépôts) et à éviter les faillites bancaires.

Les compagnies d'assurance sont également des intermédiaires financiers car elles collectent de l'épargne sous la forme de primes ou cotisations qu'elles placent sur les marchés financiers pour les redistribuer à leurs assurés sous forme d'indemnités. Parce que les primes sont payées avant que le sinistre n'ait à être indemnisé, les pouvoirs publics les soumettent à certaines règles afin qu'elles honorent leurs engagements contractuels. Il en va de même des fonds de pension qui sont chargés de collecter les contributions salariales et patronales, de les gérer par capitalisation et de verser plus tard des prestations (capital/rente viagère).

Les intermédiaires qui ne collectent pas d'épargne publique et n'ont pas d'engagements contractuels sont moins réglementés. C'est le cas des fonds de placements privés comme les *hedge funds*, les fonds de *private equity*…

De la réglementation à l'autorégulation

Si les activités des intermédiaires financiers sont des domaines traditionnels de l'intervention publique, celle-ci peut revêtir des formes très différentes en fonction des objectifs fixés par les autorités et des modes d'actions qu'elles ont jugés légitimes d'employer. Depuis plus de trente ans, on observe une évolution progressive vers un modèle d'autorégulation.

Dans le secteur bancaire, cette évolution a débuté à la fin des années 1970 au niveau international. Elle a été pilotée par le Comité de Bâle, dont le siège est à la Banque des règlements internationaux (BRI). L'accord de Bâle I (1988) se donne pour objectif d'éviter le risque systémique et d'atténuer les inégalités concurrentielles entre les banques internationales en exigeant un ratio de capital pondéré par le risque de crédit égal à 8 %. Puis, les transformations du secteur bancaire ont conduit à des amendements avec l'adoption de l'accord de Bâle II (2004) comprenant trois piliers. Dans le premier,

[1] Cette contrainte budgétaire est levée temporairement car il s'agit d'un crédit qu'il faut rembourser.

[2] Les emprunteurs (prêteurs) vont émettre (souscrire) des titres.

on assiste à une évolution majeure avec l'introduction du contrôle interne. Autrement dit, les banques sont autorisées à utiliser leurs propres modèles pour pondérer les risques et déterminer les exigences de fonds propres, maintenues à 8 % pour couvrir les trois risques de crédit, de marché et opérationnels. Dans le deuxième pilier, une surveillance prudentielle est introduite, permettant aux superviseurs d'exiger un ratio de capital plus élevé, s'ils le jugent nécessaire. Enfin, le dernier pilier, « discipline de marché », impose une plus grande transparence sur l'actif, les risques et la gestion des banques ainsi qu'une meilleure communication d'informations dont l'harmonisation sera facilitée par l'adoption en 2005 de normes comptables internationales IFRS.

La réglementation des compagnies d'assurance est proche de celle des banques dans la mesure où elles sont tenues, depuis la directive Solvabilité I (1973), de disposer de fonds propres supérieurs à un certain montant minimum. L'exigence de solvabilité complète les dispositions relatives au calcul et à l'établissement des provisions techniques pour l'ensemble de la réglementation des placements des assureurs. Le texte Solvabilité II, qui est en discussion depuis près de dix ans mais est anticipé par les assureurs, reprend les mêmes piliers que Bâle II. Cela traduit la volonté d'appliquer cette forme de régulation aux assureurs.

Les fonds de pension, de leur côté, sont moins touchés par ce mouvement d'harmonisation. Leur cadre réglementaire diffère selon les pays.

Les fondements de l'autorégulation

Cette évolution vers un modèle d'autorégulation est justifiée par plusieurs travaux en théorie de l'agence[3]. Si le rôle du régulateur consiste à mettre en place les incitations adéquates afin que les agents se comportent de manière socialement efficace, l'asymétrie d'information est importante entre les banques et leurs régulateurs, et ces derniers ne disposent pas des informations nécessaires pour contrôler efficacement les banques – ou alors à un coût trop élevé. Il serait donc plus efficace de permettre aux acteurs d'adopter eux-mêmes, en interne, des normes de gestion du risque adéquates. L'autre fondement de l'autorégulation repose sur le présupposé selon lequel l'efficience microéconomique des marchés entraîne la stabilité macroéconomique du système financier : les marchés seraient ainsi intrinsèquement stables en assurant une liquidité parfaite en permanence, condition indispensable à l'efficience. En conséquence, les marchés seraient les meilleurs régulateurs de la finance. Selon cette théorie des marchés efficients, la bonne gouvernance est une vertu de la discipline de marché qui établit la transparence, condition d'une symétrie des informations, et les incitations conformes à la conciliation des intérêts entre les intermédiaires de la finance et les agents non financiers.

[3]La théorie de l'agence étudie les interactions stratégiques entre une entité régulatrice (le principal) et une entité régulée (l'agent), généralement dans un cadre d'asymétrie d'information.

Les failles de la régulation financière avant crise

La crise financière qui a éclaté en 2007 a révélé les lacunes de cette régulation, à commencer par la logique microprudentielle de la régulation bancaire, la faiblesse du contrôle de certains acteurs et marchés ainsi qu'un design institutionnel de supervision inadapté. Elle a également mis à jour les multiples dysfonctionnements de la gouvernance : les rémunérations démesurées et déconnectées du risque dans la finance de marché, l'absence de contre-pouvoirs des structures internes de contrôle des risques, les conflits d'intérêts dans le double jeu de conseil et d'évaluation des agences de notation… Au final, ce modèle de régulation s'est montré incapable de prévenir le risque systémique. Or, la prise en charge de la stabilité financière implique une approche globale des risques qui intègre les volets micro et macroprudentiels, afin de contrebalancer le caractère procyclique de l'activité bancaire et financière, source fondamentale d'instabilité.

Les principales réformes

Le G20 a énoncé des principes ambitieux de régulation financière postcrise qui se sont traduits par des réformes diverses relatives aux marchés de capitaux, aux produits, aux intermédiaires financiers au sens large ou encore au cadre institutionnel. Ces textes ont été le fruit de négociations avec les différents lobbies des parties prenantes. En effet, une régulation financière conçue pour relever les défis de la crise est forcément coûteuse pour le secteur financier ; mais il ne faudrait pas oublier les gains en termes de stabilité financière et de financement de l'économie. Nous ne présenterons ici que les réformes les plus importantes.

Une grande réforme bancaire ?

Les accords de Bâle III et leur transposition européenne avec la directive CRD IV et le règlement CRR durcissent incontestablement la régulation bancaire. Ils reposent sur quatre mesures principales : des fonds propres renforcés, des ratios de couverture de liquidité à court et à long termes plus élevés, une plus grande maîtrise de l'effet de levier et des surcharges en capital pour les banques systémiques.

Plus précisément, ces accords impliquent des exigences accrues en capital (notamment pour les activités de marché qui ont généré des pertes importantes pendant la crise) et de meilleure qualité. À cette capitalisation s'ajoute une composante contracyclique : des coussins en capital sont accumulés en période normale pour pouvoir être utilisés quand la situation se détériore. L'idée est de ne pas pénaliser le financement de l'économie quand les banques font des pertes. L'introduction de ratios de liquidité est apparue comme nécessaire car les crises ont montré que les problèmes de solvabilité des banques pouvaient provenir non pas seulement de la qualité des actifs, mais aussi de problèmes de liquidité liés à leur refinancement. L'introduction d'un ratio de levier simple non pondéré qui inclut les opérations de hors-bilan vise à réduire l'endettement excessif des banques et à diminuer la capture du régulateur. Parallèlement à ces mesures s'ajoutent des surcharges de fonds propres pour les banques « systémiques » permettant de prévenir le risque systémique dans sa dimension transversale. C'est le Conseil de stabilité financière (créé lors de la réunion du G20 à Londres en avril 2009) qui établit la liste des banques « systémiques » à partir de plusieurs critères : la taille de la banque, son degré d'interconnexion avec les autres banques qui signale l'ampleur des externalités négatives en cas de crise.

Dans l'ensemble, ces mesures vont dans le bon sens, même si, à l'exception des mesures contracycliques, elles s'inscrivent toujours dans une logique microprudentielle. La difficulté d'ajustement a été largement surestimée par les banques, tant pour la liquidité que pour les fonds propres.

La réforme du cadre de supervision

La régulation financière est souvent associée à la réglementation définie comme l'ensemble de normes applicables aux acteurs du système financier. Toutefois, il existe une autre dimension dans cette notion, celle de supervision, qui correspond au contrôle de la bonne application de ces normes. Souvent, la frontière est ténue entre l'édiction et le contrôle des règles. Cette seconde dimension est précisément l'objet du deuxième grand chantier. La révision de la supervision financière, qui a vocation à être intégrée par la coordination des niveaux micro et macroprudentiels, a été adoptée en 2010, suite aux préconisations du rapport de Larosière[4]. Elle comprend la création de trois autorités sectorielles prenant la suite des trois comités de contrôleurs microprudentiels avec des règlements sur la création des autorités européennes de surveillance pour

[4] « The High-Level Group on Financial Supervision in the EU (2009) », rapport présidé par de Larosière J., Bruxelles, 25 février.

les banques (ABE), les marchés de capitaux (AEMF) et l'assurance (AEAPP), puis l'adoption d'un mécanisme de surveillance unique (MSU) en 2012.

Le CERS, instance européenne de surveillance macroprudentielle

À l'instar de plusieurs pays (États-Unis, Royaume-Uni), l'Union européenne s'est dotée en 2009 d'une instance de surveillance macroprudentielle, le Conseil européen du risque systémique (CERS), qui dépend étroitement de la BCE. Pour mieux intégrer l'objectif de stabilité financière, cette dernière est désormais responsable de la surveillance de toutes les grandes banques de la zone euro, notamment des banques systémiques.

Cette réforme représente une avancée indéniable car on passe d'une coordination européenne de superviseurs bancaires nationaux à une supervision européenne directe des banques. Toutefois, on peut regretter que le CERS soit dépourvu de pouvoirs contraignants et ne dispose pas de la personnalité juridique. Compte tenu de sa dépendance vis-à-vis de la BCE et du SEBC, il s'agit surtout d'un lieu de consultation et d'échange. Outre- Atlantique, la microrégulation a fait l'objet de réformes qui vont dans ce sens (voir la loi Dodd-Frank de 2010).

Un mécanisme de résolution unique des crises bancaires

Afin d'améliorer la gestion des crises, la Commission européenne a proposé en juillet 2013 un mécanisme de résolution de crise unique complétant le MSU dans le cadre de l'Union bancaire. L'objectif est que les pertes soient prises en charge surtout par les actionnaires et non plus par les contribuables. En effet, l'implication des créanciers dans l'absorption des pertes est une condition indispensable à la maîtrise de l'aléa moral et donc à la restauration de la discipline de marché. L'Union bancaire est un ensemble de dispositions comprenant trois volets : un cadre de réglementation et de supervision unique au niveau européen et non plus national, un mécanisme de résolution européen et une assurance des dépôts européenne.

Enfin, une réforme de la structure des banques a été adoptée dans certains pays européens comme la France, l'Allemagne et le Royaume-Uni. Ce type de réforme répond aux inefficiences inhérentes aux banques universelles qui associent des activités de banque de détail et de banque de marché, faisant bénéficier les activités de *trading* des garanties implicites de l'État en cas de problèmes. L'idée est de faciliter la résolution des faillites car de telles banques ne sont pas seulement trop grosses pour faire faillite (« *too big to fail* »), mais aussi trop complexes et trop interconnectées. Alors que le texte britannique est relativement ambitieux, ceux de la France et de l'Allemagne sont particulièrement faibles et n'auront probablement qu'un impact limité car ils séparent trop peu les différents types d'activités.

Le renforcement de la régulation des marchés financiers

Le troisième grand chantier concerne la réglementation des marchés, avec en premier lieu celui des produits dérivés échangés sur des marchés de gré à gré, et plus particulièrement les CDS (*credit default swaps*, couverture de défaillance en français). En raison de l'opacité dans les positions et des expositions massives, qui sont autant de facteurs de crises systémiques, le règlement EMIR « European Market Infrastructure Regulation » a été adopté en 2012. Il vise à rendre ces marchés de gré à gré plus transparents et à réduire le risque de contrepartie. L'Europe a notamment décidé d'interdire la détention de CDS à nu, c'est-à-dire sans détention de titres de la dette correspondante ou d'un titre corrélé à cette dernière. Cette régulation est à relativiser car devant les réticences du Royaume-Uni notamment, le champ d'interdiction a été au final très restreint avec la possibilité de suspendre temporairement cette interdiction (Dezeure, 2010).

Plus récemment, en 2014, la Commission et le Parlement ont trouvé un accord sur la révision de la directive et du règlement « marchés d'instruments financiers (MIF) » après deux années de négociations. La MIF II donne notamment des pouvoirs accrus à l'Autorité européenne de supervision des marchés (Esma) pour limiter les prises de positions spéculatives, et vise à encadrer le développement du *trading* haute fréquence. Le texte pose aussi des obligations de transparence forte, quels que soient les lieux de négociation, et crée un nouveau type de plate-forme de négociation, les *Organized Trading Facilities* (OTF). La révision de la MIF 1 était devenue nécessaire car si, à l'origine, elle avait vocation à ouvrir à la concurrence le secteur des Bourses, au final, cela s'est traduit par une grande fragmentation : les acteurs historiques (Euronext, London Stock Exchange) ne recueillent désormais qu'une part minoritaire des flux d'ordres, au profit des plates-formes alternatives (MTF), voire opaques (*dark pool*, internalisateurs).

L'élargissement du périmètre de la supervision

Le quatrième grand chantier concerne l'élargissement du périmètre de la régulation prudentielle à toutes les entités exerçant une activité financière de nature potentiellement systémique, même si ces dernières n'ont pas de lien direct avec le grand public. C'est le cas des *hedge funds* et des agences de notations, dont la régulation était jusqu'alors quasi inexistante.

Élargissement aux hedge funds

Parce que la Commission a reconnu que les *hedge funds* avaient joué un rôle dans la propagation du risque systémique, la directive AIFM (Alternative Investment Fund Managers) relative aux gérants de fonds dits « alternatifs[5] » a été promulguée en 2010. Elle a pour objectif de créer un cadre de supervision européen pour ces gérants de fonds qui ne sont pas harmonisés par la directive UCITS[6] III sur les OPCVM[7], comme les *hedge funds* et les fonds de *private equity*. Elle contient un certain nombre d'exigences comme l'enregistrement des *hedge funds* auprès d'une autorité de régulation de marché, des obligations de divulgation d'informations aux régulateurs, la mise en place de limites de levier, des standards de gouvernance et de gestion de risques plus fermes... Elle constitue une première tentative de définition des fonds alternatifs dont font partie les *hedge funds*. Or, l'absence de définition légale était une première difficulté pour la mise en place d'une véritable réglementation des *hedge funds*. De ce point de vue, c'est une avancée. Toutefois, on peut regretter que la version finale ait été bien allégée en termes de contraintes sous la pression des lobbies londoniens. Aux États-Unis, la régulation des *hedge funds* s'est inscrite dans le cadre du Dodd-Frank Act imposant aux *hedge funds* à enjeux systémiques d'être sous la supervision de la Fed.

Élargissement aux agences de notation

De leur côté, les agences de notation ont aussi été accusées d'avoir contribué à déclencher la crise financière en accordant notamment la meilleure note financière (AAA) à des placements douteux (titrisation des crédits immobiliers). En cause : les erreurs d'évaluation, l'opacité des méthodes et la confusion des échelles de note entre crédits structurés et obligations standards, les conflits d'intérêts... Pour corriger cela, un règlement sur les agences de notations a été adopté en 2009. Les trois principales agences (Standard & Poor's, Moody's et Fitch), qui représentent 90 % du marché, se verront désormais imposer une plus grande transparence (sur le système de notation) et pourront être tenues responsables de leurs erreurs.

* * *

Ainsi, si on observe des avancées réglementaires importantes, des sources de fragilité

[5] Ces fonds comprennent les fonds de capital investissement *(private equity)*, les fonds de matières premières *(commodity funds)*, les fonds immobiliers *(real estate funds)* et les *infrastructure funds*.

[6] En Europe, les fonds d'investissement peuvent être catégorisés en fonds UCITS *(Undertakings for the Collective Investment in Transferable Securities)* et fonds non-UCITS *(or non-harmonised)*. Les premiers sont contraints par des règles contenues dans la directive UCITS (85/611/EEC) et sont autorisés à la vente aux ménages investisseurs. Les derniers sont ceux qui ne sont pas harmonisés sous la directive UCITS.

[7] Organismes de placement collectif en valeurs mobilières.

[8] Le *shadow banking system* est défini par le Financial Stability Board (FSB) comme « une intermédiation de crédit impliquant des entités et activités (partiellement ou totalement) hors du système bancaire normal ».

subsistent dans l'application concrète des textes (le diable est dans les détails) et dans la coordination et l'harmonisation internationales. Notamment, le *shadow banking system* ou « système bancaire de l'ombre »[8], qui était déjà au cœur de la crise financière de 2007-2008, connaît dans la période récente un rebond inquiétant qui peut s'expliquer comme une conséquence des réformes financières postcrise. L'expansion du *shadow banking* a d'ailleurs été au centre du sommet du G20 de Brisbane de 2014. La régulation financière a donc encore de beaux jours devant elle.

POUR EN SAVOIR PLUS

- **DEZEURE N.** (2010), « Régulation des ventes à découvert et des CDS : une réponse à la volatilité des marchés et à la crise de la dette ? », *Flash économie* – Natixis, n° 802.
- **SCIALOM L. et TADJEDDINE Y.** (2014), « Banques hybrides et réglementation des banques de l'ombre », *Note Terra Nova*, 17 novembre.
- **SCIALOM L.** (2014), « Union bancaire – Réforme de la structure des banques : la tentation de l'autruche », *Note Terra Nova*, 5 novembre.

Le monde en développement couvre une grande variété de situations allant des pays « émergents » jusqu'au pays « les moins avancés ». Avant de se pencher sur ces deux catégories extrêmes, Delphine Boutin, Émilie Caldeira et Mary-Françoise Renard font le point sur le corpus théorique appliqué à ces pays pour le mettre en regard avec leur évolution réelle. Aujourd'hui, les modèles de développement sont quasiment aussi hétérogènes que le groupe de pays auquel ils s'appliquent. Le « consensus de Washington » a laissé sa place à des modèles de développement multiformes, illustrés notamment par la réussite de pays comme la Chine ou le Brésil. La reconnaissance que le développement revêt des formes aussi diverses que les pays qu'il concerne ouvre la voie à de nouveaux modèles, multidimensionnels et pluridisciplinaires, comme le font apparaître les objectifs du millénaire pour le développement (OMD).

Problèmes économiques

Les pays en développement : quelles politiques, quelles trajectoires ?

DELPHINE BOUTIN
Maître de conférences, école d'économie/CERDI, université d'Auvergne

ÉMILIE CALDEIRA
Maître de conférences, IUT/CERDI, université d'Auvergne

MARY-FRANÇOISE RENARD
Professeur à l'école d'économie, université d'Auvergne, responsable de l'institut de recherche sur l'économie de la Chine (IDREC) au CERDI

L'économie du développement est à la fois l'une des plus anciennes et l'une des plus récentes branches de la science économique. Les débats intenses au moment des décolonisations ont laissé place à une première pensée dominante sur le développement économique, remise en cause dans les années 1980 lors de la contre-révolution classique. Cette dernière donne naissance à ce que l'on appellera le « consensus de Washington »[1], entendu comme un ensemble d'idées communément admises par les centres de pouvoir de la ville dont il porte le nom : le Fonds monétaire international (FMI), la Banque mondiale et le gouvernement américain. Ce corpus de recommandations censé guider les pays du Sud vers une voie de développement pérenne laisse des années plus tard un bilan contesté et débouche sur une nouvelle série de mesures, plus institutionnelles.

Aujourd'hui, le monde en développement est contrasté, entre des pays dits « émergents » pouvant rivaliser avec les économies occidentales, des pays « moins avancés » restés sous assistance institutionnelle, et une myriade de pays entre ces deux extrêmes. Comment le consensus de Washington et son échec relatif ont-ils façonné les trajectoires de développement ? Quelles sont les réussites les plus emblématiques ? Les pays les moins avancés sont-ils sur une trajectoire de développement ? Quels nouveaux modèles leur proposer ?

La mort lente du « consensus de Washington »...

D'inspiration néoclassique, le consensus de Washington fait référence aux « programmes de stabilisation et d'ajustement structurel » prescrits dans les années 1980 dans la plupart des pays en développement (PED), alors touchés par une crise multiple. Ces réformes ont pour objectif de réduire le rôle de l'État au profit de celui du marché, de réorienter les dynamiques de croissance vers les marchés extérieurs par la libéralisation des échanges commerciaux, de promouvoir les exportations et d'assouplir la législation relative aux investissements des entreprises étrangères. En particulier, les politiques de libéralisation financière visent à limiter le rôle de l'État dans la mobilité des capitaux et la détermination des taux d'intérêt. Aux privatisations des entreprises publiques et aux réformes structurelles s'ajoutent des réformes macroéconomiques visant à assurer la stabilisation économique, la lutte contre l'inflation et l'équilibre des comptes, impliquant des réductions sévères des dépenses publiques.

[1] John Williamson (1989) propose cette appellation pour souligner les points communs à toutes les réformes prescrites jusque-là, qu'il résume en dix propositions (Williamson J., [1989], *What Washington Means by Policy Reform*, in : Williamson J. [ed.] : *Latin American Readjustment: How Much Has Happened*, Washington: Institute for International Economics).

Un consensus « augmenté »

Très tôt, les résultats apparaissent mitigés et les analyses sont plus que controversées. Si certains pays connaissent un rééquilibrage macroéconomique et si l'hyperinflation a généralement été jugulée, la croissance ralentit et est inégalement répartie. La pauvreté recule en Asie, stagne en Amérique latine mais explose en Afrique. Contrairement à l'Afrique subsaharienne, qui subit un recul sans précédent de sa part dans les exportations et le produit intérieur brut (PIB) mondiaux, les pays d'Asie orientale et du Pacifique connaissent une période de croissance soutenue. Celle-ci est néanmoins attribuée à l'État, qui a joué un rôle de premier rang, avec notamment la promotion du développement industriel et la mise en place de politiques et réformes sociales. Le fameux rapport de l'UNICEF, « L'ajustement à visage humain », constitue l'un des premiers avertissements sur les conséquences sociales de l'ajustement en termes de malnutrition, de scolarisation et de chômage, notamment sur les populations les plus vulnérables.

Ces critiques mènent d'abord à un « consensus de Washington renforcé » ou « augmenté » d'une série de réformes institutionnelles. Ainsi, dès le milieu des années 1990, le renforcement des institutions et la bonne gouvernance s'ajoutent à l'ouverture extérieure, la libéralisation et la privatisation. La transition politique vers des régimes pluralistes et démocratiques est alors encouragée, tout comme la lutte contre la corruption et le gaspillage des ressources publiques. Nombreux sont les PED qui s'engagent dans un processus de décentralisation, présenté comme un moyen de promouvoir la démocratie locale, de favoriser la stabilité politique et d'améliorer les performances du secteur public en rendant les décideurs politiques plus redevables devant les citoyens.

La fin d'un paradigme

La mise en lumière des risques liés à la globalisation financière, avec la crise asiatique de 1997 et l'aggravation de la crise en Argentine, qui poursuit les mesures d'austérité budgétaire prescrites au début des années 2000, marquent la fin du consensus. James Wolfensohn, alors président de la Banque mondiale, estime en 2002 que le « consensus de Washington » est mort. La déstructuration des mécanismes de solidarité, la baisse des dépenses publiques et le blocage de la croissance économique associés à une forte croissance démographique conduisent à une hausse sans précédent du chômage et à l'explosion de la pauvreté (Ben Hammouda *et al.*, 2010).

Les critiques contre le « néo-libéralisme » trouvent une résonance particulière avec l'ouvrage de Joseph Stiglitz (2002), ancien économiste en chef de la Banque mondiale. Dans *La Grande Désillusion*, il accuse les institutions de Bretton Woods d'avoir aggravé les maux qu'elles étaient censées guérir. Ces politiques, sous forte influence idéologique, seraient alors devenues des fins en soi, imposées de manière antidémocratique et dogmatique. Dani Rodrick (2006)[2] remet en cause l'idée même qu'il serait possible de formuler des recommandations applicables à tout pays. Selon lui, l'échec des politiques d'ajustement structurel s'explique par la volonté de réduire des distorsions sur des marchés considérés comme étant efficaces alors qu'ils sont en réalité profondément imparfaits. Dans sa vive critique de la pensée néoclassique, Paul Krugman (2009)[3] estime finalement que « les économistes se sont égarés » dans leur désir de disposer de modèles mathématiques « intellectuellement élégants », leur donnant l'occasion « d'exhiber leurs prouesses mathématiques ».

Cette fin d'un paradigme laisse un monde en développement très hétérogène, divisé notamment entre deux catégories de pays : ceux qui ont réduit l'écart avec les pays développés – les émergents – et ceux caractérisés comme étant « les moins avancés ».

... laisse un monde en développement entre émergence et exclusion...

Les pays émergents, acteurs majeurs de la croissance mondiale

La croissance connue ces dernières années par certains pays, considérés comme émergents, laisse penser qu'ils sont en train de rattraper le niveau de développement des économies avancées. Bien que cette émergence soit indiscutable, la liste des pays concernés est loin de faire l'unanimité, ne renvoyant pas à un groupe homogène.

Le concept d'émergence est en effet assez flou, évoquant une idée de mouvement, de rapprochement avec les économies développées, sans qu'aucun critère ni même seuil de croissance ne soient suggérés. Cette notion, attribuée à Antoine Van Agtmael, a d'abord une signification financière (un marché sur lequel les placements offrent des rendements plus élevés que ceux des marchés des pays occidentaux). Dans sa version élargie, cette notion concerne les pays dont la croissance est supérieure à la moyenne mondiale et dont on considère qu'ils sont dans une logique de rattrapage des pays riches. Bien qu'ils aient encore un revenu intermédiaire, ils ont pris une place accrue dans le commerce international.

L'imprécision de cette définition engendre de nombreux classements, du plus large – les institutions internationales, notamment la Banque mondiale et le Fonds monétaire international, incluent des pays d'Asie, mais aussi d'Amérique latine, d'Europe ou d'Afrique, à l'instar de l'Afrique du Sud, du Nigeria ou de la Turquie (Chaponnière et Lautier, 2014[4]) – au plus restreint, comme le terme de BRIC faisant référence au Brésil, à la Russie, à l'Inde et à la Chine. Cet acronyme, formulé par la banque Goldman Sachs, sert désormais de référence, même si certaines modifications ont été proposées (en ajoutant l'Afrique du Sud : BRICS, l'Indonésie : BRIICS, ou en retirant l'Afrique du Sud : BRICI).

Les BRIC ont un certain nombre de points communs :

– Ils n'ont pas réussi le décollage économique qu'ont connu les grandes puissances bien que certains d'entre eux aient été, par le passé, de grandes puissances. Angus Maddison (2007)[5] rappelle que la Chine était avant 1500 la première économie du monde en termes de PIB.

[2] Rodrick D. (2006), « Goodbye Washington Consensus, Hello Washington Confusion? A Review of the World Bank's Economic Growth in the 1990s: Learning from a Decade of Reform », *Journal of Economic Literature*, vol. 44 (4).

[3] Krugman P. (2009), « How Did Economists Get It So Wrong? », *New York Times*, 6 septembre.

[4] Chaponnière J.-R. et Lautier M. (2014), *Les Économies émergentes d'Asie entre État et marché*, Armand Colin, Collection U, Paris.

[5] Maddison A. (2007), *L'Économie chinoise, une perspective historique*, OCDE, Centre de développement, Paris.

Différences socioéconomiques entre les BRIC en 2013

Pays	Rang d'IDH	IDH	Coefficient d'inégalité entre les personnes	Revenu national brut/habitant (PPA en dollars en 2011)
Brésil	79	0,744	26,3	14275
Inde	135	0,586	27,7	5150
Chine	91	0,719	Non indiqué	11477
Russie	57	0,778	11,6	22617

Source : *Rapport sur le développement humain*, PNUD, 2014.

En 1700, elle représentait 22,3 % du PIB mondial, l'Inde 24,4 %, et l'Europe 24,9 %.

– Ils couvrent de grandes superficies ; le plus petit étant l'Inde : 3290000 km^2 (contre 4375000 pour l'Europe).

– La Chine et l'Inde ont connu l'humiliation de l'invasion étrangère avec les « traités indignes » pour la première et la colonisation pour la seconde. C'est ce qui pourrait expliquer en partie leur volonté de jouer un rôle majeur dans l'économie mondiale.

– Les BRIC ont profité de l'évolution du contexte économique à partir du milieu des années 1980 : l'accroissement de l'intégration internationale des économies, la libéralisation des mouvements de capitaux, l'apparition des nouvelles technologies de l'information et de la communication.

– Leurs réformes ont été marquées par un rôle important de l'État, qui par l'intermédiaire de la politique industrielle ou du rôle des entreprises publiques a accompagné le développement des marchés (Wade, 1990[6]).

– À l'exception du Brésil, l'amélioration de la productivité qui a permis ces forts taux de croissance a résulté d'une réallocation intersectorielle du travail (de Vries *et al.*, 2012[7]).

– L'ouverture économique qui a accompagné la croissance s'est principalement faite sur la base d'une spécialisation fondée sur l'avantage comparatif. Le résultat est particulièrement spectaculaire dans le cas de la Chine.

Comment expliquer cette ascension économique ? Partant de la réussite de la Chine, il était tentant de penser que les émergents auraient abandonné le consensus de Washington pour suivre le modèle chinois, et ce que l'on pourrait alors appeler le consensus de Pékin. L'étude des politiques économiques ne permet pas une telle conclusion : ni un éventuel modèle chinois (Bird, Mandilaras et Popper, 2012[8])ni même le modèle préconisé par le « consensus de Washington » ne peuvent expliquer la réussite des BRIC. Leur succès repose sur des politiques adaptées aux spécificités de chacun des pays.

D'une façon générale, l'intérêt porté aux BRIC et aux autres émergents résulte de leur part croissante dans le commerce mondial. L'une des principales caractéristiques du commerce mondial est le développement des échanges Sud-Sud, en raison de la stratégie d'ouverture des pays en développement et des pays émergents. Entre 1994 et 2008, la part des pays à bas revenu ou à revenu intermédiaire dans le commerce mondial est passée de 24 % à 42 %, la Chine et l'Inde comptant pour la moitié de cette croissance (Hanson, 2012[9]). Mais ils présentent aussi des vulnérabilités, notamment parce qu'ils sont très sensibles à la conjoncture mondiale, par exemple à l'évolution des taux d'intérêt américains, à la baisse du prix des matières premières ou au ralentissement de la demande des pays occidentaux. De plus, les institutions ne sont pas toujours suffisamment développées et la stabilité sociale devra être assurée pour que ces trajectoires de croissance ne soient pas remises en question.

[6] Wade R. (1990), *Governing the Market, Economic Theory and the Role of Government in East Asian Industrialization*, Princeton University Press, 496 p.

[7] De Vries G. J., Erumban A. A., Timmer M.-P., Voskoboynikov I. et Wu H. (2012), « Deconstructing the BRICs: Structural Transformation and Aggregate Productivity Growth », *Journal of Comparative Economics*, 40.

[8] Bird G., Mandilaras A. et Popper H. (2012), « Is There a Beijing Consensus on International Macroeconomic Policy? », *World Development*, vol. 40, n° 10.

[9] Hanson G. H. (2012), « The Rise of Middle Kingdoms: Emerging Economies in Global Trade », *Journal of Economic Perspectives*, vol. 26, n° 2, printemps.

Cartographie des dates d'entrée et de sortie de la liste des PMA

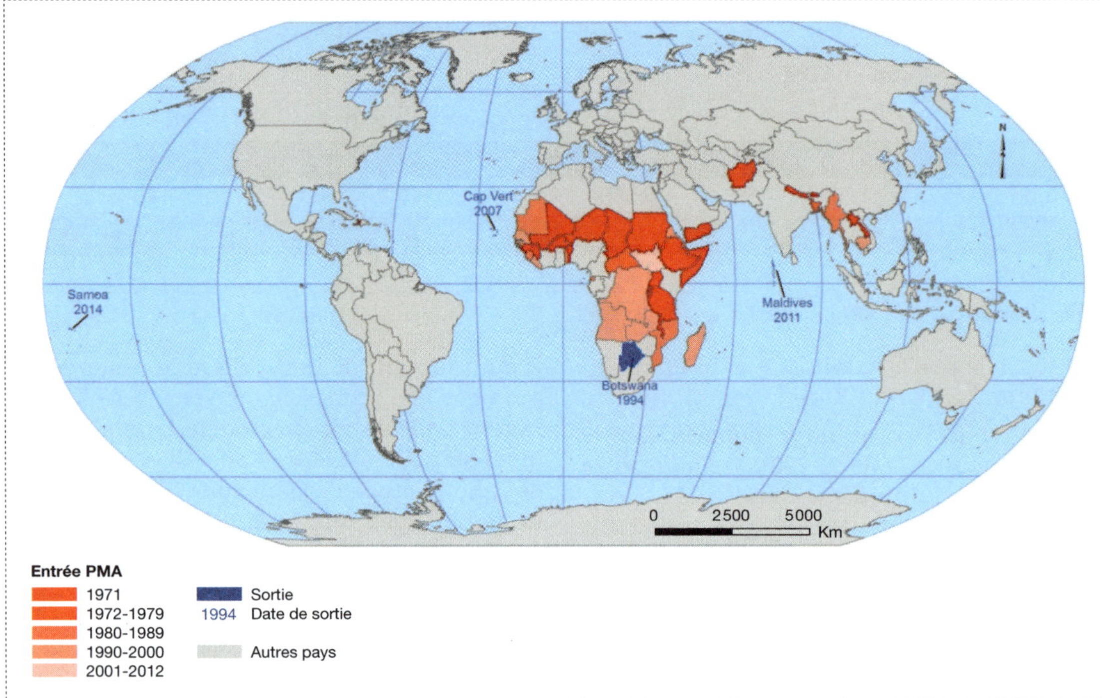

Source : auteurs.

Les pays les moins avancés

« L'émergence du Sud » dissimule des situations hétérogènes, masquant notamment la marginalisation persistante des pays les moins avancés (PMA). Selon les critères des Nations unies (2014)[10] – ayant trait à la faiblesse conjointe des revenus, des indicateurs humains (en santé et en éducation) et de la vulnérabilité économique –, ce groupe de pays est considéré comme extrêmement désavantagé dans son processus de développement. Malgré l'empressement de la communauté internationale pour aider les PED à se développer (comme l'illustre la poursuite des objectifs du millénaire pour le développement [OMD]), le nombre de PMA – dont la majorité se situe en Afrique subsaharienne – a quasiment doublé, passant de 25 en 1981 à 48 aujourd'hui.

Le statut de PMA confère des avantages liés notamment à l'accès préférentiel aux marchés, aux engagements dans le cadre de l'Organisation mondiale du commerce (OMC), à l'aide publique au développement (APD), à l'allégement de la dette et à l'assistance technique. Pourtant, ces pays éprouvent des difficultés à trouver leur place dans la mondialisation et demeurent extrêmement sensibles aux aléas macroéconomiques. Les PMA partagent en majorité une forte dépendance aux importations de produits alimentaires et pétroliers, et aux exportations de produits de base, ce qui les rend particulièrement vulnérables aux fluctuations des taux de change et aux chocs sur les prix des biens échangés. Ces dernières années, le contexte mondial particulièrement défavorable a pesé sur les performances à l'exportation des PMA et sur leur croissance économique. Le taux de croissance réel moyen des PMA en 2013 était néanmoins de 5,6 % (mais le PIB par habitant n'a progressé que de 2,8 % compte tenu du boom démographique conco-

[10] Nations unies (2014), *The Least Developed Countries Report 2014 - Growth with Structural Transformation: A Post-2015 Development Agenda*, United Nations conference on Trade and Development.

mitant), soit un taux nettement supérieur à celui des pays développés ou des autres pays en développement, mais qui contraste avec le fort taux de croissance enregistré entre 2002 et 2008 (environ 7 % sur la période pour les PMA, CNUCED[11], 2013).

Sans stratégie de développement, une forte croissance ne permet pas d'assurer une insertion pérenne dans l'économie mondiale, ni une sortie du groupe stigmatisé des PMA. Depuis 1994, seuls quatre pays ont quitté la liste des PMA pour être reclassés dans celle des pays à revenu intermédiaire, à savoir le Botswana (1994), le Cap-Vert (2007), les Maldives (2011) et dernièrement les îles Samoa (2014)[12]. L'expérience de développement du Cap-Vert, érigé comme un modèle de réussite (Banque mondiale, 2011), est riche d'enseignements. Cette petite économie insulaire avait pour seule ressource la force de travail de sa population. L'investissement en capital humain, à l'aide d'apports financiers généreux de la communauté internationale et de sa diaspora, s'est révélé payant à long terme : les indicateurs de santé et d'éducation compris dans l'indice de développement humain (IDH) du Cap-Vert sont nettement plus élevés que ceux des autres pays africains. Une bonne gouvernance, une gestion rigoureuse de l'État et une stabilité sociale ont facilité la rapide récolte des fruits de ces investissements.

La généralisation de ce modèle est néanmoins ardue en raison de caractéristiques spécifiques au Cap-Vert, comme une certaine homogénéité de sa population et une forte diaspora. D'autres exemples de réussite économique – sans reclassement à l'heure actuelle – sont toutefois encourageants. Au Bangladesh, la pauvreté a diminué de moitié depuis les années 1990, et les améliorations sur le plan sanitaire sont notables, bien que l'investissement en santé ou en éducation ait été plutôt limité. Les chercheurs attribuent le développement social du Bangladesh à des mesures innovantes (programmes de microfinance ciblant les femmes), au succès des industries exportatrices de vêtements, mais aussi à l'impulsion exercée sur le capital humain par les migrations de travail et les envois de fonds.

Au vu du succès mitigé des stratégies de développement mises en place depuis la fin du consensus de Washington, le soutien de la communauté internationale a-t-il été suffisant pour aider les PMA ? Les promesses concernant le transfert de ressources financières et l'ouverture des marchés n'ont pas été tenues. Au final, les PMA ont surtout pu compter sur la manne financière importante des transferts de fonds de leurs migrants, qui ont représenté jusqu'à 15 % de leur PIB. Des efforts supplémentaires devraient être entrepris afin d'endiguer la marginalisation de ces pays, en leur permettant par exemple une plus grande intégration dans les processus de décision au niveau international (Guillaumont et Guillaumont-Jeanneney, 2012[13]).

… et ouvre la voie vers de nouveaux modèles de lutte contre la pauvreté

Le développement revêt des formes aussi diverses que les pays qu'il concerne : il peut difficilement y avoir de principes généraux, applicables à tout pays. Une politique de développement n'est pas intrinsèquement bonne ou mauvaise : elle peut être propice à un stade de développement et défavorable à un autre. Sa mise en application requiert la compréhension des institutions économiques, sociales, politiques et culturelles et de leurs interactions et doit prendre en compte la dimension historique et la trajectoire du développement économique du pays. Les choix d'hier influencent les conditions et les chances de succès d'aujourd'hui. La dépendance au passé est d'ailleurs souvent mobilisée pour expliquer la marginalisation de certains pays africains sombrant parfois dans des trappes à pauvreté (Collier, 2007[14]).

Après des phases successives d'alternance entre la confiance en l'État et la croyance dans le marché, on tend désormais vers une

[11] CNUCED (2013), *Rapport 2013 sur les pays les moins avancés*, Rapport de la Conférence des Nations unies sur le commerce et le développement.

[12] Le retrait est conditionné au respect durable d'au moins deux des trois critères précédemment évoqués. Une période de transition est nécessaire pour compenser la perte des avantages associés au statut de PMA.

[13] Guillaumont P. et Guillaumont-Jeanneney S. (2012), *LDCs and Global Economic Governance*, FERDI, Document de travail.

[14] Collier P. (2007), *The Bottom Billion. Why the Poorest Countries Are Failing and What Can Be Done About It*, Oxford University Press, États-Unis.

combinaison équilibrée et modulable des interventions publiques et des ajustements par le marché (Boyer, 2001). D'un côté, on reconnaît la nécessité d'encadrer le marché. La « main invisible » ne suffit pas toujours à transformer l'intérêt individuel en bien-être collectif, une intervention collective, associée à une réglementation est souvent nécessaire. De l'autre, on admet que le décideur politique peut s'éloigner de la figure du planificateur bienveillant qui maximise le bien-être social. Dans ce cas, l'introduction de la concurrence et les mécanismes de marché peuvent contribuer à surmonter ces failles.

Dans le rejet de la stratégie pure, du dogmatisme et de l'idéologie, les politiques de développement deviennent systémiques (Boyer, 2001) et s'ouvrent à de nouveaux enjeux : la lutte contre la pauvreté, la soutenabilité écologique ou encore la justice (entendue comme la reconnaissance à tous les individus de droits universels à l'accès aux biens fondamentaux), la réduction des inégalités (dont on perçoit de plus en plus les dangers). Naît aussi l'idée d'un dépassement des approches purement économiques pour s'ouvrir à des approches multidimensionnelles et pluridisciplinaires. Moins focalisé sur les moyens, le « post-consensus » se tourne ainsi vers les objectifs à atteindre et le concept de développement tend à être assimilé à la réduction de la pauvreté, définie comme une privation des moyens d'une vie décente.

En 1990 déjà, le premier rapport sur le développement humain affichait l'objectif de replacer l'humain au cœur des stratégies de développement. Ce mouvement atteint sans doute son apogée avec l'adoption des OMD, signés en 2000 par 189 États membres de l'Organisation des Nations unies (ONU) et plusieurs organisations internationales. Dans cette « Déclaration du millénaire », ils s'engagent à l'horizon 2015 à combattre la pauvreté, la faim, la mortalité infantile et à promouvoir le respect de l'environnement, l'éducation pour tous, la santé maternelle et l'égalité des sexes. On parle désormais de « dignité humaine », d'« égalité », d'« équité » et de « liberté » (OMD, *Rapport 2014*).

Si des progrès substantiels apparaissent incontestables – notamment en termes de santé, de réduction de l'extrême pauvreté ou encore d'accès plus égalitaire à l'éducation primaire –, toutes les cibles définies n'ont pas été atteintes. Pour ne donner que quelques chiffres, on estime que 162 millions de jeunes enfants souffrent de sous-nutrition, 99 millions d'insuffisance pondérale et 58 millions d'entre eux ne sont pas scolarisés (OMD, *Rapport 2014*). Si les PMA affichent de belles performances en termes d'éducation, de santé et de protection de l'environnement, ils peinent à lutter contre la pauvreté et la malnutrition (Boussichas et Nossek, 2014[15]). Enfin, apparaît également la nécessité d'intégrer la lutte contre la pauvreté dans un mouvement plus global de régulation des déséquilibres macroéconomiques et de rééquilibrage de la croissance à l'échelle mondiale[16]. Il n'y a pas de consensus néanmoins sur les politiques à mettre en œuvre pour y parvenir (Ben Hammouda, 2010).

L'année 2015 constitue un tournant décisif avec l'échéance des OMD, la Conférence d'Addis-Abeba sur le financement du développement en juillet et la Conférence COP21 sur le changement climatique qui se tiendra à Paris en décembre prochain. Le fameux rapport des Nations unies intitulé « La route vers la dignité d'ici à 2030 » a ouvert la voie à ce que l'on nomme les objectifs « post-Rio[17] et post-2015 ». Il propose dix-sept nouveaux objectifs à l'horizon 2030 appelés les Objectifs de développement durable (ODD). Les ODD se distinguent de manière fondamentale des OMD puisqu'ils concerneront les trois dimensions du développement durable (économique, social et environnemental) et s'appliqueront à tous les pays du monde. Certains craignent alors que l'élargissement des cibles ne dilue la priorité donnée jusque-là aux pays les plus vulnérables (Boussichas et Nossek, 2014).

[15] Boussichas M., Nossek V. (2014), État des lieux statistique des Objectifs du développement durable (ODD) dans les PMA et les autres pays vulnérables, *FERDI Document de travail* P114, octobre. Le taux moyen de diminution entre 1990 et 2010 a été de 29 % dans les PMA contre 48 % dans les autres PED (Guillaumont, P. (2013), « Les pays vulnérables dans l'agenda post-2015 », FERDI, *Note brève* B66, juin 2013).

[16] Les excédents des pays émergents et les profonds déficits des pays développés sont souvent associés à la formation de la bulle de l'endettement aux États-Unis et à la crise de la dette européenne.

[17] Fait référence à la Conférence des Nations unies sur le développement durable qui s'est tenue à Rio de Janeiro, au Brésil en juin 2012.

POUR EN SAVOIR PLUS

- **BEN HAMMOUDA H., OULMANE N. et SADNI JALLAB M.** (2010), *De Washington à Pittsburgh : d'un consensus subi à un consensus nouvellement établi ?*, Mondes en développement, De Boeck Université, vol. 0 (2), p. 69 à 86.
- **BOYER R.** (2001), « L'après consensus de Washington : institutionnaliste et systémique ? », *Critique économique*, n° 6, 2e année, été-automne 2001, Rabat (Maroc), p. 99 à 143.
- **STIGLITZ J.** (2002), *La Grande Désillusion*, Paris, Éditions Fayard.

Dans le monde moderne, le système des brevets joue un rôle important. Sans brevet, la seule stratégie pour protéger une innovation est le secret. L'alternative institutionnelle offerte par le droit des brevets confère un monopole légal, limité dans le temps, sur l'exploitation d'une invention. En contrepartie, l'inventeur doit payer des redevances de dépôt et de renouvellement du brevet. Ce système établit ainsi un équilibre entre l'intérêt de la société à ce que des inventions soient créées et diffusées et la nécessaire rémunération de l'inventeur. Il facilite également l'exploitation commerciale via des cessions de brevets ou des contrats de licences. L'efficacité du système n'est cependant pas sans faille comme le souligne Yann Ménière : la fragmentation des droits (qui multiplie les ayants droit) et l'inflation des brevets auxquelles on assiste ces dernières années mettent le système à l'épreuve.

Problèmes économiques

Brevets et propriété intellectuelle : défis et enjeux

YANN MÉNIÈRE
MINES ParisTech

Le système des brevets étend aux inventions techniques – autrement dit à des ressources immatérielles – les régimes de droits de propriété appliqués d'ordinaire à des ressources tangibles. Il est à ce titre devenu une institution centrale de l'économie de la connaissance. Dans cette perspective, le brevet n'est pas seulement un moyen pour les inventeurs de conserver l'exploitation exclusive de leurs inventions. Il constitue également, et ce de plus en plus fréquemment, le socle juridique nécessaire à la mise en place de contrats en vue d'organiser le partage et la diffusion de ces inventions. Ce rôle central explique les enjeux croissants associés à la propriété intellectuelle et aux brevets pour les entreprises, universités ou organismes de recherche, mais aussi les différents problèmes auxquels le système des brevets est aujourd'hui confronté.

Le présent article vise à rendre compte de manière synthétique de ces enjeux et difficultés. Pour ce faire, il convient de revenir dans un premier temps sur la nature informationnelle de la technologie et son régime de protection par défaut – le secret – auquel le droit des brevets apporte une alternative légale. On pourra alors mettre en évidence le rôle économique du brevet en tant que moyen d'appropriation, d'une part, et de transaction, d'autre part. Les limites actuelles du système des brevets – inadéquation entre brevet et innovation, fragmentation des droits, qualité insuffisante des brevets – doivent en effet être appréhendées à l'aune de ces fonctions économiques. Elles constituent autant de défis conditionnant l'efficacité du système de brevet pour les prochaines années.

Le secret, une protection par défaut

Du point de vue de l'économiste, la technologie doit être considérée comme une ressource, laquelle se réduit en dernière analyse à un ensemble de connaissances – ou autrement dit d'informations – matérialisées dans les objets techniques. Qu'elles soient tacites (savoir-faire) ou codifiées (plans, modèles, formules chimiques), ces connaissances constituent la ressource dont les objets techniques tirent leur valeur.

[1] Arrow K. (1962), *The Rate and Direction of Inventive Activity*, Princeton University Press.

[2] Gambardella A., Giuri A., Luzzi A. (2007), « The Market for Patents in Europe », *Research Policy*, 36:8, p. 1163 à 1183.

Dans cette perspective, innover revient à produire des informations nouvelles, susceptibles d'être incorporées dans des objets techniques et d'en augmenter la valeur. Ces informations sont qualifiées de non rivales par les économistes, ce qui les distingue des biens tangibles ordinaires : la composante informationnelle d'une invention ne s'épuise pas à l'usage, elle peut au contraire être diffusée auprès d'un large public, et réutilisée pour un coût marginal quasi nul, sans limite dans l'espace ou le temps. La non-rivalité des innovations permet d'en démultiplier la valeur sociale bien au-delà du gain que leurs créateurs peuvent espérer en tirer. Il suffit pour s'en convaincre de considérer la carrière formidable de certaines d'entre elles – de la roue au protocole TCP/IP (sur lequel repose l'internet), en passant par l'imprimerie, la machine à vapeur, ou le transistor…

Le fait que des inventions puissent être facilement réutilisées constitue toutefois un obstacle à leur production par le marché. Le développement d'une invention nécessite en effet un investissement initial parfois très élevé (de l'ordre d'un milliard de dollars pour un médicament !) – lequel est supporté par le seul inventeur. Pour autant qu'il est mû par son intérêt propre, celui-ci ne s'engagera donc dans une activité inventive que s'il peut espérer en tirer un bénéfice au moins équivalent. Or, il est rare que le seul usage personnel que l'inventeur ferait de son invention suffise à motiver l'investissement initial. Pour qu'une invention socialement utile voie le jour, il faut donc mettre les autres bénéficiaires à contribution. La non-rivalité de l'information est ainsi au fondement de la justification économique de la propriété intellectuelle comme moyen pour les innovateurs de tirer les bénéfices de leurs investissements en excluant les imitateurs (Arrow, 1962[1]).

L'expérience montre toutefois que le brevet n'est ni la seule, ni la meilleure solution au problème posé par la non-rivalité des connaissances. Les entreprises considèrent généralement le secret comme le meilleur moyen de s'approprier des actifs immatériels (Cohen *et al.*, 2000[2]). Dans ce cas, la capacité d'un inventeur à tirer profit de son invention dépend in fine du temps dont il peut espérer disposer avant que ses concurrents ne finissent par obtenir les informations qu'il leur dissimule. Cette période d'exclusivité est d'autant plus longue que l'inventeur jouit d'une réelle avance technologique, et qu'accéder aux informations est difficile et coûteux pour les concurrents. L'efficacité de la protection par le secret est de ce fait à la fois relative et aléatoire. Elle peut notamment s'avérer très insuffisante dans certains secteurs – telle la pharmacie – où des inventions ayant nécessité des investissements considérables peuvent, une fois commercialisées, être copiées rapidement.

Le brevet, un moyen légal d'appropriation

Le droit des brevets propose une alternative institutionnelle à la stratégie de protection « par défaut » qu'est le recours au secret. Il peut être vu comme une forme de contrat proposé aux inventeurs par le législateur. Le brevet confère un monopole légal sur l'exploitation d'une invention, permettant d'en interdire l'exploitation par des tiers. En droit européen, cette protection est accordée si l'invention est nouvelle, inventive, et qu'elle a une application industrielle[3]. Elle est valable pour une durée maximale de vingt ans[4], pendant laquelle le propriétaire du brevet est en mesure de tirer profit de son invention. En contrepartie, l'inventeur doit payer des redevances de dépôt et de renouvellement du brevet, mais aussi accepter de publier son invention, qui tombera dans le domaine public à l'expiration du brevet.

Le système des brevets établit ainsi un équilibre entre la nécessaire rémunération des inventeurs et l'intérêt de la société à ce que des inventions non rivales soient publiées et largement diffusées. La création de rentes de monopole temporaires associées à l'exclusivité est le coût social à payer pour encourager le développement de nouvelles inventions. Elle se traduit par des prix élevés, qui restreignent artificiellement l'accès aux inventions pour les tiers. Mais ce coût social est borné par le droit des brevets. Celui-ci limite tout d'abord l'existence du monopole à une période clairement définie, jugée suffisante pour rentabiliser le travail des inventeurs. En imposant la codification et la publication des inventions brevetées, il garantit en outre qu'elles ne resteront pas indéfiniment secrètes. Ainsi, le dépôt et la publication d'un brevet sont un moyen pour la société de tirer un bénéfice maximal de la non-rivalité des inventions à l'issue de la période de validité du brevet.

Les études disponibles montrent que la protection par le brevet a un effet limité mais réel sur les investissements en R & D, notamment dans des secteurs très exposés à la contrefaçon comme la pharmacie[5]. Les inventeurs n'ont toutefois pas recours aux brevets pour toutes les inventions, et ils préfèrent souvent le combiner avec le secret[6] en brevetant seulement une partie de la technologie. Outre le coût de la procédure de dépôt (de l'ordre de 30 000 euros pour un brevet européen), l'obligation de publier peut en effet s'avérer dissuasive pour les inventeurs. Les brevets publiés sont une source d'information très utile pour les concurrents. Ils leur permettent d'orienter leurs propres efforts de R & D[7], et peuvent dans certains cas faciliter la contrefaçon (laquelle est en effet difficile à détecter et à prouver).

Le brevet, un moyen de transaction

Si le brevet n'est qu'un moyen de protection parmi d'autres – et pas nécessairement le meilleur –, il confère à son propriétaire la possibilité de réaliser des transferts de technologies via les cessions de brevets ou les contrats de licences et, partant, d'organiser plus efficacement la division du travail entre développement et exploitation des technologies. A contrario, la protection par le secret est facteur d'inefficacité car elle empêche les tiers d'exploiter profitablement les technologies protégées. Dans tous ces cas où le transfert d'une technologie à un tiers serait source d'efficacité économique – et donc de richesse à partager – un transfert contre paiement s'avère en effet très difficile si la technologie n'est protégée que par le secret.

Le « paradoxe de l'information » formulé par Kenneth Arrow (1962) met bien en évidence le problème. D'une part, il est impossible de vendre de l'information sans la révéler préalablement au client potentiel pour le convaincre de sa valeur. D'autre part, une fois l'information révélée, le même client n'a plus aucune raison d'acheter une information dont il a déjà pris connaissance ! Dans ces conditions, le transfert n'aura pas lieu, ni par conséquent le gain d'efficacité qu'il aurait induit. Faute d'accès à une technologie existante, un tiers peut ainsi se voir contraint de développer un substitut, et de consentir pour cela des dépenses de R & D pourtant redondantes du point de vue de l'intérêt général. En maintenant son innovation secrète, un inventeur s'oblige également à l'exploiter lui-même, alors qu'il pourrait dans certains cas être beaucoup plus efficace d'en déléguer l'exploitation à un tiers. Il serait par exemple peu raisonnable pour un universitaire de prétendre organiser lui-même la production de son invention à une échelle industrielle, afin de la commercialiser au niveau international...

[3] L'application de ces critères aboutit au rejet d'environ 50 % des demandes de brevets à l'issue de la phase d'examen effectuée par l'Office européen des brevets.

[4] La durée de vie des brevets est toutefois inférieure en pratique (autour de dix ans en moyenne). Il est en effet préférable d'abandonner un brevet lorsque les gains pouvant en être tirés ne sont plus suffisants pour justifier le paiement des redevances de renouvellement.

[5] Arora A., Ceccagnoli M. et Cohen W. (2008), « R & D and the Patent Premium », *International Journal of Industrial Organization*, 26 (5), p. 1153 à 1179.

[6] Cohen W. M., Nelson R. R, et Walsh J. P. (2000), « Protecting their Intellectual Assets: Appropriability Conditions and Why U.S. Manufacturing Firms Patent (or Not) », *NBER Working Paper*, 7552.

[7] Cohen W., Goto A., Nagata A., Nelson R., et J. Walsh (2003), « R & D Spillovers, Patents and the Incentives to Innovate in Japan and the United States », *Research Policy*, 31.

La création d'un droit de propriété sur l'information résout ce paradoxe. Le brevet confère tout d'abord à son propriétaire un droit exclusif lui permettant de révéler son invention à un client potentiel sans courir le risque d'être contrefait. Il constitue ainsi le socle juridique à partir duquel un contrat de licence peut être rédigé pour encadrer précisément les conditions de transfert de l'information. L'examen préalable des dépôts par l'Office des brevets fonctionne comme un mécanisme de certification de l'invention auprès des tiers, et la publication des brevets informe les potentiels acquéreurs (ou dans certains cas les investisseurs[8]) sur le fonctionnement de l'invention et sur l'étendue des droits exclusifs accordés à l'inventeur. L'accès aux bases de données de brevets permet enfin aux tiers d'identifier les technologies pouvant leur servir, et de contacter leur propriétaire dans ce but. Les transferts de technologie qui en résultent sont doublement facteurs d'efficacité : ils facilitent la diffusion des technologies auprès des tiers capables de la valoriser (efficacité statique), et améliorent les revenus des innovateurs, et donc leurs incitations à innover (efficacité dynamique).

[8] Les fonds de capital considèrent par exemple le portefeuille de brevets des start-up comme un critère important pour investir ou non, car ils signalent à la fois l'existence de technologies innovantes et la capacité des start-up à en garder le contrôle (Ménière Y., Dietrich Y., Baron J., Pohlmann T. et Nguyen-Dinh L. [2015]), « Patent Positions in Start-up Success », *Intellectual Asset Management*, 70.)

Le brevet étant un moyen de protection imparfait, la conclusion de contrats de licences reste toutefois entravée par des difficultés importantes. Sachant que le brevet ne protège le plus souvent qu'une partie de la technologie (le reste étant gardé secret), les transactions supposent généralement la révélation d'informations non protégées, ce qui peut conduire à l'échec faute de confiance entre les parties. Ainsi, une enquête menée auprès d'entreprises canadiennes et américaines révèle que seules 16 % des transactions engagées par celles-ci ont finalement pu aboutir à un accord de licences. Une autre enquête menée cette fois en Europe révèle que les petites entreprises ne licencient que 26 % de leurs technologies quand elles voudraient en licencier 37 % (Gambardella *et al.*, 2006). Ces taux descendent à 16 % et 9 % dans le cas des grandes entreprises, mieux placées pour exploiter leurs technologies elles-mêmes. L'usage combiné du secret et des brevets marque ainsi une limite de ces derniers en tant qu'instruments favorisant les transferts de technologies. En effet, leur définition ne correspond alors qu'imparfaitement aux technologies protégées, ce qui engendre des coûts de transaction susceptibles d'entraver l'émergence d'un marché des technologies.

Le problème de la fragmentation des droits

Le caractère cumulatif de l'innovation – autrement dit, le fait que les inventions d'hier rendent possibles celles d'aujourd'hui – constitue un second défi majeur auquel est confronté le système des brevets (Scotchmer, 1991). Lorsque l'innovation est un phénomène très cumulatif, il est en effet possible qu'un objet technique incorpore un grand nombre d'inventions brevetées, dont la propriété intellectuelle est alors dispersée entre un grand nombre d'ayants droit. C'est par exemple le cas dans le domaine des biotechnologies, lorsqu'une invention brevetable est développée grâce à un outil de recherche également breveté. C'est également la règle dans les technologies de l'information et de la communication (TIC), où les produits finaux intègrent fréquemment un très grand nombre de composants innovants, eux-mêmes protégés par une multitude de brevets. Ainsi, l'autorité de la concurrence américaine estimait en 2003 qu'un producteur de microprocesseurs était exposé à la contrefaçon d'environ 90 000 brevets détenus par environ 10 000 propriétaires (FTC, 2003) !

Cette fragmentation des droits engendre des coûts pour l'ensemble du système, au point de faire du brevet un obstacle à l'innovation selon certains auteurs (Bessen & Meurer, 2008). La multiplicité des ayants droit fait tout d'abord supporter aux innovateurs des coûts de transaction plus élevés (recherche des brevets potentiellement bloquants, négociation avec les ayants droit). Elle peut de plus aboutir à un coût prohibitif d'exploitation de certaines technologies, chaque ayant droit cherchant à obtenir une rémunération élevée pour l'utilisation de son brevet. Enfin, le risque existe que l'innovateur ne parvienne pas à identifier tous les ayants droit avant d'investir en R & D. Il court alors le risque d'être poursuivi pour contrefaçon après avoir déjà réalisé des investissements irrécupérables, ce qui le place dans une position d'autant plus défavorable pour négocier a posteriori un accord de licence. Ce cas de figure, appelé « hold up » dans le jargon économique, est une source d'incertitude juridique susceptible de décourager l'innovation dans certains domaines techniques où les ayants droit sont difficiles à identifier.

En pratique, ces difficultés se traduisent par des stratégies de dépôt plus systématiques de la part des innovateurs, notamment dans les TIC. Le nombre de brevets déposés par million de dollars investis en R & D a par exemple doublé entre 1982 et 1992 dans l'industrie américaine des semiconducteurs puis, dix ans plus tard, dans celle du logiciel[9]. Ces stratégies de dépôt systématique visent surtout à se prémunir des attaques des autres et à préserver ainsi une liberté d'opérer dans le domaine technologique visé (Shapiro, 2001). Différentes enquêtes montrent ainsi que, outre le motif classique de protection de leurs inventions, les entreprises déposent désormais plus de brevets 1) pour éviter que quelqu'un d'autre ne les dépose avant, 2) pour éviter des procès ou 3) pour disposer d'une « monnaie d'échange » en vue de négocier des accords de licences ou de licences croisées leur permettant de préserver leur liberté d'opérer (Cohen *et al.*, 2000).

L'enjeu de la qualité des brevets

Comme le montrent les cas des semiconducteurs et des logiciels, la forte croissance des dépôts de brevets observée depuis les années 1980 (notamment aux États-Unis) s'explique principalement par l'intensification des dépôts pour des motifs stratégiques dans des secteurs à innovation très cumulative tels que les TIC. Le phénomène d'inflation et de fragmentation des droits qui en résulte a en outre été largement amplifié (là encore surtout aux États-Unis) par un certain laxisme des offices de brevets à l'encontre des déposants. Ne parvenant pas à faire face à l'afflux de demandes de brevets, les offices ont été conduits à délivrer un grand nombre de brevets non justifiés, et donc susceptibles d'être invalidés devant les tribunaux. Au total, les entreprises déposent donc non seulement plus de brevets, mais aussi des brevets de moins bonne « qualité » en moyenne.

Cette évolution soulève la question de l'efficacité d'un système des brevets ne jouant plus correctement son rôle de filtre des inventions brevetables. Les développements précédents sur le rôle du brevet, de même que l'expérience accumulée au cours des dernières décennies, suggèrent qu'un tel système est en fait certainement moins efficace. Ainsi, la fragilité juridique des brevets sape leur fonction de support des transferts de technologies, l'acquéreur potentiel n'étant plus assuré ni de la valeur des inventions concernées ni de la solidité des brevets censés les protéger. La possibilité d'obtenir des brevets de faible qualité renchérit par ailleurs le coût des stratégies de dépôt systématiques dans certains secteurs, tout en accentuant la fragmentation des droits et les coûts de transactions qui en résultent. Enfin, l'existence d'un grand nombre de brevets douteux brouille la qualité des publications de brevets, augmentant d'autant les coûts de recherche et donc les risques de litiges de contrefaçon. Le développement rapide des « *patent trolls* » – des entités spécialisées dans l'acquisition de brevets en vue d'imposer des dommages de contrefaçon aux grandes entreprises – aux États-Unis au cours de la dernière décennie en est sans doute l'exemple le plus frappant (Hagiu & Yoffie, 2013).

* * *

[9] Hall B. et Ziedonis R. (2002), « The Patent Paradox Revisited: An Empirical Study of Patenting in the U.S. Semiconductor Industry, 1979 – 1990 », *RAND Journal of Economics*, vol. 32, n° 1. Graham S. et Mowery D. (2003), « Intellectual Property Protection in the U.S. Software Industry », in : Cohen, Wesley, Merrill, Steven (Eds.), « Patents in the Knowledge-based Economy: Proceedings of the Science, Technology and Economic Policy Board », *National Academies Press*, Washington.

Au cours des dernières années, ces évolutions ont conduit les principaux offices de brevets à considérer l'amélioration et le maintien de la qualité des brevets comme un enjeu de première importance, comme en témoignent les priorités affichées par l'Office européen des brevets (OEB) ou encore l'America Invent Act adopté par l'administration Obama pour renforcer la qualité des examens aux États-Unis. La fiabilité juridique des brevets et leur capacité à signaler les inventions de valeur sont en effet la condition indispensable au bon fonctionnement de l'ensemble du système de brevet. À ce titre, elles conditionnent également l'extension à la sphère de la connaissance du processus de spécialisation et de division du travail qui sous-tend le développement économique, et dont les droits de propriété intellectuelle sont des vecteurs incontournables.

POUR EN SAVOIR PLUS

❖ **BESSEN, J. et MEURER M.** (2008), *Patent Failure: How Judges, Bureaucrats, and Lawyers Put Innovators at Risk*, Princeton Univ. Press.

❖ **DE LA TOUR A., GLACHANT M. et MÉNIÈRE Y.** (2011), « Innovation and International Technology Transfer: The Case of the Chinese Photovoltaic Industry », *Energy Policy*, 39 : 2.

❖ **FEDERAL TRADE COMMISSION** (2003), « To Promote Innovation: A Proper Balance of Competition and Patent Law and Policy », téléchargeable à http://www.ftc.gov/opa/2003/10/cpreport.htm.

❖ **GRAHAM S. et VISHNUBHAKAT S.** (2013), « Of Smart Phone Wars and Software Patents. », *Journal of Economic Perspectives*, 27 (1).

❖ **HAGIU A. et YOFFIE D.** (2013), « The New Patent Intermediaries: Platforms, Defensive Aggregators and Super-Aggregators », *Journal of Economic Perspectives* 27, n° 1.

❖ **LÉVÊQUE F. et MÉNIÈRE Y.** (2003), *Économie de la propriété Intellectuelle*, Éditions La Découverte, Paris, collection « Repères ».

❖ **SCOTCHMER S.** (1991), « Standing on the Shoulders of Giants: Cumulative Research and the Patent Law », *Journal of Economic Perspectives*, n° 5 (1), hiver 1991.

❖ **SHAPIRO C.** (2001), « Navigating the Patent Thicket: Cross Licenses, Patent Pools, and Standard Setting ». In Jaffe, Adam B. *et al.*, Innovation Policy and the Economy, vol. 1, Cambridge : MIT Press.

A retourner à la **Direction de l'information légale et administrative** (DILA) – 26, rue Desaix 75727 Paris Cedex 15

BULLETIN D'ABONNEMENT ET BON DE COMMANDE

Comment s'abonner ?
Où acheter un numéro ?

Sur www.ladocumentationfrancaise.fr (paiement sécurisé).
Sur papier libre ou en remplissant ce bon de commande (voir adresse d'expédition ci-dessus).
En librairie, à la librairie de la Documentation française, 29/31 quai Voltaire – 75007 Paris et en kiosque pour l'achat d'un numéro.

Je m'abonne à *Problèmes économiques* (24 numéros par an dont 2 numéros spéciaux)

☐ France métropolitaine 76,50 € ☐ Tarifs étudiants et enseignants (France métropolitaine) 51,00 €
☐ Europe 103,10 € ☐ DOM-TOM-CTOM HT 96,40 € ☐ Autres pays HT 122,70 €
☐ Supplément avion 19,30 €

Je commande un numéro de *Problèmes économiques* 4,90 €

Je commande le(s) numéro(s) suivant(s) :

....

Pour un montant de ______ € Participation aux frais de port[1] + 4,95 € ______

Soit un total de ______ €

☐ Par chèque bancaire ou postal à l'ordre du comptable du B.A.P.O.I.A – DF

☐ Par mandat administratif (réservé aux administrations)

☐ Par carte bancaire N° ______

Date d'expiration ______

N° de contrôle ______

(indiquer les trois derniers chiffres situés au dos de votre carte bancaire, près de votre signature)

Raison sociale ______

Nom ______ Prénom ______

Adresse ______

______ (bât, étage..) ______

Code postal ______ Ville ______ Pays ______

Téléphone ______ Courriel ______

Ci-joint mon règlement de .... **€**

Date **Signature**

[1] **Pour les commandes de numéro seulement**

Informatique et libertés – Conformément à la loi du 6.1.1978, vous pouvez accéder aux informations vous concernant et les rectifier en écrivant au département marketing de la DILA. Ces informations sont nécessaires au traitement de votre commande et peuvent être transmises à des tiers, sauf si vous cochez ici ☐